MODERNO,
MODERNIDADE
E MODERNIZAÇÃO:

a educação nos projetos de Brasil – séculos XIX e XX

Volume 2

Ione Ribeiro Valle
Juliana Cesário Hamdan
Maria das Dores Daros
(Organizadoras)

MODERNO, MODERNIDADE E MODERNIZAÇÃO:

a educação nos projetos de Brasil – séculos XIX e XX

Volume 2

MAZZA edições

MODERNO, MODERNIDADE E MODERNIZAÇÃO:
a educação nos projetos de Brasil – séculos XIX e XX (Vol.2)

COLEÇÃO PENSAR A EDUCAÇÃO PENSAR O BRASIL

Capa
Túlio Oliveira

Revisão
Eduardo Assis, Lourdes Nascimento e Ricardo Neto

Projeto Gráfico e diagramação
Casadecaba Design e Ilustração

M689 Moderno, modernidade e modernização: a educação nos projetos de Brasil – séculos XIX e XX / Ione Ribeiro Valle, Juliana Cesário Hamdan, Maria das Dores Daros (orgs.). – Belo Horizonte : Mazza Edições, 2014. v. 2

288 p. ; 16x23 cm

ISBN: 978-85-7160-634-0

1. Educação – História - Séc. XIX e XX. 2. Modernidade. 3. Educação e Estado. 4. Intelectuais – História. 5. Estatística – História. I. Valle, Ione Ribeiro. II. Hamdan, Juliana Cesário. III. Daros, Maria das Dores.

CDD: 370.9
CDU: 37.0(091)

Produção Gráfico-editorial
MAZZA EDIÇÕES LTDA.
Rua Bragança, 101 – Pompeia
30280-410 BELO HORIZONTE – MG
Telefax: + 55 (31) 3481-0591
email: edmazza@uai.com.br
site: www.mazzaedicoes.com.br

Sumário

Apresentação

Fomos convidados para apresentar este livro porque, em diferentes momentos do Projeto "Moderno, modernidade, modernização: a educação nos projetos de Brasil – séculos XIX e XX", compartilhamos com esse grupo de pesquisadores ricos momentos de leituras e debates acerca de sua produção historiográfica. Coube a nós, na qualidade de consultores, a difícil e delicada tarefa de ler e avaliar criticamente não só o programa de pesquisa, mas cada um dos textos deste livro. Nessa convivência entrepares, essencial ao enriquecimento da vida acadêmica em razão das trocas e aprendizagens que potencializa, delineiam-se caminhos da pesquisa em história da educação no Brasil, em que se destacam três dimensões fundamentais do ofício de historiador: o cuidado no trabalho com as fontes no desenvolvimento da prática historiográfica, o adensamento teórico-metodológico dos textos produzidos e o investimento em produções historiográficas constituídas por meio de enredamentos de grupos de pesquisa localmente instituídos.

A medida dessas dimensões nos textos que compõem este livro fala do esforço conjunto de investigação e das contribuições trazidas para o fortalecimento da comunidade de pesquisadores em história da educação em nosso país. Desse modo, o programa agrega formação em pesquisa, práticas investigativas e trocas fertilizadoras entre produções historiográficas locais, de modo a potencializar escritas plurais e intercomunicantes da educação brasileira.

Projetos assim contribuem para o alargamento e para a consolidação da área de história da educação, na proporção em que nos ajudam a reconhecer e a preencher lacunas da/na historiografia brasileira, de forma a tornar visíveis os seus limites e possibilidades. Trata-se de uma escrita da história capaz de evocar, por meio da pluralidade das fontes, polifonia, desvios, singularidade, diferença e descoberta. Compreender tudo isso no conjunto das redes que estudam e pesquisam modernidade, moderno e modernização nos projetos de Brasil nos séculos XIX e XX tem sido o desafio abraçado pelos autores deste livro, segundo volume a expressar o pensamento do coletivo organizado sob o guarda-chuva criativo e agregador do programa de pesquisa coordenado pelos professores Luciano Mendes de Faria Filho, Maria do Carmo Xavier e Juliana Cesário Hamdan, que conta com a participação de pesquisadores sênior, pós-doutorandos, doutorandos, mestrandos e graduandos em iniciação científica, pertencentes a diferentes instituições de ensino superior. Fazem parte dessa rede, além da Universidade Federal de Minas Gerais, a Pontifícia Universidade Católica de Minas Gerais, a Universidade do Estado de Minas Gerais, a Universidade Federal de Ouro Preto, a Universidade Federal de Santa Catarina, a Universidade do Estado de Santa Catarina, a Universidade Estadual de Maringá, a Universidade Federal da Paraíba, a Universidade Federal do Rio Grande do Sul, a Universidade Federal Fluminense e a Universidade Tiradentes (SE).

A exploração dos significados e usos associados aos termos moderno, modernidade e modernização remete as análises presentes na obra a lugares de fronteira entre a história, a sociologia, a política e a educação. Desse modo, o discurso educacional passa por um minucioso exame, a partir de termos que se tornaram frequentes na retórica da intelectualidade engajada na cena pública nos séculos XIX e XX. Nesse contexto, o discurso da modernidade produziu uma aura virtuosa capaz de justificar e autorizar ações diversas, consolidar lideranças e desmobilizar adversários. A polissemia do termo moderno e de suas variantes semânticas favoreceu sua utilização no interior de diferentes projetos políticos e pedagógicos, de maneira que apreender os seus significados e usos levou os autores à análise das relações de poder e, por extensão, do turbilhão de contradições e conflitos próprios da luta entre os projetos que ambicionavam a hegemonia política. Batalhas retóricas em torno do léxico da modernidade, que visavam estabelecer representações sobre a realidade, afirmar identidades sociais e, sobretudo, anunciar horizontes de expectativa que acenavam para mudanças almejadas no quadro desolador da educação nacional.

Interpretar esse cenário de enunciação do discurso moderno é tarefa árdua, pois envolve a compreensão de camadas de significados sobrepostos, tanto no plano da sincronia, como no da diacronia. Logo, a iniciativa desta obra – que reúne autores, objetos, teorias, fontes, espaços e temporalidades diversas – revela a possibilidade de vislumbrarmos algumas facetas deste problema fugidio: o discurso da modernidade. Interpretá-lo de forma definitiva é tarefa inglória, logo, resta-nos flagrá-lo nas vozes dos atores sociais, nas suas múltiplas formas de enunciação, nos seus diversificados fins e usos, de modo a pensarmos sua representação como uma rede de sentidos em permanente ressemantização.

Aos leitores, resta-nos deixar o convite não apenas à leitura dos textos que compõem esta obra, organizada pelas professoras Ione Ribeiro Valle, Juliana Cesário Hamdan e Maria das Dores Daros, na qual se apresentam resultados de pesquisas realizadas pelos participantes desse programa de pesquisa, mas, também, a outros enredamentos que tenham como objetivo enriquecer investigações e escritas da história da educação no Brasil e, pela via da reflexão historiográfica, alargar compreensões que informam ações de educadores no presente.

Bruno Bontempi Júnior (USP)
Carlos Eduardo Vieira (UFPR)
Regina Helena Simões (UFES)

Introdução

Neste livro, um grupo de pesquisadores de diversas instituições acadêmicas que integram o Projeto "Moderno, modernidade, modernização: a educação nos projetos de Brasil – séculos XIX e XX", financiado pelo CNPq, dá mais um passo em direção à divulgação – e não apenas para o público interessado em história da educação brasileira – de seus trabalhos de pesquisas. Este Projeto reúne objetos de investigação que se organizam em torno da problematização de processos históricos, mas também teóricos, que engendraram projetos educacionais, tendo como eixo comum as noções de *moderno*, *modernidade* e *modernização*; noções estas que assumem sentidos singulares nos diferentes contextos, não podendo, portanto, ser apreendidas como se encarnassem uma racionalidade única, como se fossem fruto de uma espécie de espiral hermenêutica.

Os pesquisadores aqui reunidos procuraram sistematizar e interrogar conceitos, argumentos, intencionalidades presentes em discursos e ações, marcados muitas vezes por profundas contradições, os quais atribuíram à educação, e não apenas escolar, o lugar de instância mediadora dos processos de construção de uma cultura nacional e de racionalização de manifestações culturais, científicas, educacionais e técnicas diversificadas. Se, por um lado, esta obra está organizada a partir de um mesmo fio condutor, fruto da motivação e dos engajamentos acadêmicos dos pesquisadores deste Projeto, por outro, apresenta-se como um conjunto de peças multicores de um mesmo mosaico, graças à pluralidade de leituras e de escritas, de estilos e de abordagens teórico-metodológicas.

As dimensões apreendidas pelo leque de textos que integra esta obra, elaborados a partir de bases teóricas e da análise de forças sociais locais ou nacionais, permitiram situar as reflexões, assim como os "casos" estudados, num conjunto mais amplo. As perspectivas analíticas adotadas pelos autores estão organizadas em quatro blocos, que não se sobrepõem uns aos outros, reunidos em razão de uma maior aproximação segundo a temática abordada. A intenção primeira se inscreve nos objetivos do Projeto de Pesquisa, consistindo em retomar criticamente debates e retóricas que mobilizaram a pluralidade de argumentos, que se cruzam sem cessar, produzidos pelos projetos de Brasis ao longo dos séculos XIX e XX.

No primeiro bloco, são revisitadas perspectivas teóricas que atribuíram à educação uma determinada função social e ofereceram elementos para ler de outra maneira a história dos intelectuais. Apostando na convergência epistemológica entre história e sociologia, Ione Ribeiro Valle retoma abordagens sociológicas que tiveram como alvo a modernidade, referindo-se particularmente à tese da diferenciação social de Émile Durkheim e Talcott Parsons. Seu estudo mostra que a socialização escolar ocupa um lugar central na promoção da ordem e progressos sociais, estando na origem das desigualdades escolares, tal como é evidenciado – e denunciado – pela teoria das práticas sociais de Pierre Bourdieu. Marcus Aurelio Taborda de Oliveira, por sua vez, interessa-se pela produção de Rocha Pombo, intelectual paranaense, discutindo-a à luz das reflexões de Raymond Williams e Edward Thompson. O autor busca nas reflexões desses pensadores elementos que levam a perceber na obra de Rocha Pombo indícios de uma trajetória singular, "embebida tanto na ambiência de uma época, quanto na própria marcha do esclarecimento", o que permite situar o surgimento do intelectual de tipo moderno.

O segundo bloco é composto de estudos relacionados à presença dos pressupostos da modernidade na educação e à relação entre o moderno e o arcaico em diferentes contextos, tendo como referência fontes diversas. Para Rita Cristina Lima Lages, que analisa os Relatórios de Presidentes de Província do Estado de Minas Gerais produzidos na segunda metade do século XIX, os referenciais estrangeiros estão presentes nos discursos sobre a instrução primária, que se torna obrigatória e gratuita, passando a ser um problema para os dirigentes políticos. A filantropia é o recurso adotado para enfrentar seu peso sobre os cofres públicos, evidenciando o descaso das "classes remediadas e abastadas" com a instrução da população mineira. Já Marileide Lopes dos Santos procura explicitar o movimento dos vereadores da Câmara Municipal de Sabará/MG, os quais integravam as elites locais e compunham o topo da estrutura de poder, em favor da instrução pública nos Oitocentos. Esse espaço público foi utilizado para semear suas ideias e viabilizar seus projetos, entre eles o da instrução da população, reconhecida como necessária à concretização de uma modernidade aspirada (e sonhada), cuja preocupação consistia em civilizar hábitos e costumes tidos como centrais na condução do progresso. Ao se debruçar sobre os registros do movimento pela Escola Nova preservados no Museu da Escola "Professora Ana Maria Casasanta Peixoto", Nelma Marçal Lacerda Fonseca detém-se sobre o Arquivo Alda Lodi, procurando apreender os diferentes papéis por esta exercidos (aluna, professora, educadora, administradora pública e mulher). Seu protagonismo na educação de Minas Gerais evidencia-se tanto na sua carreira docente quanto na ascensão como autoridade no campo da educação e deve-se aos estudos que realizou no exterior. Elaine Aparecida Teixeira Pereira, por sua vez, dedica-se à análise dos discursos relacionados à formação de professores para as escolas primárias das zonas rurais, elaborados no contexto do Projeto de Reconstrução Educacional de Anísio Teixeira na década de 1950. A autora pauta-se em duas obras de João Roberto Moreira, além de artigos deste e de outros intelectuais, como Lourenço Filho e Abgar Renault, o que a leva a constatar que os professores das escolas rurais catarinenses eram aclamados como ímpares na modernização de seu meio social e que a escola tinha como função a fixação do homem no campo. Ao examinar as disputas travadas entre Igreja e Estado, explicitadas em impressos católicos que circularam em dioceses do Estado do Rio Grande do Sul na década de 1930, Adriana Duarte Leon observa que, ao anunciar um Estado laico, a primeira Constituição republicana estimula a Igreja a estabelecer novas frentes de atuação visando manter-se como referência religiosa e cultural. Ao mapear a rede de sociabilidades articulada no interior da Igreja Católica, assim como as estratégias discursivas que visavam atuar em espaços externos, buscando a harmonia com o Estado, a autora verifica que, enquanto o laicismo estava associado à desordem, o catolicismo representava a ordem.

O terceiro bloco reúne estudos que tiveram como alvo intelectuais dedicados à introdução de ideais de modernidade na educação e que revelam a presença de uma *intelligentsia* brasileira. Ao analisar os discursos do jurista alagoano Aureliano Cândido de Tavares Bastos (1839-1875), Juliana Cesário Hamdan se atém à força das palavras em determinados contextos, procurando compreender em que sentido elas foram empregadas e que objetivos almejava esse intelectual ao mobilizá-las em defesa da instrução. A autora observa que, quando se trata de superar entraves para o progresso, ganham relevância a instrução e a abolição da escravidão, assim como a descentralização administrativa; dimensões presentes no pensamento de Tavares. Cleide Maria Maciel de Melo, por sua vez, elege os primórdios da atual Universidade

Federal de Minas Gerais (final dos anos 1920) como foco, ao analisar as narrativas da viagem do professor Lúcio José dos Santos, da Escola de Engenharia, incumbido de visitar universidades dos Estados Unidos e de Cuba visando "subsidiar" sua criação. Sua intenção é compreender as "fundações modernas" que orientaram a organização da Universidade mineira, tendo por base elementos da modernidade pedagógica e as novas formas de atuação dos professores universitários. Já Luísa Marques de Paula propõe-se a apresentar o mineiro Aurélio Egydio dos Santos Pires – "Mestre Aurélio" – professor, funcionário do Estado, farmacêutico e jornalista, por considerar que se trata de um intelectual-chave para o estudo de seu tempo, de seus pares, aliados ou inimigos, e das ideias que caracterizaram, nas primeiras décadas do Brasil republicano, o ambiente favorável à instrução pública. O estudo de Rosana Areal de Carvalho coloca-se na confluência de dois movimentos de pesquisa: a história do Grupo Escolar de Mariana (MG), da instalação aos primeiros anos de funcionamento (final do século XIX e primeiras décadas do século XX), e a análise da recepção e apropriação da obra de Primitivo Moacyr no campo da história da educação. O ponto de interseção entre esses estudos é o fato de a educação ser considerada como "única ferramenta capaz de garantir o progresso contínuo, o desenvolvimento e a civilização", estando presente nos discursos, inclusive parlamentares. A intenção de Ilka Miglio de Mesquita é buscar traços de intelectuais juristas que exerceram cargos políticos de grande envergadura no Estado Imperial. Para tanto, considera que para compreender a cultura jurídica acadêmica é preciso ater-se à organização da estrutura curricular, às referências teóricas desenvolvidas nesses cursos, às diversas reformas de ensino, ao conjunto de princípios políticos, sociais e culturais que permearam a Academia de Direito de São Paulo no século XIX e que podem revelar a configuração de uma *intelligentsia* brasileira.

O quarto e último bloco abrange trabalhos voltados ao estudo de experiências práticas pautadas nos referenciais de modernidade, aos conteúdos de algumas disciplinas escolares e especificidade da escolarização batista. Ao analisar o Congresso Agrícola, Comercial e Industrial de 1903, que reuniu as "elites produtoras" de Minas Gerais para debater soluções para a crise financeira, Carolina Mostaro Neves da Silva observa a presença de outros segmentos das elites brasileiras. Além do estabelecimento de leis que garantissem a oferta de trabalhadores, os produtores mineiros apontaram a necessidade de elevar a qualidade da mão de obra, visando torná-la mais produtiva, disciplinada e preparada para utilizar técnicas avançadas. É sobre a formação do trabalhador e a aquisição de conhecimentos específicos acerca das atividades a serem desenvolvidas que se centram as principais propostas elaboradas.

Leonardo Ribeiro Gomes, por sua vez, dedica-se à análise dos Clubes 4-S (Saber, Sentir, Saúde, Servir) destinados a jovens rurais desde os anos 1950. Segundo o autor, as principais ações desenvolvidas pelos extensionistas da Associação de Crédito e Assistência Rural de Minas Gerais (ACAR-MG), imbuídos de "missão redentora dos problemas enfrentados pelas populações rurais", voltaram-se à modernização das práticas agrícolas e à melhoria da qualidade de vida dessa população. Para retomar a reflexão sobre o ensino de geografia e de corografia, Eduardo José Pereira Maia analisa o *Compendio elementar de geographia geral e especial do Brasil*, de Thomaz Pompêo de Souza Brasil (1856), e o *Curso methodico de geographia physica, politica e astronomica*, do Dr. Joaquim Maria de Lacerda (1880), ambos adotados no Colégio Imperial Pedro II e em Liceus e colégios das províncias. O autor procura diferenciar o ensino de corografia do de geografia, identificar a ascensão desta última como disciplina escolar moderna e destacar sua contribuição ao desenvolvimento da nação brasileira. Taciana Brasil dos Santos examina, a partir de prospectos da Escola Baptista de Belo Horizonte, criada em 1918 com características semelhantes às de uma escola isolada, e de matérias do periódico denominacional, as representações construídas pelos missionários batistas a respeito das famílias brasileiras, ao longo da década de 1920, e algumas das razões que as motivavam a inscrever seus filhos nessas escolas.

Enfim, múltiplos são os aspectos que permitem identificar uns textos aos outros, independentemente do Estado da federação, da época ou do tema focados. Vale destacar a forte presença de autores estrangeiros, vindos sobretudo dos Estados Unidos, e que são acolhidos por intelectuais brasileiros como a expressão primeira dos tempos modernos. Essa circulação, de ideias mas também de práticas, debuta nos Oitocentos e se estende até meados dos anos 1950. Outro aspecto relevante que perpassa os textos que compõem esta obra é o fato de que a educação, e não somente escolar, apresenta-se como diferenciadora desde os seus primórdios, dependendo da origem social, do local de nascimento, da crença religiosa, embora os projetos de Brasis em curso preconizem a unidade nacional. E é nessa diferenciação social de base que estão enraizadas as profundas desigualdades escolares que caracterizam, ainda no novo milênio, o sistema brasileiro de educação.

Ione Ribeiro Valle
Juliana Cesário Hamdan
Maria das Dores Daros
Ouro Preto/Florianópolis, inverno, 2013

O lugar da educação nos projetos de modernidade: escola e diferenciação social

Ione Ribeiro Valle

INTRODUÇÃO

Tem sido unânime entre pesquisadores de diferentes áreas a ideia de que a educação escolar ocupa um lugar estratégico no cenário moderno ao integrar grande parte dos projetos de Estado-nação, orientados segundo a noção da ordem e do progresso sociais. Neles, a escolarização aparece como um dos principais meios de promoção da democracia, da igualdade, da cidadania, da justiça social. Segundo Garnier (2010), a instrução a ser oferecida a todos, considerada como direito e dever, é ao mesmo tempo uma consequência da igualdade fundadora da cidadania e uma condição do acesso de cada indivíduo a ela.[1]

Nesta perspectiva, ao menos desde o final do século XIX, a escola tem sido chamada a responder às múltiplas apostas da modernidade. Espera-se que o alargamento do leque das oportunidades escolares não apenas amplie as habilidades humanas úteis à economia, mas também torne os indivíduos e as sociedades melhores e mais "civilizados". Segundo Garnier (2010), desde que Condorcet (1743-1794) a incluiu no campo dos direitos do cidadão, a educação passou a compor a agenda dos

[1] A tradução dos textos originalmente em francês e que foram parafraseados ou citados, ao longo deste texto, foi realizada pela autora.

projetos republicanos e a integrar algumas iniciativas liberais. Se outrora ela era vista unicamente como uma questão familiar e de interesse individual, ficando ao abrigo de todo debate sobre a justiça, ao ser considerada como um direito se torna de interesse de todos.

É, portanto, na perspectiva de configurar grandes princípios da modernidade que os sistemas de ensino foram sendo instituídos ao longo dos últimos séculos, tendo por base uma "forma escolar" (VINCENT; LAHIRE; THIN, 2001) relativamente similar. Esses sistemas foram amoldando-se em conformidade com os diferentes contextos e momentos históricos, o que nos leva a considerar que os estudos sobre suas múltiplas dimensões não podem encerrar-se em determinadas fronteiras teóricas. Por essa razão, propomo-nos a (re)visitar algumas abordagens sociológicas que tiveram como alvo a modernidade, apostando numa "convergência epistemológica entre história e sociologia"[2] (PASSERON, 1991). Segundo Passeron, defensor de um pluralismo teórico sem relativismos, pensar a escola supõe "esquecer ao menos por um instante a complexidade intelectual e a complicação universitária das relações entre historiadores e sociólogos" (1991, p. 57), pois a questão da diferença de objeto que estava no centro da querela foi esvaziada de seu conteúdo graças à "troca cruzada" e a mútuas complementações que história e sociologia passaram a fazer com o tempo, com os dados, com os métodos e conceitos.

Partindo do pressuposto de que "a historicidade do objeto é o princípio de realidade da sociologia" (PASSERON, 1991, p. 87), procuramos saber que noções de modernidade têm sido mobilizadas ao longo do século XX e quais suas implicações no estabelecimento de fins educacionais. Estas questões, *per se*, indicam que nos referimos a um conceito polissêmico, reelaborado e ressignificado por distintas matrizes teóricas, como mostra Martuccelli (1999) ao se referir às "sociologias da modernidade".[3] Segundo ele, a consciência histórica da modernidade nasce na passagem de um

---

[2] Vale lembrar que a pesquisa em sociologia da educação é herdeira da tradição durkheimiana, a qual dedicou grande atenção à historicidade dos fatos sociais. Da mesma maneira, os estudos sociológicos da educação têm se pautado nas abordagens weberiana e marxista, ambas construídas a partir de análises históricas de grande envergadura. Este também tem sido o caso da sociologia contemporânea, fortemente inspirada por Bourdieu, que argumenta em favor de uma dimensão histórica para todas as ciências sociais (BOURDIEU, 1992; 2012).

[3] Martuccelli (1999) mobiliza diferentes perspectivas epistemológicas inscritas ao longo do século XX e constrói três matrizes teóricas no quadro das "sociologias da modernidade". A primeira, que será abordada neste texto, refere-se à *diferenciação social*, estando fundada no pensamento de Émile Durkheim (1858-1917),

mundo fundado numa ordem que se desfaz para um mundo cuja nova ordem ainda não se constituiu. As indefinições desse movimento levam cada abordagem sociológica a ver na sociedade um novo estado da modernidade, fruto de uma transição tensa entre o desaparecimento radical de um mundo e o nascimento de outro, e, por consequência, a apostar no potencial transformador da escola.

Neste texto, concentramo-nos na primeira dessas matrizes – a *diferenciação social* –, por supormos que os processos de escolarização implantados pelos Estados modernos nela inspiraram-se. Estes, em níveis diversos, elegeram a escola como instância de promoção do progresso e da coesão social. E é a lógica da diferenciação social que irá sustentar a maioria dos projetos educacionais, os quais, no caso brasileiro, voltaram-se primeiramente à edificação dos sistemas de ensino e mais recentemente à sua (re)estruturação.

Para examinar esta matriz, destacamos duas abordagens pertencentes ao mesmo campo argumentativo, embora relativamente distantes no tempo, a saber: as abordagens integracionistas, ou funcionalistas, mais ou menos radicais, de Émile Durkheim e Talcott Parsons. Elas parecem-nos fundantes dos projetos de escolarização e mais próximas dos parâmetros que vêm orientando a organização escolar ainda nos dias atuais. Estes pensadores procuraram perceber como a sociedade passa do simples ao complexo, da anomia à ordem, do homogêneo ao heterogêneo, da heteronomia à autonomia, enfim, de uma solidariedade mecânica a uma solidariedade orgânica.[4] Mas a tese da diferenciação social, justificada e amplamente legitimada ao longo do século XX, vai ser posta à prova por meio dos estudos de sociologia da educação contemporâneos. Os argumentos de Pierre Bourdieu, elaborados em parceria com Jean-Claude Passeron, são os mais radicais. Esses sociólogos demonstram que a ação, a autoridade e o trabalho pedagógicos, desenvolvidos pela escola, levam à reprodução das desigualdades sociais e à perenização dos modos de dominação.

Talcott Parsons (1902-1979), Pierre Bourdieu (1930-2002), Jean-Claude Passeron (1930-) e Niklas Luhmann (1927-1998); a segunda concerne à *racionalização*, tendo tomado por base os pensamentos de Max Weber (1864-1920), Norbert Elias (1897-1990), Herbert Marcuse (1898-1979), Michel Foucault (1926-1984) e Jürgen Habermas (1929-); a terceira faz referência à *condição moderna*, pautando-se nas reflexões de George Simmel (1858-1918), Erving Goffman (1922-1982), Alain Touraine (1925-) e Anthony Giddens (1938-).

[4] Ao analisar a passagem de um tipo de sociedade a outro, Durkheim percebe duas formas de solidariedade social: uma mecânica, na qual as consciências são inteiramente absorvidas pela moral e pelas crenças coletivas, outra orgânica, na qual as consciências individuais estão emancipadas da moral e dos valores do grupo.

Segundo esses autores, a escola figura como uma das principais instituições de promoção da violência simbólica, perdendo assim sua condição de "oásis de justiça" no meio de um mundo marcado por diferenciações de matizes diversas, cujo processo e resultados tendem mais a promover injustiças do que aquilo que prevalece na retórica dos projetos educacionais.

SOCIALIZAÇÃO: AÇÃO VOLTADA À INTEGRAÇÃO E À REGULAÇÃO SOCIAL

Apesar de estar presente no pensamento de outros autores, como Herbert Spencer (1820-1903), por exemplo, é na obra de Émile Durkheim, considerado um dos pais da sociologia moderna, que a tese da diferenciação social se constitui como uma das matrizes da modernidade. Esta matriz fornece lentes que permitem ler amplamente a escola no seu espaço e tempo e decifrar as finalidades que perpassam os projetos e reformas educacionais.

Interessado desde os seus primeiros escritos nas questões relacionadas à moral, Durkheim tenta oferecer uma base científica pautada na sociologia. Segundo Mucchielli (2000), ele esboça uma "sociologia total" (que abrange uma morfologia social, uma fisiologia social e uma sociologia geral) com a finalidade de oferecer uma síntese completa da história das sociedades.

Durkheim aposta na coesão social por considerá-la essencial à organização, ao equilíbrio e à manutenção das sociedades modernas.[5] Engendrar essa coesão é o desafio que se impõe às instituições que vão dar suporte à constituição dessas sociedades. Essa premissa o leva a argumentar em favor do estudo científico dos fenômenos sociais, estabelecendo como regra fundamental "o tratamento dos fatos sociais como coisas" (DURKHEIM, 1895), portanto como exteriores aos indivíduos, e a definir o "caráter social da educação" e uma "função social para a escola" (DURKHEIM, 1922). Para cumprir esta função, a pedagogia[6] é chamada a participar da modernização:

---

[5] Segundo Mucchielli (2000, p. 49), sua sociologia "se enraíza numa meditação histórica inquieta sobre o futuro da sociedade industrial, no que concerne ao desaparecimento de antigos quadros sociais que a caracterizam e à crise dos valores e das crenças coletivas que a acompanha".

[6] Nem arte, nem ciência, "a pedagogia consiste, precisamente, em uma reflexão, a mais metódica e mais documentada possível, colocada a serviço da prática de ensino" (DURKHEIM, 2008, p. 18). Vale lembrar que a tensão entre arte e ciência vai nortear a discussão entre "intelectuais" por um longo tempo.

"A ciência deve preocupar-se em pesquisar com a maior prudência possível; ela não é forçada a obter algum resultado em um tempo definido. A pedagogia não tem o direito de ser paciente; porque ela responde a necessidades vitais que não podem esperar" (DURKHEIM, 2008, p. 17). Assim, enquanto a sociologia define os fins educacionais tendo como referência os ideais que guiarão a conduta das novas gerações no mundo; a pedagogia põe em prática teorias e métodos pedagógicos, tendo como aporte os meios indicados pela psicologia, cuja função é "descrever e explicar o homem individual".

Como se pode ver, a perspectiva de Durkheim é, por um lado, teórica, e portanto geral, ao estabelecer uma relação estreita entre educação e moral (laica):[7] entre a ideia de justiça e o ideal democrático, a ideia de solidariedade e o ideal de humanidade pacífica, a ideia de verdade e o ideal científico; e, por outro, prática, e consequentemente prescritiva, ao definir procedimentos para a ação a ser "exercida, pelas gerações adultas, sobre as gerações [ainda não] preparadas para a vida social", visando "suscitar e desenvolver [...] certo número de estados físicos e morais, reclamados pela sociedade política, no seu conjunto, e pelo meio especial a que a criança, particularmente, se destine" (DURKHEIM, 1978, p. 41).

A solidariedade (orgânica), para Durkheim (1893), está alicerçada na tese da "divisão do trabalho social", o que supõe a implementação, pelas sociedades modernas, de dispositivos de diferenciação social; a educação escolar figura como um dos mais importantes. Sua função é homogeneizar, para eliminar diferenças injustas, e diferenciar, para distinguir profissionalmente cada indivíduo. É possível – e necessário – individualizar socializando, pois somente o individualismo garante a coesão social. Segundo Etienne (2000, p. 69), "Durkheim faz do crescimento do individualismo o fenômeno maior da modernidade", pois o 'culto do indivíduo' que se encarna no respeito aos direitos do homem se torna o único cimento social da modernidade".

Preocupado com os riscos de "anomia",[8] de egoísmo e de desordem, embora soubesse, como outros pensadores de sua época, que a ordem moral tradicional ha-

---

[7] Trata-se, segundo Durkheim (2008, p. 19), de "uma educação que abdica de qualquer referência aos princípios sobre os quais repousam as religiões reveladas, que se apóia exclusivamente sobre idéias, sentimentos e práticas que se justificam unicamente pela razão, em uma palavra, uma educação puramente racionalista".

[8] Durkheim apresenta, sobretudo na obra *O suicídio* (1897), uma tipologia das possíveis deficiências/carências do processo de socialização. Nessa tipologia aparece o conceito de *anomia* (ou a não observância das normas) que vai ser mobilizado no conjunto de sua obra. Segundo Merton (1970, p. 235), "Durkheim deixou

via sido definitivamente desestabilizada, Durkheim considera importante apoiar a solidariedade social em elementos mais sólidos. Por essa razão, ele aposta nos processos de socialização inerentes ao processo educacional: "A educação consiste numa socialização metódica das novas gerações" (DURKHEIM, 1978, p. 41). Sua teoria da socialização funda-se em dois processos distintos, mas complementares: a *integração* e a *regulação* social.[9] Por meio da educação são desenvolvidos os três elementos que caracterizam a educação moral: o espírito de disciplina, a adesão aos grupos sociais e a autonomia da vontade (DURKHEIM, 2008).

A *integração* social visa religar a criança a sua sociedade e refere-se à maneira como um grupo social atrai para si um indivíduo e dele se apropria. Esse processo passa por interações frequentes e variadas entre os membros do grupo, o que supõe a existência de paixões uniformes e a busca de objetivos comuns. Para Durkheim, a integração social proporciona ao indivíduo muitos aspectos positivos, como a troca de ideias e de sentimentos e uma mútua assistência moral, que fazem com que cada um participe do dinamismo coletivo em vez de limitar-se às suas próprias pulsões. Quanto mais intensa a vida coletiva do grupo, maior será a integração: "Uma sociedade fortemente integrada mantém os indivíduos sob sua dependência, considera que eles estão a seu serviço e, em consequência, não lhes permite dispor de si mesmos conforme suas fantasias" (1897, p. 223).

A *regulação* social permite passar do universo infinito das paixões e desejos humanos ao mundo fechado e hierárquico das paixões sociais, por isso figura como uma das faces do processo de socialização: não se trata apenas de integrar o indivíduo, é necessário regulá-lo, isto é, uniformizar e harmonizar seus comportamentos, limitar a amplitude de seus desejos e moderar suas paixões. Esse processo requer a existência de uma hierarquia social e de paixões socialmente adaptadas para cada indivíduo, segundo o lugar que ocupa (e ocupará) na estrutura hierárquica. Afinal, todos devem sentir que as coisas são como deveriam ser. Supõe também que essa hierarquia seja considerada justa e legítima por todos os membros do grupo, o que

---

claro que êste conceito se referia a uma propriedade da estrutura social e cultural, e não a uma propriedade dos indivíduos que confrontavam tal estrutura. Não obstante, enquanto se tornava evidente a utilidade do conceito para entender diversas formas de comportamento desviado, êle foi se ampliando até referir-se a uma condição de indivíduos, em vez de se referir ao ambiente".

[9] A teoria da socialização de Durkheim foi amplamente desenvolvida nas obras *Da divisão do trabalho social* (1893) e *O suicídio* (1987), tendo exercido um papel fundante no conjunto da produção do autor.

implica reconhecer o valor da disciplina e a necessidade de submissão à autoridade moral, em razão do seu "papel moderador"; esta deve ser obedecida e respeitada e não temida: "A sociedade não é somente algo que atrai para si, com uma intensidade desigual, os sentimentos e atividades dos indivíduos. Ela é também um poder que os regula" (DURKHEIM, 1897, p. 264).

É, como vimos, na intersecção entre integração e regulação social que se define a abordagem durkheimiana de socialização. Nela, a educação adquire um caráter moral,[10] que legitima a autoridade do professor tornando possível o trabalho docente. Não se trata de uma moralidade estável, mas composta de regras morais hierárquicas que correspondem às estruturas morfológicas de cada grupo. Estas são construídas na relação entre autoridade, atributo de alguns seres, reais ou ideais, considerados dotados de poderes superiores, e disciplina; uma inculcação que associa imposição, que pode ser coercitiva, e desejo.

Preocupado com a integração e a coesão, Durkheim investe na função social da escola. Para Martuccelli (1999, p. 55),

> a concepção que [Durkheim] tem da educação procede de uma concepção social específica do progresso, a saber, a fé na realização e na liberação pessoais graças a aquisição do saber. Mas para ele o postulado da liberação pela educação está subordinado às necessidades da integração social. Por isso, trata-se antes de tudo de transmitir um espírito mais que um conjunto de conhecimentos diretamente úteis em termos profissionais. O essencial sendo produzir um *ethos* próprio a uma sociedade diferenciada, a disciplina escolar, como sistema de imposições é também, quando não, mais importante que os saberes a serem transmitidos.

Enfim, é no advento das grandes mudanças e de busca de homogeneidade, indispensável a todo consenso, que a escola se torna fundamental como dispositivo de controle social: "O homem que a educação deve realizar, em cada um de nós, não é o homem que a natureza fez, mas o homem que a sociedade quer que ele seja; e ela

[10] Segundo Garnier (2010, p. 232), não cabia à "escola pública a responsabilidade pela transmissão das posições sociais. Livre dos serviços de castas hereditárias, a escola democrática devia primeiramente fundar uma sociedade de solidariedade orgânica onde o essencial se constitui e se reproduz na divisão do trabalho social". Durkheim atribuiu à "escola da República um papel essencialmente moral", sublinha o autor.

o quer conforme o reclame a sua economia interna, o seu equilíbrio" (DURKHEIM, 1978, p. 81). Assim, interrogar-se sobre os dispositivos de socialização, implica primeiramente compreender como um homem é, ao mesmo tempo, "diferente" de todos num determinado momento histórico e "idêntico" aos outros homens de sua cultura.

HIPERSOCIALIZAÇÃO: AÇÃO VOLTADA À INTEGRAÇÃO E AO CONTROLE SOCIAL

Na contracorrente da sociologia empírica que dominava os Estados Unidos desde as primeiras décadas do século XX, e particularmente a Escola de Chicago,[11] Talcott Parsons, jovem professor de Harvard, procura desenvolver uma "teoria geral da sociedade",[12] que caracteriza como uma abordagem "conceitual e sintética", por entender que a ciência não pode limitar-se a uma simples acumulação de dados. Instigado pelas interrogações clássicas que perseguem a sociologia desde Augusto Comte (1798-1857), tais como: Em que condições uma sociedade é possível? Quais são os fundamentos da ação social? Como conjugar ação individual e ordem social?, ele torna-se rapidamente o "papa" da sociologia americana; uma sociologia que expressa o *American way of life* (DORTIER, 2000, p. 93).

Segundo Martuccelli (1999, p. 67), a abordagem de Parsons é edificada na "intersecção de duas problemáticas: de um lado, um processo central, privilegiado e crescente de diferenciação social, e, de outro, uma preocupação constante, dada a contingência imperiosa das interações humanas, com sua integração e coordenação". Assim, Parsons parece tentado por uma "integração perfeita", e, nesta perspectiva,

[11] Pensadores como Willian Thomas (1863-1947) e Florian Znaniecki (1881-1956) marcaram suas presenças na origem da Escola de Chicago desde o início do século XX. Partindo do pressuposto de que a sociologia deveria descolar-se da perspectiva especulativa que a dominava para ancorar-se na realidade social, eles fundaram seus estudos na observação empírica, dada a necessidade de colocar-se a serviço da reforma da sociedade. Mas seria o desenvolvimento da sociologia interacionista e, mais tarde, o do interacionismo simbólico, que iriam renovar a tradição da Escola de Chicago, o que representou uma maneira radicalmente nova de pensar e analisar a sociedade (CABIN, 2000).

[12] Referindo-se à abrangência das grandes teorias, Merton (1970, p. 79), que contribui de maneira significativa à constituição do pensamento funcionalista, assim se expressa: "Os sistemas de teoria sociológica total – como o materialismo histórico de Marx, a teoria dos sistemas sociais de Parsons e a sociologia integral de Sorokin – mais representam orientações teóricas gerais, do que sistemas rigorosos e estreitos, semelhantes aos que são empregados para a procura de uma 'teoria unificada' em física".

elabora elementos que compõem um esquema acabado, ou uma espécie de axiomática geral das ciências humanas.

Reconhecendo a importância de Durkheim à sociologia, Parsons reafirma, em sua teoria social,[13] alguns dos seus parâmetros, por considerá-los essenciais à ordem social, a saber: a obrigação moral que leva o indivíduo a curvar-se a determinadas regras e a perceber que sua manutenção supõe um conjunto de valores comuns, mas sobretudo a admitir que esses valores atuam na formulação dos seus próprios fins. A ordem social, que é sempre factual na medida em que é suscetível da análise científica, não pode resultar das preferências desorganizadas e espontâneas dos atores; ela somente pode ser estável quando as regras, expressamente formuladas, funcionam de forma efetiva estabelecendo um sistema de controles normativos (PARSONS, 1973).

Parsons tem como alvo duas palavras-chaves: "ação" e "sistema", e é em torno delas que gravitam seus principais argumentos e que se funda sua teoria da socialização.[14] Ele concebe a ação humana a partir da integração de quatro elementos que abrangem tanto as regularidades quanto as variações.[15] Assim, o ato individual orienta-se segundo determinados *fins* (possíveis), relacionados às expectativas do ator; realiza-se em *situações estruturadas* tendo em vista os recursos disponíveis; é regulado por *normas* que guiam a relação do ator com os meios que possui para agir; implica *motivações*, dispêndio de energias, para atingir os fins perseguidos. Vale sublinhar que, nesse mecanismo, o ator é reconhecido pelo seu alto grau de racionalidade; ele é sempre capaz de fazer escolhas, mas suas escolhas devem convergir entre si e sobretudo serem compatíveis com os valores sociais.

---

[13] Esta teoria é formulada no livro *The Structure of Social Action. A Study on Social Theory with Special Reference to a Group of Recent European Writers* (1937), retomando-a alguns anos depois nas obras *The Social System* (1951) e *Societies: Evolucionary and Comparative Perspectives* (1966). Segundo Merton (1970, p. 150-151), "as contribuições mais importantes de um livro tão amplo e tão lògicamente complexo [...] não podem ser fàcilmente distinguidas dos seus desenvolvimentos conceituais mais provisórios e às vêzes discutíveis [...] evidentemente ambas as pesquisas vindas das formulações de Parsons e da revisão crítica teórica [...] representam um passo decisivo para uma exposição metódica da teoria sociológica atual".

[14] Parsons estava convencido de que não é suficiente afirmar que graças à socialização o ator faz seus os valores e as normas próprias a sua sociedade e que elas se tornam, enquanto motivações, os indicadores de sua ação, como o fizera Durkheim.

[15] Segundo Merton (1970, p. 404), "Parsons desenvolveu seu sistema [...] de padrões variáveis, em têrmos dos quais as relações na estrutura dos papéis de um sistema social podem ser analiticamente caracterizadas: afetividade versus neutralidade afetiva, auto-orientação versus orientação coletiva, universalismo versus particularismo, realização versus imputação, e especificidade versus prolixidade".

Segundo Dortier (2000, p. 92), ao desenvolver uma concepção "super-socializada" do ator social, Parsons vê a sociedade como um sistema de valores, culturas e normas e, para explicá-la na sua integralidade, recorre a uma visão "sistêmica" e "funcionalista".[16] O sistema de ação é caracterizado como uma "estrutura de interdependência", decorrente do escalonamento sucessivo dos dispositivos de controle social, os quais formam uma verdadeira "hierarquia cibernética": "a cultura controla o sistema social, que controla a personalidade, que por sua vez controla o organismo" (DUBAR, 1998, p. 48).

O sistema social decompõe-se em quatro subsistemas organicamente religados (PARSONS, 1973), a saber: o *biológico* ou dos organismos (abrange as necessidades neurofisiológicas e fornece a energia para a ação); o *psíquico* ou da personalidade (compreende as motivações que orientam os objetivos da ação); o *social* (refere-se à interação entre os atores impondo normas para a ação, seu primado é a integração); e o *cultural* (relaciona-se aos sistemas simbólicos que informam a ação e permitem pôr em prática valores, conhecimentos, ideologias, visando sua manutenção). Como se pode ver, para esse sociólogo, "todo sistema social é somente uma combinação desses componentes estruturais, e sua estabilidade depende da maneira como papeis e coletividades são comandados por valores e normas específicos".

É na tentativa de assegurar uma vinculação efetiva entre a ação humana e o sistema social que repousa a teoria da socialização de Parsons; uma concepção totalmente funcional do sistema social. Ele afirma que "o processo de interiorização dessas estruturas motivacionalmente relevantes é o que os sociólogos denominam *socialização*"; um processo que consiste na "interiorização da motivação nos níveis necessários de lealdade aos interesses e exigências coletivas" (PARSONS, 1970, p. 375). Esse processo

> se estriba na plasticidade genèticamente havida do organismo humano e na sua capacidade de aprender. Suas primeiras fases estão em tôda a parte centradas no sistema de parentesco, com especial referência à família conjugal. Se bem se processe em todos os grupos, a socialização se concentra, evidentemente, além da família, nas coletividades voltadas à

[16] Segundo Forquin (1997, p. 12), "no contexto americano dos anos 50, considera-se com frequência o artigo de Parsons *The School Class as a Social System* (1959) como uma das expressões mais características da abordagem funcionalista", particularmente no que concerne à educação formal.

> educação formal, que se tornam progressivamente mais importantes com o progresso da evolução social (PARSONS, 1970, p. 375-376).

Assim, a socialização figura como seu conceito primordial, pois trata da articulação entre um conjunto de valores comuns e a estrutura de disposição-necessidade interiorizada pelas personalidades, constituindo-se em fenômeno central da dinâmica dos sistemas sociais. Em consequência, todo sistema social deve assegurar quatro funções essenciais, frequentemente designadas como "sistema AGIL":[17] a *função de adaptação* (que garante a confluência dos meios aos fins perseguidos, adaptando-os às condições concretas do ambiente); a *função de perseguição dos fins* (que possibilita a definição clara dos fins da ação e os meios para alcançá-los); a *função de integração* (cuja finalidade é a organização e coordenação entre os membros do sistema); e a *função de estabilidade normativa* (voltada à manutenção dos valores e normas por meio de procedimentos que os tornem conhecidos e interiorizados pelos atores). Dubar (1998), ao examinar a perspectiva sistêmica de Parsons, afirma que é por meio do processo de socialização que todo indivíduo se torna portador do seu sistema social; é ele que garante a interiorização (*internalização*) desses quatro imperativos funcionais integrados.

Ao estabelecer uma profunda complementaridade entre a função socializadora e a função diferenciadora da escola (PARSONS, 1974), a abordagem parsoniana aproxima-se fortemente dos ideais dos estados modernos, nos quais a educação escolar aparece como uma verdadeira cruzada patriótica, mas também democrática, graças ao seu caráter pragmático que se volta à necessidade de (re)configuração dos sistemas de ensino e de (re)definição das políticas educacionais. Nesta perspectiva,

> Para Parsons, a escola preenche nas sociedades modernas ao mesmo tempo uma função de socialização e uma função de seleção social. De um lado, as aprendizagens escolares constituem uma das bases essenciais do processo por meio do qual os membros da nova geração adquirem tanto as competências quanto as motivações que lhes permitirão exercer determinados papéis na vida adulta. De outro, nessas sociedades,

---

[17] ***A*** relaciona-se à função de adaptação; ***G*** diz respeito à função de perseguição dos fins (*goal-attainment*); ***I*** refere-se à função de integração; e ***L*** corresponde à função de estabilidade normativa (*latence pattern*) (DUBAR, 1998; MARTUCCELLI, 1999; DORTIER, 2000).

> é em grande parte pela via da escola, pela via da diferenciação das performances escolares e do acesso aos diplomas, que se efetua a atribuição dos estatutos profissionais e sociais e que se opera a seleção das elites (FORQUIN, 1997, p. 12).

Enfim, como se pode ver, um dos pontos fortes – e convergentes – das teorias de Durkheim e Parsons é o papel da educação escolar no movimento crescente de diferenciação social próprio das sociedades modernas. Segundo estas abordagens, em maior ou menor grau, há uma continuidade funcional e formal entre a cultura (valores), a sociedade (papeis) e as personalidades (motivos).

HABITUS: PROCESSO PURAMENTE SOCIAL E QUASE MÁGICO DE SOCIALIZAÇÃO

Mas os pilares da tese da diferenciação social, sobre a qual se fundam os fins e funções da educação escolar, foram postos à prova, sobretudo, pela teoria crítica da dominação e da reprodução social desenvolvida pelo sociólogo francês Pierre Bourdieu em parceria com Jean-Claude Passeron. É justamente desta tese, que constituiu um dos temas privilegiados de suas análises, que vem sua grande contribuição. Ao perceberem a presença, no centro das sociedades altamente diferenciadas,[18] de analogias entre as atitudes individuais e as estruturas sociais, eles reafirmam a necessidade de pensar relacionalmente: "o objetivo da pesquisa é descobrir invariantes *transhistóricas* ou conjuntos de relações entre estruturas relativamente estáveis e duráveis" (BOURDIEU; WACQUANT, 1992, p. 57).

Para Bourdieu, a sociedade não é nem uma pirâmide, nem uma escala, mas se apresenta como um espaço social de diferenças, fortemente hierarquizado, estruturado em torno de duas dimensões: o volume global dos recursos detidos e a repartição entre capitais, sendo o capital econômico a espécie dominante em relação aos demais. Ao procurar desvelar as lógicas de reprodução social, ele constata que a dominação se dá por meio das relações entre os diferentes campos historicamente constituídos, o

---

[18] É importante lembrar que Bourdieu raramente emprega a palavra modernidade, preferindo, para designar as sociedades tradicionais e modernas, referir-se a sociedades pouco diferenciadas, pré-capitalistas ou altamente diferenciadas.

que lhe permite mostrar que "as divisões sociais se tornam princípios de divisão, que organizam a visão do mundo social" (BOURDIEU, 1979, p. 549).

Assim como assinalou Durkheim, ainda que de maneira genérica e homogênea, estabelece-se uma ligação estreita entre morfologia social e categorias cognitivas; ou seja, uma forte adequação entre as exigências de cada campo, as posições sociais nele ocupadas e as disposições individuais. Segundo a abordagem bourdieusiana (caracterizada como topológica), a sociedade moderna, complexa e diferenciada, não aparece como uma totalidade, mas como um conjunto de diferentes campos, com regras relativamente autônomas, que não podem ser compreendidas a partir de uma lógica única, ainda que as posições no seu interior remetam a uma homologia com o campo do poder. Ao contrário,

> é por meio dos condicionamentos diferenciados e diferenciadores, associados às diferentes condições de existência, por meio das inclusões e exclusões, das uniões [...] e das divisões [...] que estão no princípio da estrutura social e da eficácia estruturante que ela exerce, por meio também de todas as hierarquias e de todas as classificações inscritas nos objetos [...], nas instituições (por exemplo o sistema escolar), ou, simplesmente, na linguagem, por meio enfim de todos os julgamentos, veredictos, classificações, apelos à ordem, que impõem as instituições especialmente organizadas para esse fim, como a família ou o sistema escolar, ou que surgem continuamente dos encontros e das interações da existência ordinária, que a ordem social se inscreve progressivamente nos cérebros (BOURDIEU, 1979, p. 548-549).

Transformações, conversões e reconversões estão portanto na base dos diversos processos de classificação, desclassificação e reclassificação dos agentes, favorecendo a perpetuação de uma determinada ordem social (BOURDIEU, 1979). Enfim, é por meio da concentração, no Estado, do capital simbólico – "esse poder misterioso de nominação" – que as sociedades diferenciadas reproduzem suas estruturas de dominação.

Nesse quadro de reflexão, a socialização assume um lugar primordial, apresentando características de uma "abordagem casual-probabilística", como se se tratasse de um processo biográfico de incorporação das disposições sociais vindas não somente da família e da classe social de origem, mas do conjunto dos sistemas de ação experimentados pelo indivíduo ao longo de sua existência. Para Bourdieu (1989, p. 387),

> as estratégias de reprodução têm por princípio o *habitus*,[19] que tende a reproduzir as condições de sua própria produção, produzindo, nos mais diferentes domínios da prática, estratégias objetivamente coerentes com as características centrais de um determinado modo de dominação.

Assim, toda socialização, particularmente, aquela operada pela escola,[20] visa à incorporação do *habitus*: uma estrutura social incorporada que porta em si a amplitude da história de um campo.

Socializar é assegurar uma incorporação durável das maneiras de sentir, pensar, julgar e agir do grupo social de origem. Por meio da socialização dos *habitus* de classe (e de um campo), estabelece-se uma correlação estreita entre as probabilidades objetivas (chances) e as esperanças subjetivas (motivações e necessidades) e produz-se um sentimento de pertencimento,[21] que implica uma causalidade histórica (do antes sobre o presente), das experiências vividas sobre as práticas atuais. O *habitus* afirma tanto a adesão subjetiva quanto a participação ativa dos agentes na reprodução de suas posições sociais. Mas trata-se de uma causalidade probabilística, que exclui toda determinação mecânica de um momento privilegiado sobre os seguintes. Assim, quanto mais as vinculações sucessivas ou simultâneas se multiplicam e se tornam heterogêneas, mais se abre o campo dos possíveis e menos se exerce a causalidade de um provável determinado.

Segundo Bourdieu, o *habitus* está na raiz da reprodução social, a qual conta, nas sociedades modernas, com o sistema de ensino para a sua efetivação. Esta tese vai ser amplamente desenvolvida em três de suas obras clássicas, que permanecem célebres por descreverem e denunciarem as estratégias de reprodução social das elites.

---

[19] "Sistemas de disposições duráveis e transmissíveis, estruturas estruturadas predispostas a funcionar como estruturas estruturantes" (BOURDIEU, 1980, p. 88-89). Considerado como presença ativa e sintética de todo o passado que o produziu, o *habitus* é a estrutura geradora e organizadora de práticas e de representações perfeitamente conformes com sua lógica e com suas exigências, excluindo assim as práticas consideradas como menos prováveis, que definem um destino ou uma "sina escolar", de qualquer reflexão.

[20] Bourdieu e seus colaboradores dedicaram várias décadas à análise do sistema de ensino (francês), tendo contribuído de forma significativa para o estudo dos sistemas educacionais de outros países ao tornarem evidente a distância entre a realidade escolar e os princípios preconizados pelas políticas para a educação.

[21] Dubar (1998, p. 71) lembra que, "segundo Bourdieu, assegurando a incorporação dos *habitus* de classe, produz[-se] o pertencimento de classe dos indivíduos reproduzindo a classe como grupo que partilha o mesmo *habitus*".

Nas duas primeiras, elaboradas em parceria com Jean-Claude Passeron: *Os herdeiros* (publicada em 1964) e *A reprodução* (publicada na França em 1970 e no Brasil em 1975 em 1ª edição), os autores demonstram que o sistema escolar torna legítima uma cultura que, como toda cultura, é arbitrária porque repousa sobre uma determinada ordem social. Em outras palavras, a escola faz sua a cultura das classes dominantes, dissimula a natureza social desta cultura e rejeita, desvalorizando-a, a cultura dos outros grupos sociais. Na terceira obra, *A distinção* (publicada em 1979), Bourdieu procura desvelar a "engenharia" posta em prática pelas classes dominantes, que acaba transformando a lógica da diferenciação social em lógica de distinção dos grupos dominantes, e isto por meio da mobilização dos sistemas de ensino: os "títulos escolares" são elevados à condição de títulos de nobreza cultural; eles passam a constituir e a legitimar uma verdadeira "*noblesse d'État*" (BOURDIEU, 1989).

É neste quadro de reflexões, e de perplexidades, que Bourdieu e Passeron revelam a força dos princípios meritocráticos na legitimação dos mecanismos escolares e universitários de seleção e classificação, e, em contrapartida, a fragilidade dos projetos de democratização da educação – e de seu corolário a massificação do ensino –, provocando um profundo desencantamento em relação ao sistema escolar. Conforme os autores,

> Crer que se dá a todos oportunidades iguais de acesso ao ensino mais elevado e à mais alta cultura quando assegura-se os mesmos meios econômicos a todos os que têm os 'dons' indispensáveis, é ficar a meio caminho nas análises dos obstáculos e ignorar que as aptidões medidas sob o critério escolar se devem, mais que a 'dons' naturais [...], à maior ou menor afinidade entre as aptidões culturais de uma classe e as exigências do sistema de ensino (BOURDIEU; PASSERON, 1964, p. 37).

Por meio do exercício da violência simbólica, a escola impõe, sob a forma de ação pedagógica, um conjunto de significações, estabelecendo correspondência e continuidade entre o arbitrário escolar e o *habitus* de classe, convertendo desigualdade social em sucesso pessoal. Assim,

> Os diferentes tipos de estrutura do sistema de ensino, isto é, as diferentes especificações históricas da função própria de produção de disposições duráveis e transferíveis (*habitus*) que cabe a todo sistema de ensino, só adquirem todo seu sentido quando são relacionados com os diferentes tipos de

estrutura do sistema das funções, eles mesmos inseparáveis dos diferentes estados da relação de força entre os grupos ou classes pelos quais e para os quais se realizam essas funções (BOURDIEU; PASSERON, 1982, p. 190).

FINALIZANDO...

Como se pôde ver, a socialização escolar ocupa, nas sociedades modernas, um lugar central na promoção da ordem e do progresso sociais. Ao se tornar essencial à solidariedade (orgânica), entendida no sentido da divisão do trabalho social (Émile Durkheim), e à estruturação sistêmica, fundada na integração e no controle sociais (Talcott Parsons), a escola reafirma preceitos clássicos das sociedades burguesas. Evidentemente, as contradições entre promessas e realizações – preconizar a igualdade e promover a desigualdade, por exemplo – não poderiam passar imunes à teoria das práticas sociais de Pierre Bourdieu (e de seus colaboradores). Ele faz da inculcação do *habitus* (de uma classe ou campo) o principal alvo de suas críticas quando se refere à socialização escolar.[22] Ao reconhecer que a transformação do capital cultural herdado em capital escolar, certificado, institucionalizado, exige um trabalho específico, investimentos educativos e um engajamento (docente e familiar), seus argumentos desnudam as práticas de reprodução social e de perpetuação dos modos de dominação, pondo em xeque uma das principais matrizes da modernidade: a diferenciação social.

No entanto, dada a legitimidade desta tese, que se desdobra em outros princípios caros à era moderna (a democratização da educação, a igualdade de oportunidades, a meritocracia escolar),[23] fica difícil não acreditar nas virtudes do desenvol-

[22] Segundo Dubar (1998, p. 78), a abordagem de Bourdieu "dá conta de uma forma de socialização que permanece sem dúvida majoritária (a reprodução das relações relativas e das disposições ligadas a essas posições), mas que não é única. Ela privilegia a continuidade em relação às rupturas, a coerência em relação às contradições".

[23] Parte-se do pressuposto ~~de~~ que este princípio harmoniza diferenças individuais e desigualdades sociais, pois todo indivíduo é estimulado a explorar ao máximo seus talentos, a ocupar o lugar que lhe conferem seus dons, sua vocação, seu esforço, sua destreza, sua qualificação, sua experiência. Sem o mérito não haveria outra maneira, senão a do nascimento (ancorada em propriedades "herdadas"), de distribuição dos indivíduos numa escala de estratificação social. Sobre a presença deste princípio nas políticas educacionais, ver Dubet (2008), e nos projetos para a educação brasileira e catarinense, ver Valle e Ruschel (2009; 2010).

vimento contínuo da escolarização, o que sugere a necessidade de examinar o lugar da escola em outras matrizes da modernidade, como a *racionalização* e a *condição moderna* (MARTUCCELLI, 1999), por exemplo.

Enfim, ao estudarmos os processos e projetos de escolarização (da primeira infância à formação ao longo da vida), implantados no Brasil e nas diferentes regiões e estados brasileiros, precisamos compreender como a construção da diferenciação social se tornou possível, como ela adquiriu o estatuto de uma evidência, como essa conjunção foi se naturalizando e ganhando legitimidade e por que ela recentemente vem cedendo lugar a outros princípios de justificação e a outros modos de distribuição da educação. Isso exige um esforço para além de qualquer barreira disciplinar: o desafio que se impõe ao sociólogo e ao historiador da educação é desenvolver uma "bi-disciplinaridade feliz" (PASSERON, 1991), ou uma "concubinagem ilegítima" (MORIN, 1999) entre sociologia e história quando se trata de desvelar a complexa dinâmica que caracteriza o campo educacional. Entendemos, portanto, que todo estudo sobre a relação entre educação e modernidade, particularmente quando foca a função diferenciadora da escola, não pode prescindir dessas duas lentes epistemológicas, o que nos leva a concordar com Bourdieu (2011; 2012) que a fronteira entre sociologia e história não tem nenhum sentido.

REFERÊNCIAS

BOURDIEU, P. *Homo academicus*. Florianópolis: Ed. UFSC, 2011.

BOURDIEU, P. *La distinction*. Paris: Minuit, 1979.

BOURDIEU, P. *La noblesse d'État*: grandes écoles et esprit de corps. Paris: Minuit, 1989.

BOURDIEU, P. *Le sens pratique*. Paris: Minuit, 1980.

BOURDIEU, P. *Les régles de l'art*: genèse et structure du champ littéraire. Paris: Seuil, 1992.

BOURDIEU, P. *Sur l'État*: cours au Collège de France 1989-1992. Paris: Seuil; Raisons d'Agir, 2012.

BOURDIEU, P.; PASSERON, J.-C. *A reprodução*: elementos para uma teoria do sistema de ensino. 2. ed. Rio de Janeiro: Francisco Alves, 1982. (Publicação original em francês, 1970).

BOURDIEU, P.; PASSERON, J.-C. *Les héritiers*: les étudiants et la culture. Paris: Minuit, 1964.

BOURDIEU, P.; WACQUANT, L. J. D. *Réponses*. Paris: Seuil, 1992.

CABIN, P. L'essor de la sociologie interactionniste. In: LA SOCIOLOGIE: histoire et idées. Auxerre: Éditions Sciences Humaines, 2000. p. 99-102.

DORTIER, J.-F. Talcott Parsons et «la grand théorie». In: CABIN, P.; DORTIER, J.-F. *La sociologie*: histoire et idées. Auxerre: Sciences Humaines Éd., 2000. p. 91-94.

DUBAR, C. *La socialisation*: construction des identités sociales et professionnellles. Paris: Armand Colin, 1998.

DUBET, F. *O que é uma escola justa?* A escola das oportunidades. Tradução de Ione Ribeiro Valle. São Paulo: Cortez, 2008. (Publicação original em francês, 2004).

DURKHEIM, É. *A educação moral*. Petrópolis: Vozes, 2008. (Publicação original em francês, 1925).

DURKHEIM, É. *As regras do método sociológico*. São Paulo: Martin Claret, 2003. (Publicação original em francês, 1895).

DURKHEIM, É. *De la division du travail social*. Québec: Université du Québec. Collection "Les auteur(e)s classiques", 1893. Disponível em: <http://classiques.uqac.ca/classiques/Durkheim_emile/division_du_travail/division_travail.html>. Acesso em: 08 ago. 2012.

DURKHEIM, É. *Educação e sociologia*. 11. ed. São Paulo: Melhoramentos, 1978. (Publicação original em francês, 1922).

DURKHEIM, É. *Le suicide*: Étude de sociologie. Québec: Université du Québec, 1897. Disponível em: <http://classiques.uqac.ca/classiques/Durkheim_emile/suicide/suicide.html>. Acesso em: 08 ago. 2012.

ETIENNE, J. La modernité: une tradition sociologique. In: LA SOCIOLOGIE: histoire et idées. Auxerre: Éditions Sciences Humaines, 2000. p. 67-76.

FORQUIN, J.-C. La sociologie de l'éducation américain et britannique: une tradiction de recherche puissante et plurielle. In: FORQUIN, J.-C. (Org.). *Les sociologues de l'éducation américain et britanniques*: présentation et choix des textes. Paris; Bruxelles: De Boeck Université/INRP, 1997. p. 9-88.

GARNIER, B. *Figures de l'égalité*. Deux siècles de rhétoriques politiques en éducation (1750-1950). Louvain-La-Neuve: Academia Bruyant, 2010.

MARTUCELLI, D. *Sociologies de la modernité*. Paris: Gallimard, 1999.

MERTON, R. K. *Sociologia*: teoria e estrutura. São Paulo: Mestre Jou, 1970.

MORIN, E. *La tête bien faite*: repenser la réforme, réformer la pensée. Paris: Seuil, 1999.

MUCCHIELLI, L. Durkeim: Le père de la sociologie moderne. In: CABIN, P.; DORTIER, J.-F. *La sociologie*: Histoire et idées. Auxerre: Sciences Humaines Éd., 2000. p. 45-54.

PARSONS, T. La classe en tant que système social: quelques unes de ses fonctions dans la société américaine. In: GRAS, A. *Sociologie de l'éducation, textes fondamentaux*. Paris: Larousse, 1974. p. 57-66.

PARSONS, T. *Sociétés, essai sur leurs évolutions comparées*. Paris: Dunod, 1973.

PARSONS, T. Uma visão geral. In: PARSONS, T. (Org.). *A sociologia americana*: perspectivas, problemas, métodos. São Paulo: Cultrix, 1970. p. 366-383.

PASSERON, J.-C. *Le raisonnement sociologique*: l'espace non-poppérien du raisonnement naturel. Paris: Nathan, 1991.

VALLE, I. R.; RUSCHEL, E. A meritocracia na política educacional brasileira (1930-2000). *Revista Portuguesa de Educação*, Porto/Portugal, Instituto de Educação e Psicologia/Universidade do Minho, v. 22, n. 1, p. 179-206, 2009.

VALLE, I. R.; RUSCHEL, E. Política educacional brasileira e catarinense (1934-1996): uma inspiração meritocrática. *Revista Eletrónica de Investigación y Docência*, v. 3, p. 73-92, 2010.

VINCENT, G.; LAHIRE, B.; THIN, D. Sobre a história e a teoria da forma escolar. *Educação em Revista*, Belo Horizonte, n. 33, p. 7-47, jun. 2001.

O lugar do intelectual no prelúdio da modernidade: experiência e tradição seletiva na obra de José Francisco da Rocha Pombo[1]

Marcus Aurelio Taborda de Oliveira

Meu objetivo com este texto é ousado e talvez impertinente. Pretendo explorar as ideias de dois destacados intelectuais do século XX, Edward Thompson e Raymond Williams, cuja obra venho estudando há alguns anos, para problematizar uma base empírica constituída pela produção de José Francisco da Rocha Pombo, intelectual paranaense nascido nos anos finais do Império Brasileiro, e que ganharia grande destaque como o "historiador oficial da primeira república" nas décadas iniciais do século XX. Recupero alguns dos argumentos já publicados por mim anteriormente (2008 e 2011), além de um texto inédito (2012), para indagar as possibilidades daquelas obras para pensar a noção de *intelectual* em um contexto bastante específico, o Paraná do final do século XIX.

[1] Este trabalho é resultado de pesquisa financiada pelo CNPq sob o nº 400497/2007-7. Agradeço a leitura atenta e critica do professor Bruno Bontempi Jr., bem como aos integrantes do *Projeto Moderno, Modernidade, Modernização: a educação nos projetos de Brasil – séculos XIX e XX* pela possibilidade de diálogo em diferentes momentos da sua construção.

O INTELECTUAL E SUA TRAJETÓRIA[2]

José Francisco da Rocha Pombo seria conhecido como fecundo escritor, sobretudo de livros didáticos. São de sua autoria: *Para a História: notas sobre a invasão federalista no Estado do Paraná* (publicado postumamente em 1980), *O Paraná no centenário - 1500/1900* (1900), *História do Brasil* (1905 a 1930, 10 v.), *História de São Paulo* (1921), *História do Rio Grande do Norte* (1922), *História do Paraná* (1930), além do grande êxito editorial *Nossa Pátria* (1ª edição de 1917), que contou com 83 edições até 1949.

Porém, a sua carreira nas letras é muito anterior ao seu reconhecimento como historiador, e leva a marca de um personagem nascido longe dos grandes centros produtores de ideias do último quartil do século XIX. O autor nasce na cidade de Morretes, então importante entreposto comercial na baixada litorânea da Província do Paraná, em 4 de dezembro de 1857, muito provavelmente filho de uma família protestante. O início da sua carreira se deu como profesor de primeiras letras em substituição ao seu pai, Manoel Francisco Pombo, em 1875.

Além de ter criado o primeiro periódico da sua região, *O Povo*, republicano e abolicionista, ainda aos 20 anos, enviou o seu primeiro escrito à revista fluminense *A Escola*. Aquele artigo seria transcrito para a *Revista del Plata*, de Buenos Aires. Com algum sucesso no âmbito do jornalismo, mudou-se para Curitiba, onde passou a colaborar com o periódico *Galeria Ilustrada* (1880). Nesse período, iniciava também a sua produção literária. O primeiro livro foi *A Honra do Barão*, de 1881, publicado primeiramente em folhetim no periódico *A Pátria*, de Montevidéu. Em 1882, publicou um segundo romance, *Dadá*. Passou a colaborar também com o diário *Gazeta Paranaense*, do Partido Conservador, que era liderado por Idelfonso Pereira Correia, o Barão de Serro Azul, com quem Rocha Pombo teria grande amizade.

En 1883, mudou-se para Castro, onde escreveu *A religião do belo e a supremacia do ideal*, livro no qual realiza uma ampla defesa da educação pública como valor e como direito, e que aqui mobilizo como uma das minhas principais fontes. Segundo Bega (2003), seu deslocamento para aquela cidade se deu pelo interesse do Partido Conservador em construir bases mais sólidas em um local que era dominado pelos

[2] Muitas das informações sobre a trajetória de Rocha Pombo que se seguem estão publicadas em Taborda de Oliveira (2011) e cumprem, aqui, o papel de situar o leitor no seu percurso intelectual.

liberais, pois se cria que Rocha Pombo possuía uma grande eloquência e força política, pelo seu êxito na publicação de periódicos e livros. Além de seu tom polêmico e sua vocação para o debate significarem uma grande possibilidade de divulgação do ideário dos Conservadores.

Naquele ano, filiou-se ao Partido Conservador e foi eleito deputado pelo 2º distrito, en 1886. Não obstante, sua breve carreira política não obteve êxito, pois seus projetos reformistas não agradaram o Partido. Isso significou para ele uma posição de "deslocado" diante das elites paranaenses. Parte do seu fracasso talvez possa ser explicada por sua retórica *modernizadora*, fundada na defesa da industrialização, da educação pública e universal como possibilidade de esclarecimento geral, no seu republicanismo, na defesa da democracia e da redefinição da grande propriedade. Não estranha que tais ideias não se coadunassem com as formas políticas vigentes no final do Império, sobretudo em uma região de forte concentração fundiária e de produção agropecuária de largo porte. Suas posições implicitamente condenavam o latifúndio, a falta de iniciativas em prol da industrialização, as relações de poder baseadas no clientelismo, a falta de oportunidades educacionais etc. Isso fez com que abandonasse a cena política e se dedicasse à vida intelectual, retornando àquela apenas em 1916 como deputado com caráter honorífico, por sua atuação como historiador (TABORDA DE OLIVEIRA, 2011).

Com o fracasso de sua carreira política, Rocha Pombo iniciou, já de volta a Curitiba, um novo "emprendimiento periodístico", que foi *O Diário Popular*, em 1887. A partir de 1892, colaborou com o *Diário do Comércio*, do qual se tornou proprietário. Deu sequência, também, à publicação de suas obras literárias, lançando *O Guairá* (1886) e *Nova crença* (1887). Seu interesse intelectual era multifacetado e o levou a incursionar por temas como educação, imigração, literatura, comércio, filologia, indústria, cultura. Se o seu perfil e a sua ação política ganhavam densidade nos periódicos, como afirma Campos (2008), sua produção de livros, sobretudo os didáticos, lhe conferiu um papel de destaque no pensamento socioeducacional brasileiro entre o final do século XIX e o início do XX. Deve-se recordar que Rocha Pombo foi o primeiro formulador de um projeto de universidade para a jovem Província do Paraná, ainda em 1892. Mas, mesmo que tivesse conseguido a concessão para o empreendimento, chegando até mesmo a adquirir o terreno para a edificação, seu projeto fracassou. Para alguns dos estudiosos da sua trajetória, aquele fracasso estaria intimamente relacionado ao seu fracasso como político, pois não conseguiu mobilizar os esforços necessários para a criação da universidade (QUELUZ, 1994; CAMPOS, 2008).

Ainda em 1892, publicou o livro *Visões* e o romance *Petrucello*. Na época, escreveu a crônica *Para a História*, livro que retrata os efeitos da Revolução Federalista no Paraná, a qual vitimou seu amigo Barão do Serro Azul. Esta crônica só seria publicada en 1980. Suas conexões intelectuais o levaram a participar da revista *O Cenáculo*, entre 1895 e 1897, conduzida por um dos mais destacados grupos de intelectuais do seu tempo. Foi um dos idealizadores da concepção de uma cultura autenticamente paranaense, que redundaria no *Movimento Paranista*, o qual pretendia destacar a contribuição original do Estado no âmbito da cultura nacional, além de ter forte aproximação com o Simbolismo. Em 1897, mudou-se para o Rio de Janeiro, onde iniciou sua carrera de historiador com seu primeiro livro didático, *História da América*, de 1900 (TABORDA DE OLIVEIRA, 2011). Inicia em 1905 a publicação da coleção de dez volumes de *História do Brasil*, uma de suas obras mais famosas e importantes, assim como sua obra literária simbolista *No Hospicio*. Rocha Pombo foi também professor de História Geral da efêmera Universidade do Povo, de orientação socialista, a partir de 1912, e profesor concursado do Colégio Pedro II e da Escola Normal. Em 1911, publicou *Contos e pontos*; en 1918, *Notas de viagem*. Em 1933, foi eleito para a Academia Brasilera de Letras, mas não assumiu o fardão, pois já estava com a saúde debilitada. Morreu em 26 de junho de 1933, aos 75 anos, no Rio de Janeiro, em absoluta penúria financeira. Na ocasião, foi homenageado pelo grêmio dos alunos do Colégio Pedro II.[3]

EDUCAÇÃO E ESCLARECIMENTO COMO CONDIÇÃO DA MODERNIZAÇÃO

Em *A supremacia do ideal*, livro escrito e publicado em 1883, José Francisco da Rocha Pombo tece com precisão não apenas o elogio do pensamento rigoroso, mas do próprio intelectual como sujeito social privilegiado. Muito jovem – contava com 25 anos à época –, o autor se valia de um repertório bastante eclético para sustentar a premência do trabalho intelectual sobre todas as outras formas de intervenção na cultura – para ele, civilização. Na sua pena, esta se caracterizaria pelo menos em quatro sentidos distintos, mas complementares:

[3] Agradeço a Eliezer Raimundo de Souza Costa pela disponibilização da fonte que nos oferece a homenagem recebida pelo autor.

1. como uma luz crescente a irradiar da enorme coletividade humana (1883, p. 246);
2. a lâmpada maravilhosa que recebemos de gerações idas (p. 282);
3. o que resulta de todos os espíritos, do que a humanidade tem de belo e de grande e que faz aproximar-se sempre da divindade (p. 283);
4. civilizar é, pois desenvolver o sentido moral (*idem*).

Rocha Pombo conclui o seu livro justamente fazendo apologia do seu ideal de formação, expresso já no seu título: "A felicidade geral dos homens é o ideal da civilização de que somos portadores" (p. 326). Essas acepções, em alguns casos, se aproximam *da* ou complementam *a* noção de progresso, largamente utilizada pelo autor, na qual está presente também uma preocupação com a organização material da vida: "Logo, nada devido a um só indivíduo; logo, o progresso devido a muitos, devido por conseqüência a todas as épocas, desde que o homem pensa" (p. 254). A solidariedade humana, expressão última das suas preocupações, "é conseqüência da solidariedade histórica" (p. 254). Daí que o progresso seria, também, "a sucessão harmônica de fatos tendendo para um fim" (p. 254):

> O progresso de que gozamos significa evidentemente que a humanidade é portadora de tudo que fizeram os homens de todos os tempos, e que uma época é sempre definição, ou melhor, a síntese de muitas épocas; assim como as gerações tem sempre em si tudo que tiveram as gerações precedentes. Sem admitirmos esses laços com o passado, sem a consciência dessa plena solidariedade com tudo que passou, não há ciência, não há desenvolvimento real e efetivo, não há progresso sólido (p. 277).

No autor, é nítida a apologia da história como a *sciencia mater*. Rocha Pombo estabelecia uma profunda correlação entre as realizações do espírito e as realizações materiais ao longo da história da humanidade, deixando claro que não via possibilidade do desenvolvimento intelectual – tomado por ele como *espiritual* – sem o desenvolvimento das forças produtivas da sociedade brasileira e da expansão das oportunidades educativas. Escrevia isso no contexto de uma sociedade que não abolira a escravidão ou as formas de poder baseadas no compadrio.

Assim, suas preocupações se voltavam, também, para questões do universo cotidiano da recém-emancipada Província do Paraná. Homem engajado nos problemas do seu tempo, nas suas primeiras intervenções políticas pela imprensa, fazia o elogio do industrialismo, no mesmo movimento que criticava a política de imigração da Província, bem como o estado da instrução pública naquele período. Em um conjunto de cartas destinadas a Carlos de Carvalho, então presidente da Província do Paraná, publicadas entre 1882 e 1883 na Secção Livre, da *Gazeta Paranaense*, o jovem jornalista já relacionava a "esplêndida civilização industrial do velho mundo" com os limites do modelo de imigração adotado pela Província. Para ele, aquela forma de imigração "de modo algum poderia contribuir para a prosperidade de nossa lavoura e de nossas indústrias, nem para os progressos de nossa civilização moral" (1882, p. 2). Sua crítica recaía sobre o fato de que as levas imigratórias da Europa estavam baseadas em comunidades pobres, de pouca instrução, que chegavam ao país para atuarem como mão de obra na lavoura. Em uma dessas cartas, ainda, caracterizaria a colonização para o país como necessidade de:

I. um elemento de civilização ou progresso moral;

II. um elemento de produção ou de progresso material.

Na sequência do seu artigo, ironizava as autoridades que se esmeravam em preencher relatórios denunciando o "atraso moral" do povo, a "falta de progresso", o "desprestígio da razão pública", "o procedimento burocrático", "a falta de civilização do povo", mas que não faziam mais que exercitar peças de retórica a fim de apaziguar quaisquer tipos de críticas aos atos da administração. Para ele, havia um enorme fosso entre as queixas expressas nos documentos emanados do Estado e as efetivas realizações daquele para a superação dos limites materiais e culturais da nova Província.

Parece-me, pois, que Rocha Pombo, intelectual fixado ainda distante dos grandes centros naqueles anos, está no coração do debate sobre a modernização do Brasil, no que essa noção remete a uma dimensão da organização social que podemos caracterizar como econômica ou material, e que tem no industrialismo e na urbanização dois dos seus motores. Mas também se mostra um apologista cauteloso dos "tempos modernos", na medida em que a "avassaladora" marcha do progresso estaria, também, reduzindo as possibilidades do espírito humano, ou da plena civilização em alguns países da Europa e, sobretudo, nos Estados Unidos. Ou seja, ecos do que Carvalho (2012) caracterizou como *ambiente de reflexão romântico* parecem tocar a mente e a pena deste intelectual, como no assombro do Fausto de Goethe diante dos efeitos da indústria moderna, o que denota alguma consciência da própria modernidade e remete à oposição antigos-modernos, que produziria em muitos intelectuais do final daquele século um profundo sentimento de melancolia (BRESCIANI, 2004). No entanto, em Rocha Pombo, essa oposição não se caracterizará pela ruptura, mas pela atualização crítica do passado, como vemos em *História da América*, de 1900, assim como pela ênfase em uma dimensão estética da existência que permite uma *inflexão em direção ao indivíduo* sensível, que toma a razão como mais uma das dimensões da vida, não a única ou a preponderante.

Não por outro motivo, mais do que apenas profícuo escritor e produtor de livros didáticos, pelo que ficou mais conhecido no debate intelectual brasileiro, podemos ver em Rocha Pombo um defensor ardoroso da elevação moral e intelectual do povo, tal como ele expõe em *A religião do belo*, de 1882, e *A supremacia do ideal*, de 1883. Essa ênfase o leva a problematizar a relação entre instrução e educação, a destacar o papel da família no plano educacional, a enaltecer o papel da mulher, a advogar a igualdade dos negros diante dos brancos, a estabelecer duras críticas às políticas educacionais de então e à própria escola como agência de formação. Republicano, democrata e abolicionista, este livre pensador de formação eclética se volta contra a política do favor característica do Império brasileiro, enaltecendo o esforço individual, o trabalho intelectual, a solidariedade humana como filha da história e o devir humano como fruto da relação imanente entre o indivíduo e a sociedade, tratando os indivíduos como filhos da "mesma família humana". Para ele, o indivíduo egoísta seria nocivo à coletividade, motivo pelo qual parece inscrever a realização de espíritos individuais livres na longa marcha de desenvolvimento do pensamento criativo da humanidade.

Mais que relacionar seu pensamento ao anarquismo, ao socialismo ou ao positivismo, como pretendem alguns (BEGA, 2003), ou ao simbolismo, como desejam outros (SANTOS, 2007), localizo na sua obra inicial ecos de uma ambiência marcada por um conjunto de características comuns a muitos homens do período: uma formação eclética e autodidata com pretensão erudita, característica dos livres-pensadores; uma tendência a abarcar diferentes domínios da cultura de forma livre, o que nos permite diferenciar o intelectual do profissional/especialista, sobretudo no contexto do século XIX, como propõe Williams (2007); uma consciência, ainda que difusa, do seu lugar como "pensador" dotado de um senso de missão em relação ao que é humano/público/universal. Ao militar pela criação de uma universidade na jovem Província já no final do século XIX, o autor demonstra toda sua consciência do lugar que ocupa na batalha das ideias, no período.

Além desses aspectos, Rocha Pombo se mostra leitor contumaz e assume-se como um escritor que deve fazer chegar a todos as suas reflexões por diferentes meios de divulgação. Daí que a imprensa, em especial – note-se a sua apologia do prelo! –, e o jornalismo, em particular, seriam para ele dois elementos constituidores da possibilidade de intervenção do intelectual sobre um universo de problemas afeitos à esfera pública.

Entendo que este conjunto de características combinadas, permite indagar sobre o papel e o lugar do intelectual na história. Tendo em mente a intervenção do intelectual Rocha Pombo, portador de um percurso bastante singular, mas de modo algum uma *ave rara* no universo dos intelectuais do final do século XIX, no Brasil, pretendo discutir, então, um conjunto de possibilidades conceituais presentes nas tópicas de Raymond Williams e Edward Thompson, como uma possibilidade a mais de pensar os intelectuais e as suas histórias. Em que medida essas reflexões se articulam ou não com os recentes esforços de renovação da história intelectual não é minha preocupação, aqui, ainda que, em alguns momentos, sejam inevitáveis as aproximações com reflexões atuais neste âmbito. Mas a minha percepção do intelectual paranaense como um *trabalhador das ideias* permite a aproximação com noções teóricas bastante caras ao historiador inglês, Edward Thompson, e ao sociólogo e crítico cultural galês, Raymond Williams.

CULTURA E EXPERIÊNCIA COMO POSSIBILIDADE DE PENSAR O INTELECTUAL NA HISTÓRIA

No Brasil, a cultura e a educação foram pensadas principalmente a partir de uma lógica estatal, ainda que diferentes vozes disputassem o espaço pela construção de uma educação pública.[4] Entendo que esse é um dos aspectos pelos quais

[4] O espaço público não se confunde com a sua dimensão estatal. É da tradição do pensamento social brasileiro reivindicar que aquilo que é público estivesse fundamentalmente radicado no âmbito do Estado, sobretudo pela necessidade de financiamento e ordenamento. Não foi diferente com a educação, sobretudo a escolar, e é reconhecida a presença de diferentes intelectuais em diferentes postos do Estado, ao longo do engendramento do Brasil como nação independente. Ainda é preciso fazer um inventário mais pormenorizado dessas relações no âmbito educacional. De toda forma, Rocha Pombo reivindicava em suas obras uma dimensão pouco estudada dos processos de formação, que ele chama de *educação social*, a qual remete a um processo de transmissão da cultura para além dos muros da escola, fundado do mutualismo e no intercâmbio de experiências. A autoridade dos processos educativos não viria apenas do aspecto geracional, mas das diversas maneiras como diferentes indivíduos atuam na realidade e fazem circular as suas formas de compreender essa mesma realidade. Daí que para ele a escola seria apenas uma das dimensões da educação social, e sua

as contribuições de Edward Thompson podem nos ajudar a pensar nas diferentes formas de engendramento do próprio campo educacional, em geral, e da história intelectual, em particular, ainda que isso não estivesse no seu horizonte estrito de problemas, como esteve, por exemplo, na larga trajetória de um dos seus mentores, Christopher Hill (1992).

Retomamos aqui a ideia de "fazer-se" (*the making*), ou seja, de os indivíduos - e as classes (que nascem como grupo), no caso de Thompson - serem sujeitos da sua própria formação, do processo que poderá permitir a ideia de emancipação.[5] Na tradição ibérica que marcou a cultura brasileira - com forte acento católico -, a formação é um processo tutelado. Já na tradição anglo-saxônica, marcada pela Igreja reformada, ela é reconhecida, sobretudo, como um esforço de autodeterminação. Daí a noção de que os indivíduos *se* formam, e não *são* formados.[6] Thompson sempre demarcará em suas obras o entendimento de que "formar-se" é manifestação de uma vontade autodeterminada (2001). Porém, é preciso sempre ter em mente que, para o historiador inglês, o seu sujeito prioritário é coletivo, pois se trata da autoconsciência da classe operária ou da cultura consuetudinária que marca o "povo" inglês do século XVIII (THOMPSON, 1998). Ainda assim ele nos oferece inúmeros exemplos, sobretudo em *A formação da classe operária inglesa* (1987) e *Os românticos* (2002), da luta de indivíduos singulares para lograr obter o conhecimento que permitiria sobrepujar diferentes formas de sujeição e dominação. Na segunda das obras referidas, encontramos, inclusive, o memorável ensaio *Desencanto ou apostasia?*, o qual muito pode nos ajudar a refletir sobre o silêncio ou a mudança de atitude dos intelectuais quando aquilo que era considerado alternativa crítica e contestatória torna-se expressão manifesta do *status quo*, torna-se poder que mantém formas consagradas de alijamento, exclusão e dominação da maioria, como podemos ver também nos embates em torno de ideias. Ou seja, ainda que Thompson tenha desenvolvido um aparato explicativo levando em conta uma experiência coletiva manifesta na formação de uma classe,

força estaria na possibilidade comeniana de levar *todas* as luzes do conhecimento a *todos*. Então, quando escrevia sobre educação escolar, Rocha Pombo já o fazia mirando a educação de massas, o que fez com que alguns o qualificassem como um herdeiro da tradição socialista (QUELUZ, 1994).

[5] Parte das considerações aqui desenvolvidas foram publicadas em Taborda de Oliveira (2008).

[6] Notem-se os indícios de que Rocha Pombo vinha de uma família protestante, o que permite supor uma rede de sociabilidade distinta daquelas demarcadas pelo catolicismo imperante no século XIX.

mobilizados com o devido cuidado, os seus contributos originais permitem pensar como um homem com uma trajetória pouco comum para os padrões da época poderia vir a se tornar um importante pensador dos fundamentos da nação brasileira, a ponto de poder ser incluído no *fundo comum* proposto por Bresciani (2004).

Este aspecto parece-me um elo interessante para pensarmos a crítica de Rocha Pombo à cultura do favor e do privilégio que marcaram o século XIX, no Brasil (SCHWARZ, 2001). Naquele contexto, Rocha Pombo recorria à noção de esforço individual justamente para demarcar o seu desacordo com as maneiras tradicionais de projeção perpetradas pelas elites de então. Também reconhecia a necessidade de pensar o indivíduo como constituinte de um grupo maior, do qual receberia os influxos necessários para a sua trajetória formativa (note-se que ele frequentava um círculo cultural de grande representatividade à época, no Paraná, embora isso não se desse pela sua condição econômica). Naquela sua *rede*, para seguirmos uma expressão cara a Sirinelli (2003), que incluía homens como Nestor Vitor, Cruz e Souza, Emilio de Menezes, Emiliano Perneta, entre outros que marcaram uma geração, o tema da renovação da cultura era pedra de toque, ainda que Rocha Pombo se destacasse em relação aos demais pelo valor que concedia à educação para a consecução daquele projeto.

Se devemos ter cuidado com a transposição do conceito amadurecido no âmbito da história intelectual aos últimas décadas do século XX, como sugere Sirinelli (2003), ainda assim não podemos negar que Rocha Pombo e aquele grupo de homens de letras possuíam uma autoconsciência do seu lugar na organização da cultura, além de alimentarem um sentimento de missão pública, como sugere Vieira (2007), materializado na sua obsessão pela imprensa. Esforço individual e influxos coletivos demarcariam a possibilidade de formação daqueles indivíduos e, por conseguinte, a sua possibilidade de intervenção social crítica, sem a tutela, mas em relação com outros, o que permite pensar na noção de um intelectual de tipo *moderno*, sem temer o risco do anacronismo. No seu horizonte de intervenção pontificava uma veemente defesa do espaço público, algo que acompanharia Rocha Pombo ao longo da sua vida. Como ele próprio se afastaria da política – lembremos que chegou a ser deputado provincial – e se voltaria para o espaço estrito do jornalismo e da literatura, é possível perguntar sobre um possível "desencanto" deste intelectual ou, ao menos, sobre a sua "acomodação" a um contexto político em ebulição, justamente no momento do reordenamento político-partidário conhecido no Brasil nas últimas décadas do século XIX, que tinha na política do favor um dos seus elos mais sólidos.[7] Talvez pela sua própria origem e pertencimento social, o autor reivindicasse o mérito, o esforço, a competência como condição de afirmação dos indivíduos na arena pública, o que ajudaria alguns estudiosos da sua obra a localizarem ali aproximações com o socialismo e até mesmo com o anarquismo. Seja como for, e independentemente de qualquer classificação, para Rocha Pombo as realizações do espírito não eram atributos apenas dos mais abastados ou dos bacharéis; antes, entendia que o desenvolvimento intelectual e moral era uma prerrogativa de todos e as possibilidades para a sua plena realização deveriam ser garantidas pelo Estado e pela sociedade. Parecia, pois, ter consciência da sua própria condição intelectual, na medida em que tinha o sentimento de missão para a reforma moral da sociedade no seu horizonte (VIEIRA, 2011). A sua obsessão pela imprensa e seu ímpeto polemista ajudam a afirmar que o autor se via como um homem capaz de influir nos destinos da sua época (VIEIRA, 2007). Assim é que podemos vê-lo compartilhando o fundo comum dos homens do século XX no que se refere às condições de fundação de uma nação civilizada.

Dessa maneira, voltando a Thompson e às possibilidades heurísticas da sua obra para indagarmos a trajetória de um intelectual como Rocha Pombo, entendo que a força da sua reflexão repõe a força descritiva de noções fundamentais para pensarmos as possibilidades da formação também dos intelectuais, uma vez que não abandona a tensão entre processo e estrutura, indivíduo e determinação histórica, ideologia e cultura, ser e consciência sociais, frequentemente tão negligenciados quando se trata de estudar os intelectuais e suas trajetórias.

---

[7] Não há consenso na historiografia brasileira sobre as formas de organização ou a "ideologia" de partidos políticos imperiais no Brasil. Em termos gerais, o Partido Conservador surge por volta de 1840 a partir de uma composição entre alguns restauradores liberais e monarquistas. Destes últimos nasceria também o Partido Liberal. Perto de 1860 membros dos dois partidos fundariam o Partido Progressista, embora os dois primeiros permanecessem na cena política até o início da República, em 1889. Em geral, o Partido Conservador, com forte presença de burocratas do Estado imperial, desejava a centralização política e reformas sociais, como o fim da escravidão e a Lei da Terra. Entre seus membros se encontravam os principais responsáveis pela agricultura de exportação. Do Partido Liberal, por sua vez, faziam parte agricultores que produziam para o mercado interno, profissionais liberais e alguns poucos industriais, bem como os grandes proprietários de terra. Eles defendiam a descentralização do poder e o fortalecimento do poder local ou provincial. Mas no período as composições políticas foram tão flexíveis quanto a apropriação de ideias sobre participação política e o papel do Estado. Rocha Pombo defendia o fim da escravidão, reformas sociais, a difusão da educação pública, estatal e gratuita. Além disso, estava ligado aos produtores de gado e erva-mate, duas indústrias que dependiam de exportação e comércio com os países do Rio da Prata. Sobre a política imperial, ver Carvalho (2003). Para uma interpretação da circulação de ideias políticas no Brasil chamada pelo autor de "ideias fora do lugar", ver Schwarz (2001).

Ao definir cultura como um conceito descritivo, Thompson atribui a ela diferentes conotações. Seja como "atitudes, valores, artefatos e significados" (2000, p. 12), seja como "produtos culturais ou do espírito" (1987c, p. 330), a cultura é entendida como lugar de transmissão de habilidades e produção de sensibilidades, sempre cortada pela noção de reciprocidade, que guarda alguma relação com o que Rocha Pombo chamava de *solidariedade histórica*. Como movimento, a cultura traz a possibilidade de reinvenção, como também a perspectiva de conformação. Mas é no jogo dessas possibilidades que emerge a sua riqueza e fecundidade, inclusive como perspectiva historiográfica.

> Mas a "resultante" histórica não pode ser concebida proveitosamente como o produto involuntário da soma de uma infinidade de volições individuais mutuamente contraditórias, já que essas "vontades individuais" não são átomos desestruturados em colisão, mas agem com, sobre e contra as outras "vontades" agrupadas, como famílias, comunidades, interesses e, acima de tudo, como classes.
>
> Pois essas "vontades individuais", por mais "particulares" que sejam as suas "condições de vida", foram condicionadas em termos de classes; e se a resultante histórica é então vista como a conseqüência de uma colisão de interesses e forças de classe contraditórios, podemos ver então como a agência humana dá origem a um resultado involuntário – [...] – e como podemos dizer, ao mesmo tempo, que "fazemos a nossa própria história", e que "a história se faz a si mesma" (THOMPSON, 1981, p. 101).

O historicismo thompsoniano permite que pensemos e questionemos a singularização, a particularização, a fragmentação absoluta. Para esse autor, mesmo a agência de indivíduos singulares está marcada por um horizonte histórico inescapável: "Somos agentes voluntários de nossas próprias determinações involuntárias" (THOMPSON, 1981, p. 101). Para Thompson, quando falamos de experiência, "Estamos falando de homens e mulheres, em sua vida material, em suas relações determinadas, em sua experiência dessas relações, e em sua autoconsciência dessa experiência" (1981, p. 111).

Uma variante dessa compreensão parece estar no horizonte de preocupações de Rocha Pombo em relação às tensões indivíduo/sociedade, história/modernidade, formação/liberdade, tal como o autor localiza o "gênio" na história do pensamento (POMBO, 1883). Para ele, o gênio seria aquele que melhor expressa o que foi capaz de produzir a humanidade na sua longa trajetória de autoconstituição. Seria a síntese não acabada da tensão entre indivíduo e cultura, entre continuidade e mudança. Deve-se destacar que o intelectual paranaense se situava na esfera de uma família de classe média empobrecida, constituída de mestres-escolas, com acesso restrito à partilha do poder e aos grandes núcleos políticos da época. Depreende-se que sua chegada à política decorre da sua cultura e capacidade de exposição pública de ideias. Suas ideias, ousadas para a época e para aquele contexto, e o repertório que o constituía podem ser responsáveis também pelo seu fracasso político.[8]

Aquilo que muitos caracterizam e criticam como as idiossincrasias, os impasses, os tateios dos intelectuais, Thompson nos provoca a pensar em termos de expectativas, interesses, necessidades e valores. Isso permite superar aquelas análises por demais particularizadas das trajetórias intelectuais, com as quais perdemos de vista possibilidades inclusive diacrônicas de análise, como aquela anunciada por Raymond Williams (2003) em termos de tradição seletiva. Também permite nos acautelarmos contra a tentativa de enquadramento generalizado de experiências diversas em um mesmo esquema interpretativo, no que se refere à relação de intelectuais com a cultura e a sociedade, algo já ensinado por Christopher Hill (1992) na sua crítica à tradicional história das ideias. A fecundidade da obra de Thompson reclama o zelo permanente com o diálogo entre as duas perspectivas. Contra a leitura abstrata e generalizante, Thompson nos lembra que "nenhuma ideologia – ou sistema de idéias – é inteiramente absorvida por seus partidários: na prática, ela multiplica-se de diversas maneiras, sob o julgamento dos impulsos e da experiência" (1987b, p. 278). Aí novamente se destaca a força da ideia de *formação* na obra daquele historiador.

> Obviamente esse diálogo se processa em ambas as direções. [...] Evidentemente a consciência, seja como cultura não autoconsciente, ou como mito, ou como ciência, ou lei, ou ideologia articulada, atua de volta sobre o ser, por sua vez: assim como o ser é pensado, também o pensamento é vivido – as pessoas podem, dentro de limites, *viver* as expectativas sociais ou sexuais que lhes são impostas pelas categorias conceptuais dominantes (THOMPSON, 1981, p. 17).

[8] Rocha Pombo casou-se com a filha de um rico latifundiário de Castro, Carmelita Madureira Azambuja, ligado ao Partido Conservador. É possível sugerir que suas ideias não coadunavam com nenhum dos partidos que polarizavam a cena política no final do século XIX, no Paraná e no Brasil.

Assim, se "o meio intelectual constitui, ao menos para seu núcleo central, um 'pequeno mundo estreito'" (SIRINELLI, 2003, p. 234), nem por isso devemos esquecer que a sua afirmação se dá pela capacidade que lhe é peculiar de pensar-se em relação à ambiência que o sustenta. Ao remeter-nos à cultura e à experiência, Thompson o faz referindo-se ao enriquecimento que uma inflexão em direção à cultura pode proporcionar ao ofício do historiador, o que parece fecundo no exercício de compreender a história intelectual. Para ele, aquela perspectiva

> [...] traduz-se primordialmente não na construção do modelo, mas na identificação de novos problemas, na visualização de velhos problemas em novas formas, na ênfase em normas (ou sistemas de valores) e em rituais, atentando [...] para as expressões simbólicas de autoridade, controle e hegemonia (2001, p. 229).

Pois aí temos uma mostra significativa de que aspectos do seu pensamento podem contribuir para o entendimento dos problemas atinentes aos intelectuais e suas histórias, à sua trajetória, formação e produção. Seguindo a crítica de Christopher Hill (1992) à história das ideias ou dos intelectuais, Thompson contribui para repor justamente noções ligadas a uma perspectiva de dominação da cultura, de conflito e de movimento. Ou seja, para ele diferentes indivíduos e grupos produzem, apropriam e definem o seu lugar no mundo a partir de um processo no qual ideias em disputa pagam o seu tributo aos lugares de poder que definem as suas possibilidades de intervenção social e cultural. Isso nos levaria a considerar excessivamente atomizadas aquelas perspectivas que concebem os indivíduos (ou mesmo grupos) como mônadas capazes de sozinhos, (re)significar as pressões da cultura (JAY, 1993), reafirmando a necessidade de indagar os intelectuais e suas histórias de acordo com aqueles três níveis propostos por Sirinelli (2003, p. 262): ideologia, cultura política e mentalidades coletivas.

Ao indagarmos, então, no nosso exemplo, como Rocha Pombo teve malograda sua iniciativa de fundação de uma universidade no Paraná, já na última década do século XIX (CAMPOS, 2008), e como suas intervenções na tribuna parlamentar sobre a propriedade e a modernização da produção não agradaram a nenhum dos lados da cena política da passagem do século XIX para o XX no Estado, mais do que admitir que estivesse deslocado naquela ambiência é preciso inquirir se ele dispunha do mesmo suporte material (leia-se econômico) e da "herança da fortuna" que permitissem a divulgação e sustentação das suas ideias, como possuíam a maioria dos intelectuais do período. Mesmo as possibilidades abertas pela sua aproximação com os grandes latifundiários do segundo planalto paranaense quando do seu casamento, parecem ter sucumbido à reação que as suas ideias modernizadoras e arrojadas provocaram nos diferentes blocos da elite local. Ou seja, pode-se especular que à cultura política de então não interessassem os anseios renovadores de Rocha Pombo, até mesmo se pensarmos em termos de definição ideológica.

Não podemos prescindir da noção muito cristalina de que sujeitos como Rocha Pombo têm consciência de que são objeto de abuso, arbítrio, dominação etc. Porém, a autoconsciência do intelectual não é predicado de vontades individualizadas, somente, mas de perspectivas de grupo daqueles que se opõem às tentativas unilaterais de conformação, ainda que devamos ter cautela quando falamos de uma categoria social específica – os intelectuais – no final do século XIX, no Brasil, que caracterizaria um grupo específico e necessariamente distinto de outros grupos sociais.[9] Mas se o intelectual não pode ser pensado fora de uma determinada ambiência, então é forçoso pensá-lo como fruto de uma tensão entre singularidade e universalidade.

> Assim, a partir da sua experiência própria e com o recurso à sua instrução errante e arduamente obtida, os trabalhadores formaram um quadro fundamentalmente político da organização da sociedade. Aprenderam a ver suas vidas como parte de uma história geral de conflitos entre, de um lado, o que se definia vagamente como "classes industriosas" e, de outro, a Câmara não reformada dos Comuns (THOMPSON, 1987, p. 304).

À primeira vista, a alusão ao texto de Thompson pode parecer descontextualizada, dado que ele se ocupa do *fazer-se* coletivo da classe operária inglesa, que surge de um profundo mergulho nas lides do trabalho, mas também da circulação e produção de ideias sobre a condição dos trabalhadores em geral. Ou seja, já no seu início

[9] Mesmo na Inglaterra e na França os intelectuais como grupo social distintivo, tal como foi assumido ao longo do século XX, é um fenômeno do final do século XIX e sua história ainda mais recente (SIRINELLI, 2003). No entanto, se podemos ver o gérmen da categoria *intelectual* apenas no início do século XIX, não se pode negar que havia, já no Império brasileiro, um tipo de homem público que tinha como premissa a divulgação das suas ideias por meio da cultura escrita. Daí a adoção, aqui, da noção teórica *intelectual*, ainda que ela não tenha para o período o mesmo significado difundido hoje, no âmbito da história.

uma tradição baseada no mutualismo e na reciprocidade marca o seu processo de formação. No entanto, a obra de Rocha Pombo nos relembra constantemente que os indivíduos se fazem também a partir de condições objetivas e em acordo com a universalização geral das oportunidades de elevação intelectual e moral. Logo, ao caracterizar Rocha Pombo como intelectual, "engajado" nos problemas da sua época, pretendo conferir à sua intervenção um caráter de militante *da* e *pela* cultura, na disputa por diferentes sentidos no que tange à definição de uma sociedade e de uma cultura de caráter moderno no Paraná e no Brasil das décadas finais do século XIX.

Considerando que a sua formação como advogado é tardia – apenas na década de 1920, quando contava com mais de 50 anos de idade e já era um historiador consagrado – e que a sua formação se deu no âmbito doméstico na pequena Morretes, no colo da Serra do Mar paranaense, podemos especular sobre a sua *trajetória formativa*. Provavelmente ela tenha se dado pelo contado com viajantes que percorriam a rota comercial que cruzava sua cidade natal, a qual ligava as áreas de produção de erva-mate ao Porto de Paranaguá, ou por viagens pessoais, aspectos que precisam de maior esclarecimento. Sabe-se, como já foi sinalizado, que viria a ser amigo do Barão do Serro Azul, a quem homenageia em sua obra *A supremacia do ideal*, e que Morretes possuía inúmeros engenhos de beneficiamento da planta. Considerando que se negociava erva-mate com os países da Bacia do Prata, e sabendo-se que Rocha Pombo chegou a publicar em jornais de Montevidéu e Buenos Aires, pode-se especular que teria participado de uma outra rede de sociabilidade, além daquela dos círculos intelectuais próprios do Paraná, que ligava o Brasil aos países do Cone Sul, em função da produção e comercialização daquele produto da incipiente indústria nacional, na qual o Paraná tinha grande destaque.[10]

Sendo a preocupação central deste trabalho o lugar do intelectual e das ideias na história, julgo importante recuperar as belas páginas de Thompson sobre a consciência *da classe operária que se fazia* nas décadas iniciais do século XIX em solo inglês, uma vez que o historiador afirmará o autodidatismo – traço marcante na obra de Rocha Pombo – como um elemento fundamental na busca do esclarecimento que

[10] Depois que se desloca para Castro e, posteriormente, Curitiba, é que Rocha Pombo se aproxima do movimento conhecido como Paranismo, frequentando um dos principais círculos intelectuais da Província. Mas mesmo antes disso já procurava ocupar a cena pública pela via da imprensa, produzindo seus próprios livros e alguns periódicos.

permitiu o surgimento da consciência da classe a partir de problemas do seu cotidiano (2002, p. 35-36). Considerando que muitos dos sujeitos que ajudaram a fazer aquela história eram artesãos, domésticos, enfim, trabalhadores, caracterizados pelo historiador como *pensadores*, Thompson mostra como no seu tempo livre, às vezes às altas horas da noite, à luz de velas, se desenvolvia uma cultura vigorosa pelo contato com uma produção a que eles só poderiam ter acesso de forma indireta. Entre os elementos em desenvolvimento se destacavam o letramento, a instrução e a linguagem, muitas vezes adquiridos de forma autodidata, a partir de fragmentos de obras capturados das mais diversas maneiras, mas que estavam longe de formar um torno harmonioso e coerente, como às vezes julgamos constituir o processo formativo dos intelectuais.

Mais do que diletante, aquela cultura se desenvolvia também com o consórcio de um saber utilitário e de uma ativa política de intervenção pública; nas ruas, tabernas e mercados, onde textos das mais diversas naturezas eram lidos em voz alta para aqueles que não sabiam ler, onde eram representadas peças que retratavam a miséria dos pobres e a opulência dos ricos, onde eram discutidos com veemência os arbítrios do poder, onde eram produzidos impressos baratos acessíveis à maior parte da população (THOMPSON, 1987c).[11] Esse saber utilitário cumpria um papel fundamental no desenvolvimento intelectual e na emergente consciência da classe operária daqueles anos iniciais do século XIX, uma vez que permitia o acesso dos mais pobres

11 "Observe-se que o saber utilitário seria um dos alicerces do desenvolvimento da chamada ciência moderna, partindo, sobretudo, da experiência de artesãos e marinheiros. A necessidade de enfrentamento dos seus problemas cotidianos fez com que muitos trabalhadores se valessem do conhecimento com uma perspectiva utilitária, isso é, aplicada. Ou seja, ao contrário do saber "desinteressado", um saber capaz de fazer avançar a vida dos trabalhadores para um patamar mais qualificado. Sobre o seu desenvolvimento a partir do pensamento inglês do século XVII e seguintes, ver Hill (1992). Em *A formação da classe operária inglesa (a força dos trabalhadores)*, Thompson dedica longas páginas à importância do utilitarismo para o desenvolvimento da consciência e da afirmação da classe operária, mostrando que havia uma formulação do utilitarismo como doutrina oriunda da classe média – Jeremy Bentham e seus seguidores – e outra que ganhava relevo na cultura radical dos trabalhadores ao longo do século XIX, com forte acento romântico" (TABORDA DE OLIVEIRA, 2008). No caso de Rocha Pombo, a formação da consciência (civilização) estava diretamente relacionada com a perspectiva utilitária que requeria o "moderno mundo industrial" e o direito de todos os homens ao trabalho e à educação. Para aprofundar o conceito de utilitarismo, consultar o *Dicionário do pensamento social do século XX* (OUTHWAIRE; BOTTOMORE, 1996). Rocha Pombo tentou fomentar a industrialização no Paraná pela criação, em parceria com Nestor Victor, de culturas de uvas e do bicho da seda, em Curitiba, iniciativas que não lograram êxito. Para ele, um dos problemas do atraso da sua província natal e do próprio país era o não desenvolvimento da indústria, que tinha seu corolário em uma educação sem qualquer utilidade para o indivíduo ou a sociedade.

a domínios culturais privilegiados de grupos dominantes. Não por outro motivo Bernard Mandeville "estava muito menos inclinado a aceitar a educação universal. Era necessário que 'toda uma multidão [...] habituasse seu corpo ao trabalho', tanto em seu próprio benefício como para sustentar o lazer, o conforto e os prazeres dos mais afortunados" (THOMPSON, 1998, p. 14). A autoconsciência desse depoimento é lancinante: por que deixar que os pobres se formem se o esclarecimento pode desvelar para eles os mecanismos de dominação? Ou seja, se afirmava por uns e se negava por outros a possibilidade de uma nova racionalidade e de uma nova sensibilidade. Destaque-se que a maior parte dos elementos que constituiriam uma cultura intelectual rigorosa e vigorosa viria dos usos e possibilidades do tempo livre, no sentido que permitia a fruição e a "exploração aberta do mundo".

> Parece mais próximo da verdade afirmar que o impulso de esclarecimento racional, que (nos anos da guerra) ficara muito restrito à intelligentsia radical, era agora assumido pelos artesãos e por alguns trabalhadores qualificados (como muitos fiandeiros de algodão), com o ardor evangelista de levá-los a um "número ilimitado de membros"... A cultura artesã era, sobretudo, a cultura do auto-aprendizado (1987c, p. 321).

Ao recuperar o relato autobiográfico de um oleiro inglês, Thompson nos lembra que "essa cultura autodidata nunca foi analisada adequadamente" (1987c, p. 329). Mas a dimensão mutualista do processo de formação não escapava às suas considerações, e parece servir para lançarmos um olhar mais cuidadoso para a trajetória de Rocha Pombo e de outros intelectuais:

> Mas a "instrução secundária" dos trabalhadores assumiu muitas formas, e o estudo solitário individual era apenas uma delas. Em particular os artesãos não viviam tão enraizados em comunidades ignorantes, como se poderia facilmente imaginar. Perambulavam livremente pelo país, em busca de trabalho; à parte as viagens impostas pelas Guerras, muitos artífices trabalhavam no exterior, e a relativa facilidade com que milhares e milhares emigraram para os Estados Unidos e as colônias (movidos não só pela miséria, mas também pelo desejo de novas oportunidades ou de liberdade política) sugere uma fluidez geral na vida social. Nas cidades, uma cultura plebéia sólida e indecorosa coexistia, entre os artesãos, com tradições mais polidas (1987c, p. 330).

Nessa passagem, assim como em outras ao longo da sua obra, Thompson permite que pensemos a partir da ideia de circularidade cultural: trocas culturais entre diferentes indivíduos, grupos e culturas parecem ser o nascedouro de muitos intelectuais, entendidos como trabalhadores do pensamento engajado.

É difícil saber, ao certo. Mas podemos especular que talvez esse fosse o caso de Rocha Pombo, uma vez que ele vivia em um lugar de grande circulação de viajantes, dada a proximidade com os portos paranaenses e a primazia da economia baseada no beneficiamento da erva-mate e na pecuária. Se considerarmos que essas duas dimensões da economia paranaense se voltavam, sobretudo, para o Sul, podemos especular que o fato de Rocha Pombo publicar em revistas e jornais da Bacia do Plata indica um circuito de relacionamentos que poderia permitir o desenvolvimento da sua trajetória intelectual de forma bastante incomum para o período, se pensarmos na maioria da população brasileira. Tudo isso, em alguma medida, ajudaria a dar forma ao processo formativo do intelectual, que, assim, não estaria isolado do fundo cultural comum de sua época, ainda que não fizesse parte ativa dos círculos aristocráticos e não tivesse obtido uma formação acadêmica tradicional. Em outros termos, segundo o próprio Rocha Pombo, o pensamento criativo de um homem só é possível pela própria história do desenvolvimento do pensamento de todos os homens. Ao externar pensamentos como este, Rocha Pombo foi tomado, talvez de maneira um tanto apressada, como um herdeiro do "socialismo utópico" (QUELUZ, 1994).

Sua experiência, não tributária de uma cultura acadêmico-bacharelesca, parece advir de um conjunto de elementos díspares que constituiriam uma trajetória algo incomum.

> Essa agitação, esses acontecimentos, se estão dentro do "ser social", com freqüência parecem chocar-se, lançar-se sobre, romper-se contra a consciência social existente. Propõem novos problemas e, acima de tudo, dão origem continuamente à *experiência* – uma categoria que por mais imperfeita que seja, é indispensável ao historiador, já que compreende a resposta mental e emocional, *seja de um indivíduo* ou de um grupo social, a muitos acontecimentos inter-relacionados ou a muitas repetições do mesmo tipo de acontecimento (THOMPSON, 1981, p. 15, grifos nossos).

Ao sugerir que a noção de experiência poderia contribuir para a fecundação dos estudos no âmbito da história intelectual, devemos ter clareza de que o próprio Thompson tomou o cuidado de situar aquela noção também como possibilidade, e não como um *a priori* desencarnado de concretude histórica. Ao nos lembrar que com frequência os intelectuais "supõem que os comuns mortais são estúpidos", Thompson destaca que "a verdade é bem mais nuançada: a experiência é válida e efetiva, mas dentro de determinados limites: o agricultor 'conhece' suas estações, o marinheiro 'conhece' seus mares, mas ambos permanecem mitificados em relação à monarquia e à cosmologia" (THOMPSON, 1981, p. 16). Os intelectuais certamente têm consciência do meio no qual se movem. Ensina Thompson, e Rocha Pombo o sabia com acuidade, o indivíduo é sempre histórico, síntese de um acúmulo de experiências as quais são social e culturalmente demarcadas pela constante luta pela afirmação de determinadas perspectivas, ideias e ações sobre outras, o que conforma o jogo da luta cultural, estabelecido em situação de grande desigualdade de oportunidades. Um homem individual sim, mas de relações que poderiam ser definidas de maneira ora bastante objetivas, ora não tão objetivas assim, como assevera Thompson ao discutir a economia moral (1998), aspecto que parece ser uma busca obsessiva da obra e na trajetória de Rocha Pombo que denunciava com grande insistência o abandono intelectual ao qual estava lançada a população brasileira daquele fim de século. E a "população" à qual se referia não era apenas a elite branca, mas também escravos, imigrantes e todos os demais grupos sociais que lentamente definiam o *povo brasileiro*, povo que Rocha Pombo considerava poder dar uma grande contribuição para o avanço da civilização.

AMBIÊNCIA COMO ESTRUTURA DE SENTIMENTOS DEFINIDA POR UMA CULTURA COMUM

Nesse ponto, julgo pertinente explorar em linhas muito gerais algumas das possíveis contribuições de Raymond Williams para as pesquisas no âmbito da história dos intelectuais.[12] Para esse autor, como para Thompson, a cultura pode ser entendida como a síntese da economia, da política e da sociedade, e se desenvolve a partir de uma *longa revolução* que teria sua culminância em três dimensões: a política, expressa na consolidação da democracia, a econômica, manifesta no capitalismo industrial, e a cultural, que garante a expansão das oportunidades culturais e educacionais na

[12] Parte das reflexões aqui desenvolvidas estão apresentadas em Taborda de Oliveira (2012).

metade do século XX, sempre tendo em mente que sua análise recai sobre a tradição inglesa. Com tal caracterização, Williams (2003) ajudou a desenvolver noções teóricas, tais como cultura, cultura comum, estrutura de sentimentos e tradição seletiva, as quais julgo serem fecundas para pensar os intelectuais e sua história.

Para o autor, a cultura pode ser caracterizada em pelo menos três dimensões:

1. *a ideal*, em que a cultura é um estado ou processo de perfeição em termos de certos valores absolutos e remete a uma condição humana universal;
2. *a documental*, segundo a qual cultura é o conjunto das obras intelectuais e imaginativas que registram a experiência humana;
3. *a social*, que é a descrição de um modo determinado de vida, que expressa certos valores e significados não somente por meio da arte e da aprendizagem, mas também em instituições e no comportamento ordinário (WILLIAMS, 2003; 2007). Faz, ainda, uma distinção entre três níveis de cultura:
    a) a cultura vivida em um tempo e lugar determinado,
    b) a cultura registrada em todos os níveis – a cultura de um período;
    c) a cultura da tradição seletiva.

A cultura vivida de um momento e um lugar determinados só é plenamente acessível para quem neles vive. Já a cultura registrada (dos atos ordinários, mas também da arte), define-se e é definida por um tempo e lugar específico e compõe boa parte do que é o suporte documental dos historiadores. Por fim, a cultura da tradição seletiva, uma vez que o que sobrevive não é determinado por seu próprio tempo, mas pelos tempos posteriores, que gradativamente compõem uma tradição: "Teoricamente, um período se documenta; na prática, esse documento é absorvido em uma tradição seletiva, e ambos são diferentes da cultura vivida" (WILLIAMS, 2003, p. 207).

Observe-se que a primeira das asserções identificadas por Williams nos aproxima bastante do entendimento de "civilização" expresso e difundido por Rocha Pombo. Isso novamente nos leva a destacar que o intelectual paranaense estava mergulhado no clima difuso do final do século XIX, no que se refere às possibilidades do pensamento, com grande circulação e forte impacto sobre os intelectuais. Williams se refere à cultura inglesa e a autores como Carlyle, Goldsmith, Coleridge, Arnold, Mill, entre outros, os quais estão entre as referências citadas por Rocha Pombo ao longo da sua obra, ainda que ele se lamentasse por não ter condições de viajar, comprar livros ou frequentar boas bibliotecas (POMBO, 1883), o que nos faz pensar em como acessava os autores que mobilizava, muitos deles quase que seus contemporâneos. Mesmo com as dificuldades que denunciava, elas não impediam que o seu pensamento expressasse muitas das ideias em voga em diferentes partes do mundo na segunda metade do século XIX, o que lhe confere uma grande contemporaneidade com os problemas do seu tempo também no plano do pensamento, que poderia até mesmo ser considerado eclético nas suas referências.

A menção àquele conjunto de autores compartilhados por outros intelectuais permite pensar no conceito de "cultura comum", explorada por Williams a partir da tradição do romantismo inglês, a qual parece ter marcado fortemente a obra inicial de Rocha Pombo.

> Essa noção se opunha, na fase de argumentação que se desenvolveu entre os anos 1850 e 1860, à noção corrente de cultura como "alta cultura", ou cultura dominante. Ao longo do tempo, no entanto, essa concepção teve de ser aprimorada, ou desdobrada, para dar conta das divisões e relações de conflito existentes dentro da "cultura". Basicamente a cultura comum se caracterizaria por um conjunto de realizações baseadas na interação da comunidade (contrapondo-se ao individualismo competitivo). Tem o sentido de cultura compartilhada, que inclua a diversidade, a experiência individual, que é sempre estruturada socialmente. Para Williams arte e cultura são coisas ordinárias, como todas as formas de produção que emanam da "mente criativa", uma característica exclusivamente humana (TABORDA DE OLIVEIRA, 2014, p. 265).

A dimensão contextual das formulações de Williams, bastante visível também nas obras de Rocha Pombo, leva o crítico galês a sugerir a noção de *estrutura de sentimentos* para pensar o lugar do pensamento – logo, do intelectual – na cultura.[13] O autor não deixa de alertar para as dificuldades de análise de outros lugares e tempos, o que é importante em um exercício como este aqui desenvolvido, sempre sujeito aos perigos no anacronismo. No entanto, afirma a necessidade de se perceber

---

[13] Embora nos limites deste texto eu não me proponha a fazê-lo, é possível aproximar o conceito de estrutura de sentimentos, desenvolvido por Williams na década de 1950, da noção de repertório, largamente utilizada nos estudos sobre os intelectuais e suas histórias, recentemente, tendo ambos os conceitos uma matriz sociológica. Note-se que para Williams a geração também é uma noção fundamental na análise que faz da cultura em geral, e da literatura em particular.

a "estrutura de sentimento" que caracteriza o modo de vida de uma determinada geração (já que as concepções de "caráter social" ou "padrão de cultura" lhe parecem muito abstratas). Essa estrutura não é formalmente aprendida, e cada geração terá sua própria estrutura, que – aparentemente – não procede de parte alguma: a nova geração responde a seu modo ao mundo que herdou, adota continuidades, reproduz muitos aspectos da organização, mas, "de certo modo, sente toda a sua vida de forma diferente e molda sua resposta criativa em uma nova estrutura de sentimento" (2003, p. 58). Assim, a estrutura de sentimentos definiria a cultura de um período e lugar e seria responsável por permitir, por exemplo, que Rocha Pombo se ocupasse dos temas dos quais se ocupou, na forma como o fez, fosse ao âmbito da sua intervenção sociopolítica, fosse ao âmbito da sua produção como intelectual.

Na ambiência do pensador paranaense, república, industrialização, democracia, urbanização, instrução pública, clericalismo eram temas correntes, assim como o abolicionismo e a reforma moral da sociedade. Esses temas cobriam boa parte das preocupações de diferentes pensadores, com os quais Rocha Pombo tinha maior ou menor contato e interlocução. Assim, as armas que mobilizou para a sua luta foram aquelas de tantos outros intelectuais do final do século XIX, basicamente pela imprensa, pelo jornalismo e pela literatura, mais do que pela tribuna parlamentar. Essa sua incursão por esses domínios, sua obsessão pela história da humanidade, seu reconhecimento da civilização como algo plural, de acordo com o "estágio de evolução" da humanidade, permitiram que ele se tornasse uma voz importante do pensamento sobre o Brasil nos anos iniciais do século XX, ainda que o seu reconhecimento se limite à sua obra didática. Porém, de muitos modos Rocha Pombo parece colaborar para que se afirme aquilo que Williams denominou *tradição seletiva.*

A estrutura de sentimentos de uma época e lugar remete à noção de tradição seletiva, que seria um processo seletivo bastante drástico daquilo que foi, em uma determinada ambiência social, definido como algo digno de ser perpetuado. Por motivos diversos, que incluem relações de poder político (redes de pertencimento), disponibilidade econômica e visibilidade cultural, determinadas orientações intelectuais se fixam na cultura e definem o limite da circulação de ideias opostas ou contrárias, no seu tempo. Para Williams (2003, p. 59),

> Até certo ponto, a seleção começa dentro do período de produção, mesmo: de toda a massa de atividades são selecionadas certas coisas, elas são valorizadas e definidas como essenciais. Em geral, essa seleção refletirá a

> organização do período no seu conjunto, ainda que isso não signifique que depois sejam confirmados aqueles valores e aquelas ênfases.

Portanto, essa noção não é estática. Atende a uma dialética entre a dinâmica do que é geracional e a estabilidade/mudança social e cultural em cada momento. Daí, para o crítico, a importância de instituições acadêmicas e educativas, capazes de recuperar e preservar aquilo que poderia ser esquecido, atuando como verdadeiros lugares de memória, bem como o valor da imprensa como fomentadora do debate público plural. Nessa esteira, o projeto de criação de uma universidade proposto por Rocha Pombo, além das suas intervenções a favor da expansão das oportunidades educacionais pela via da escola pública e universal, da educação profissional, e de outras iniciativas de educação social, fazem crer que o autor tinha clareza da importância dessas instituições e investimentos de vulto para o desenvolvimento cultural do Brasil.

Se lembrarmos, ainda, que Rocha Pombo foi um autor de livros didáticos de sucesso, podemos pensá-lo como um intelectual que ajudou a fundar uma determinada interpretação para a "brasilidade" que teria grande impacto na memória coletiva do país, ainda que o "sucesso" desta intervenção não estivesse inscrito nas suas obras iniciais. Curiosamente, no entanto, o seu Brasil inicial recorria à história dos povos originários da América para poder afirmar-se como nação soberana, civilizada e moderna (TABORDA DE OLIVEIRA, 2011). Ao mesmo tempo, observa-se sua ênfase na universalidade da civilização, da cultura, o que permite vislumbrar limites na pretensão de definição de uma cultura nacional, visto que, em alguma medida, ela se oporia ao estabelecimento de uma cultura comum, para todos. Assim, o que pode parecer à primeira vista um pensamento confuso se configura como a trajetória intelectual de um pensador carregado dos valores do seu tempo, imerso nos debates que ele instigava, mas flutuando como o próprio pensamento do século XIX, enfim, como o próprio processo de definição de uma tradição seletiva, que opera no âmbito – não necessariamente autoconsciente – das ênfases e omissões, e da escolha precisa de retóricas legitimadoras que afirmariam seu lugar como indivíduo, sem melindrar as sensibilidades políticas da sua rede de sociabilidade (OEHLER, 1999).

CONCLUINDO...

Em *Cultura e sociedade* (1978) Williams conclui que "a história da idéia de cultura é a história do modo por que reagimos em pensamento e em sentimento à mudança de condições por que passou nossa vida" (p. 305). A seguir insiste na questão de que não há massas, "há apenas maneiras de ver os outros, como massa" (p. 309), discute o (pouco) impacto das mudanças tecnológicas e as acusações de "declínio de padrões", alertando para o fato de que "ninguém está em condições de elevar o padrão cultural dos outros" (p. 327). Rejeita a segmentação entre, por exemplo, cultura "burguesa" e cultura "da classe trabalhadora", já que não há descontinuidade entre elas, mas há circularidade. Todos esses aspectos indicam a potencialidade da sua obra para pensar os intelectuais e suas histórias. Para ele, a comunicação, tão cara aos intelectuais, é o processo de transformação da experiência única em experiência comum – e todos os nossos sistemas de comunicação, incluídas as artes e a imprensa, são partes de nossa organização social (WILLIAMS, 2003, p. 49).

Tanto as suas reflexões quanto as de Thompson, aqui contrastadas com a obra inicial de Rocha Pombo, permitem perceber, nesta última, indícios de uma trajetória bastante singular, mas embebida tanto na ambiência de uma época, quanto na própria marcha do esclarecimento, que permitiria o surgimento do intelectual de tipo moderno. No caso de Rocha Pombo, um intelectual que vivia o conflito de um mundo em mudança, do qual ele se julgava arauto sem deixar de pagar tributo à tradição e à história do gênero. Intelectual que não era um pobre trabalhador, mas que estava longe de poder ser caracterizado como membro da elite, alguém que se encontrava em um *entrelugar* (BHABHA, 2005), portador da peculiaridade ainda pouco conhecida pelos historiadores. Difícil precisar se estamos diante de uma trajetória atípica, embora seja nítido que o seu desenvolvimento como intelectual não se deu pelas vias convencionais. O fato de ter morrido em estado de quase miséria e alijado de qualquer esfera de poder e influência parece atestar que o intelectual paranaense não percorreu um caminho comum à maioria dos intelectuais brasileiros, seja no caso do século XIX ou até mesmo do posterior.

Ainda que esteja atento aos riscos do transplante conceitual, entendo que noções como experiência, cultura, cultura comum, estrutura de sentimentos e tradição seletiva ajudam a investigar as dimensões dos intelectuais na história, tais como trajetórias, pensamento, repertório, produção/recepção, circulação, redes, inserção social etc. O exercício aqui desenvolvido, capturando parte das ideias de José Francisco da Rocha Pombo, pretendeu desmitificar o intelectual como um ente estranho à cultura que o engendra. Antes, por estar mergulhado intensamente nessa cultura, que é tributária de longos processos de seleção cultural, é que ele pode ser pensado como o elo entre as operações do poder e as possibilidades de crítica ou manutenção da sociedade que as formas de poder permitem desenvolver.

REFERÊNCIAS

BEGA, Maria Tarcisa Silva. No centro e na periferia: a obra histórica de Rocha Pombo. In: LOPES, Marcos Antônio (Org.). *Grandes nomes da história intelectual*. São Paulo: Contexto, 2003.

BHABHA, Homi. *O local da cultura*. Belo Horizonte: Ed. UFMG, 2005.

BRESCIANI, Stella. Identidades inconclusas no Brasil do século XX – fundamentos de um lugar-comum. In: BRESCIANI, Stella; NAXARA, Márcia (Org.). *Memória e (re)sentimento*: indagações sobre uma questão sensível. Campinas: Unicamp, 2004.

CAMPOS, Névio de. Intelectuais paranaenses e as concepções de universidade (1892-1950). Curitiba: Editora UFPR, 2008.

CARVALHO, Marcus Vinicius Corrêa. Moderno, modernidade, modernização: polissemias e pregnâncias. In: GIL, Natalia et alii (orgs.). *Moderno, modernidade, modernização*: a educação nos projetos de Brasil – séculos XIX e XX (vol. 1). Belo Horizonte: Mazza Edições, 2012.

CARVALHO, José Murilo. *A construção da ordem*: a elite política imperial. Rio de Janeiro: Civilização Brasileira, 2003.

HILL, Christopher. *Origens intelectuais da revolução inglesa*. São Paulo: Martins Fontes, 1992.

JAY, Martin. *Campos de fuerza*: entre la historia intelectual y la crítica cultural. Buenos Aires: Paidos, 2003.

OEHLER, Dolf. *O velho mundo desce aos infernos*. São Paulo: Companhia das Letras, 1999.

OUTHWAIRE, William; BOTTOMORE, Tom. *Dicionário do pensamento social do século XX*. Rio de Janeiro: Jorge Zahar, 1996.

POMBO, José Francisco da Rocha. Instrucção Pública (conclusão). *Gazeta Paranaense*, n. 205, 28 jun. 1882.

POMBO, José Francisco da Rocha. *A religião do bello*. Morretes: Ed. do autor, 1882.

POMBO, José Francisco da Rocha. *A supremacia do ideal*: estudos sobre educação. Castro: Typographia do Echo dos Campos, 1983.

POMBO, José Francisco da Rocha. Colonização. *Gazeta Paranaense*, n. 185, 05 abr. 1882.

POMBO, José Francisco da Rocha. Colonização (continuação). *Gazeta Paranaense*, n. 195, 13 maio 1882.

POMBO, José Francisco da Rocha. *História da América*. Rio de Janeiro: Laemmert & C. Editores, 1900.

POMBO, José Francisco da Rocha. Instrucção Pública. *Gazeta Paranaense*, n. 195, 13 maio 1882.

POMBO, José Francisco da Rocha. Instrucção Pública (continuação). *Gazeta Paranaense*, n. 196, 17 maio 1882.

QUELUZ, Gilson Leandro. *Rocha Pombo*: romantismo e utopias (1880-1905). Dissertação (Mestrado em História) – Setor de Ciências Humanas, Letras e Artes, Universidade Federal do Paraná, Curitiba, 1994.

SANTOS, Nadia Maria Weber dos. História e loucura na intimidade das letras: No "Hospício" e o romance simbolista de Rocha Pombo. *História*: questões de debates. Curitiba, n. 46, jan./jun. 2007.

SCHWARZ, Roberto. *Cultura e política*. São Paulo: Paz e Terra, 2001.

SIRINELLI, Jean-François. Os intelectuais. In: RÉMOND, René (Org.). *Por uma história política*. Rio de Janeiro: FGV, 2003.

TABORDA DE OLIVEIRA, Marcus Aurelio. O pensamento de Edward Palmer Thompson como programa para a pesquisa em história da educação: culturas escolares, currículo e educação do corpo. *Revista Brasileira de História da Educação*, v. 8, n. 1 (16), p. 147-169, 2008.

TABORDA DE OLIVEIRA, Marcus Aurelio. Pensando a História da Educação com Raymond Williams. *Educação e Realidade*. Porto Alegre, v. 39, n. 1, p. 241-256, jan.-mar. 2014.

TABORDA DE OLIVEIRA, Marcus Aurelio. Rocha Pombo: a "invenção" de uma cultura americana no livro didático. In: LEITE, Juçara Luzia; ALVES, Cláudia (Org.). *Intelectuais e história da educação no Brasil*: poder, cultura e políticas. Vitória: EDUFES, 2011.

THOMPSON, Edward Palmer. *A formação da classe operária inglesa*. Rio de Janeiro: Paz e Terra, 1987b. (v. 2; A maldição de Adão).

THOMPSON, Edward Palmer. *A formação da classe operária inglesa*. Rio de Janeiro: Paz e Terra, 1987c. (v. 3; A força dos trabalhadores).

THOMPSON, Edward Palmer. *A miséria da teoria*. Rio de Janeiro: Zahar, 1981.

THOMPSON, Edward Palmer. *Costumes em comum*. São Paulo: Companhia das Letras, 1998.

THOMPSON, Edward Palmer. *Education and experience*. Ledds University Press, 1968.

THOMPSON, Edward Palmer. *Os românticos*: a Inglaterra na era revolucionária. Rio de Janeiro: Civilização Brasileira, 2002.

VIEIRA, Carlos Eduardo. Erasmo Pilotto: identidade, engajamento político e crenças dos intelectuais vinculados ao campo educacional brasileiro. In: LEITE, Juçara Luzia; ALVES, Cláudia (Org.). *Intelectuais e história da educação no Brasil*: poder, cultura e políticas. Vitória: EDUFES, 2011.

VIEIRA, Carlos Eduardo. Jornal diário como fonte e como tema para a pesquisa em História da Educação: um estudo da relação entre imprensa, intelectuais e modernidade nos anos de 1920. In: OLIVEIRA, Marcus Aurelio Taborda de (Org.). *Cinco estudos de história e historiografia da educação*. Belo Horizonte: Autêntica, 2007.

WILLIAMS, Raymond. *Cultura e sociedade*. São Paulo: Companhia Nacional, 1978.

WILLIAMS, Raymond. *La larga revolucion*. Buenos Aires: Nueva Vision, 2003.

WILLIAMS, Raymond. *Palavras-chave*: um vocabulário de cultura e sociedade. São Paulo: Boitempo Editorial, 2007.

Sobre educação moderna no século XIX:
Minas Gerais/Brasil

Rita Cristina Lima Lages

A partir da proclamação da independência do Brasil, em 1822, manifesta-se por parte da intelectualidade política brasileira o projeto de modernização da sociedade, no qual a instrução é concebida como a principal mola propulsora. Os projetos de construção da identidade e unidade nacional foram alimentados por referências a países estrangeiros, entre os quais, destaca-se primeiramente a Europa como espelho para o Brasil, e posteriormente os Estados Unidos, sobretudo a partir da década de 1870. Ao lado do exemplo de países como França, Alemanha, Inglaterra, Bélgica, Áustria, Holanda e Suíça, os Estados Unidos eram tomados como um paradigma para o campo educacional brasileiro. O objetivo deste trabalho[1] é mostrar, portanto, quais são estes referenciais estrangeiros que se manifestam no plano dos discursos sobre instrução pública, produzindo, nesse movimento, a proposição de uma educação moderna no Estado de Minas Gerais na segunda metade do século XIX. Nesse movimento de destaque da circulação de conhecimentos/ideias veiculados ao "estrangeiro", a atenção se volta também para os agentes que os promovem, que os constituem e os fazem difundir, sendo estes agentes, sujeitos, impressos, ou outros. A principal base

[1] Este trabalho apresenta uma síntese da pesquisa de doutorado em andamento.

empírica e metodológica deste texto são as análises dos Relatórios de Presidentes de Província do Estado de Minas Gerais, produzidos na segunda metade do século XIX.

Em uma pesquisa de mestrado, estudei a escolarização da língua francesa na instrução pública em Minas Gerais, entre 1831 e 1855 (SILVA, 2007). Ao propor investigar o ensino do francês nas primeiras décadas do século XIX, foram focalizados seus primeiros momentos de escolarização na instrução pública. Destacou-se nesse período uma ambiência cultural na província de Minas Gerais fortemente marcada pela presença francesa, que se fazia, sobretudo, pela circulação de livros e impressos. Foi nesse contexto que a língua francesa se tornou uma disciplina escolar da instrução pública em 1831. Para tal estudo, foram privilegiados os pressupostos teórico-metodológicos da *história das disciplinas escolares* e *história do currículo*.

Com a pesquisa de mestrado dedicada ao estudo da escolarização da língua francesa na primeira metade do século XIX, a proposta para os estudos do doutorado foi, inicialmente, compreender também o processo de escolarização da língua inglesa na instrução pública em Minas Gerais, tomando como recorte temporal a segunda metade do século XIX, visto que foi sobretudo a partir desse período que o ensino dessa língua pode ser identificado nos programas escolares.

Na apresentação do projeto de pesquisa, foram destacados os discursos da elite política dirigente que imprimiam "valores" diferenciados ao justificar a necessidade da escolarização das línguas francesa e inglesa. A língua inglesa sendo muitas vezes classificada dentro de um caráter instrumental, considerada "comercial, por excelência"; já a francesa, "diplomática: é um abundante veículo de conhecimentos científicos, artísticos e literários".[2]

Em síntese, assim se delineou a proposta de estudos do doutorado: analisar o processo de escolarização dos idiomas estrangeiros no ensino secundário em Minas Gerais na segunda metade do século XIX, articulado às práticas culturais vigentes, com o intuito de compreender tal processo como uma prática subjacente aos projetos de civilidade e modernidade da província mineira.

Seguindo a prática comum às pesquisas, uma das ações foi realizar uma revisão bibliográfica sobre estudos que tratassem da circulação de modelos culturais no

---

[2] Relatório sobre o Estado da Instrução Pública na província de Minas Gerais que ao Conselheiro Carlos Carneiro de Campos apresentou o Diretor Geral da mesma Instrução, Rodrigo José Ferreira Brettas em março de 1859.

Brasil no século XIX. Tratar das práticas culturais para além da escola ia ao encontro, principalmente, das orientações do pesquisador francês Pierre Arnaud (1989), que propõe a questão da *representatividade cultural* como uma condição para a admissão de nova disciplina nos programas escolares. O autor afirma que se torna necessário que as práticas escolares se aproximem das culturais, mas, em contrapartida, adquirirem novos sentidos ao serem apropriadas para o uso escolar.

A revisão realizada permitiu uma aproximação dos estudos que tomam o século XIX como objeto de investigação; tais estudos indicam, neste período, o empreendimento por parte da intelectualidade política brasileira de um projeto de modernização da sociedade por meio, principalmente, da educação. Warde (2000) afirma que, desde a Proclamação da Independência política do Brasil do jugo português, em 1822, a representação de um Brasil como parte constitutiva da América Latina não compôs o imaginário nacional; os projetos de construção da identidade e unidade nacional foram alimentados por referências ao mundo extracontinental; a Europa e depois os Estados Unidos cedo constituíram o espelho onde o Brasil tinha de se mirar, e não os "pares" latino-americanos (WARDE, 2000, p. 10).

Chamon (2005), ao analisar a referência norte-americana, nos diz de um "lento ruminar" dessa referência nos campos econômicos, culturais – e educacionais, consequentemente – que começaria a se estabelecer a partir da segunda metade do século XIX do Brasil imperial, e se evidenciaria no final do XIX e início do XX.

A respeito do referencial norte-americano como um modelo "sólido" de instrução, Chamon afirma que, a partir da década de 1870, os Estados Unidos começaram a ser tomados como país que possuía um dos sistemas de ensino mais sólido e mais amplamente distribuído pela população, razões pelas quais estava sendo apontado como uma das referências para a instrução no Brasil. Nesse movimento, ao lado do exemplo de países como França, Alemanha, Inglaterra, Bélgica, Áustria, Holanda e Suíça, os Estados Unidos da América começavam a aparecer como um modelo a ser perseguido. Paulatinamente, esse país constituía-se, para muitos, num paradigma para o campo educacional brasileiro, num processo que, pouco a pouco, provocaria um deslocamento (mas não um apagamento) da França de sua posição de prestígio perante a elite intelectual brasileira (CHAMON, 2005, p. 178).

Orientada, pois, principalmente pelos pressupostos de Warde (2000) e Chamon (2005), empreendi uma leitura dos Relatórios de Presidentes de Província de toda segunda metade do século XIX, com a atenção voltada para os projetos de instrução pública. Essa leitura me permitiu confirmar as orientações das autoras sobre a tomada dos Estados Unidos como modelo de referência para a educação brasileira a partir, sobretudo, de 1870. Nas referências ao estrangeiro, além das presenças marcantes da França e dos Estados Unidos, a Alemanha também aparece em destaque, principalmente quando é posta a questão da filantropia como um grande benefício para o avanço da educação no Brasil.

No que diz respeito ao desejo de progresso e modernidade – processo no qual a instrução desempenharia um papel fundamental – os Estados Unidos apareceram, não poucas vezes, nos discursos dos Relatórios de Presidentes de Província de Minas Gerais como um dos principais referenciais.

> Longe de indicar os Estados Unidos como um modelo, que nos seria impossível imitar em sua atividade prodigiosa e progresso surpreendente; devo ponderar que a difusão universal da instrução, o desenvolvimento das faculdades intelectuais dos indivíduos de todas as classes, foram os móveis poderosos da proeminência reconhecida daquele país (Relatório de Presidente da Província de Minas Gerais, 1879, p. 29).

Voltando à proposta inicial do estudo sobre a escolarização das línguas estrangeiras modernas, o inglês e o francês, o percurso acima descrito sugeriu-me um redirecionamento do foco da pesquisa. A leitura dos discursos produzidos nos relatórios de presidentes da Província de Minas Gerais na segunda metade do século XIX permitiu perceber que as línguas estrangeiras, por sua vez, viriam a compor o conjunto dos "agentes" referenciados pela intelectualidade política brasileira como promotores da civilidade, do progresso e da modernidade do país, ou seja, seriam "parte de". Logo, pareceu-me pertinente ampliar o foco da escolarização das línguas estrangeiras para mobilização de referenciais estrangeiros na proposição de uma educação moderna em Minas Gerais no século XIX; tendo se constituído este, portanto, o tema problematizado a partir de então.

Pensar em *referenciais estrangeiros na proposição de uma educação moderna em Minas Gerais no século XIX* é ir ao encontro do debate proposto por Francisco Parreira Cordeiro sobre a circulação de modelos estrangeiros no Brasil na segunda metade do século XIX. Cordeiro afirma que a historiografia clássica sobre o período considera que, "apenas no final do século, já com o advento da República, se tivessem gestado propostas verdadeiramente modernas para a educação no nosso país". E que estudos mais recentes vêm insistindo na fertilidade do período imediatamente anterior para uma melhor compreensão do que ele nomeia gênese da modernidade pedagógica no país (CORDEIRO, 2006).

Carvalho (2011, p. 192) afirma que seriam múltiplas as evidências da inscrição do Brasil no circuito internacional, no "concerto das nações civilizadas" na segunda metade do século XIX. De acordo com a autora, a historiografia educacional recente vem traçando o que ela classifica como uma espécie de cartografia dos circuitos internacionais em que se difundiu, nesse período, uma pluralidade de informações e de materiais pedagógicos que tiveram função modelar no processo de configuração da instituição escolar (*idem*).

Carvalho (2011) ressalta ainda que a metodologia de reconstrução da materialidade dos processos de produção, circulação e apropriação desses modelos nos permite ver que "essa cartografia põe em evidência os dispositivos de regulação de um modo escolar de educação, encenado em práticas e artefatos culturais", a saber: exposições internacionais, viagens de estudo, relatórios, livros e revistas que comporiam os "circuitos". Salienta que em tais artefatos/circuitos "a proliferação de materiais escolares, produtos industriais prescritivamente propostos como suportes de rotinas inéditas em salas de aula, figuram a escola como *signo de modernidade*" (grifos nossos). E ainda sintetiza tal reflexão ao modo de uma pergunta: "Não seriam as práticas e os saberes formalizados nos usos desses materiais o que permitiria a qualquer país postular sua inserção no concerto das nações civilizadas?" (p. 192).

Valendo-se da asserção *inovações pedagógicas* (grifos nossos), Hilsdorf (2003) diz das ideias associadas na Europa à educação atualizada que aqui também possibilitariam o atendimento às aspirações de modernidade. Hilsdorf remete a uma "cornucópia de modelos administrativos e pedagógicos à disposição" (p. 51), vindos das Exposições Internacionais e que comporiam "todo um conjunto de diretrizes, métodos, procedimentos e conteúdos *modernos* (grifo nosso), que foi posto em circulação e pôde ser discutido, experimentado desde a década de 1870" (p. 52).

Tomando, pois, por base empírica e metodológica principal as análises dos Relatórios de Presidentes de Província de Minas Gerais, centrei-me nos objetivos: identificar quais foram estes "artefatos culturais", ou bem, essa "cornucópia" de modelos/referenciais estrangeiros que se deram a ver nesses discursos sobre a educação; de que expressões de modernidade eles eram portadores, ou seja, que modernidade eles anunciavam; e, finalmente, como essa modernidade era recebida/apropriada nesses mesmos discursos.

A opção pela segunda metade do século XIX se explica pelo fato de estudos de Warde (2000), Chamon (2005), Cordeiro (2006), Carvalho (2011), Hilsdorf (2003), entre outros, insistirem na fertilidade do período sobre novas configurações conceituais para a educação no Brasil a partir da circulação de modelos estrangeiros. Ganha centralidade nessa análise a percepção da França e dos Estados Unidos instituídos como os principais referenciais para o Brasil, pois, se na primeira metade do século a França desfruta de uma hegemonia como referencial nos campos culturais e educacionais, a partir da segunda metade os Estados Unidos aparecem como o paradigma do progresso e da modernidade. Sendo, pois, este último país enaltecido – nos discursos analisados – por ter alcançado esse lugar, esse *ethos* da modernidade construído sobre as bases da educação em tão curto espaço de tempo. Nos discursos analisados foi possível perceber a presença dos Estados Unidos já na década de 1850. No entanto, não se coloca aqui a questão de se considerar este período como o momento fundador da entrada desse país como referência para a educação no Brasil; o que é válido também sobre a modernidade nos discursos/projetos sobre educação de uma forma geral.

Compreender-se-ão melhor as proposições em seu conjunto se as colocarmos na chave de leitura da modernidade veiculada ao sentimento de ruptura antigo/moderno, ou tradicional/novo sugerido por Jacques Le Goff (1997). Se a consciência da modernidade nasce do sentimento de ruptura com o antigo, a ideia recorrente de reforma da instrução na educação ao longo do século XIX no Brasil, e no caso estudado, em Minas Gerais, pode ser analisada a partir de tal referencial. E ainda, sem prescindir das reflexões de Le Goff, quando esse autor afirma que qualquer um dos dois – antigo/moderno – pode ser acompanhado de conotações laudatórias, pejorativas ou neutras (LE GOFF, 1997, p. 02).

Ao refletir sobre o caráter histórico e polissêmico do par *antigo/moderno*, Le Goff destaca que este par e seu jogo histórico e dialético são gerados entre aquilo que é *moderno* – a consciência da modernidade – em ruptura com o passado. E essa construção histórica e dialética do conceito de moderno, defendido por Le Goff, encontra ressonâncias no conceito de *discurso fundador* de Orlandi (1993), quando a autora traz a ideia de *discurso fundador* como aquele que instala as condições de formação de outros discursos, tornando-se a referência; que ele se apropria do passado, cria uma nova tradição, resignifica o que veio antes e institui aí uma memória outra; o sentido anterior é desautorizado e instala-se outra "tradição" de sentidos que produz os outros sentidos (p. 12).

A EDUCAÇÃO POPULAR

Os Estados Unidos tornam-se uma referência, um modelo considerado impossível de se "imitar", dado seu progresso surpreendente; surpreendente porque alcançado em tão poucos anos. O que teria sido factível graças à "difusão universal da instrução, do desenvolvimento das faculdades intelectuais dos indivíduos de todas as classes'"; instrumentos poderosos da preeminência reconhecida àquele país (Relatório de Presidente da Província de Minas Gerais, 1859). Essa era uma avaliação recorrente dos dirigentes políticos brasileiros e que reverbera nos relatórios da presidência da província mineira ao longo da segunda metade do século XIX.

Considerava-se que, como um "agente fecundo da civilização e do progresso", a instrução popular teria adquirido nos *modernos tempos* (grifos nossos) imensa importância, e "fixado a atenção dos homens eminentes em todos os países" (Relatório de Presidentes de Província de Minas Gerais, 1865). Ou seja, a modernidade se manifestava como o espírito daquele tempo e do qual era mister tornar-se parte como os outros países. E a educação popular se mostrava como uma via fundamental:

> Nos tempos modernos, Exmo Sr, em que a felicidade de uma nação depende da instrução e educação popular, em que os conhecimentos não são mais como outrora, o privilégio de uma classe ou casta [...] em que o tempo em sua marcha civilizadora fez deles uma necessidade social, um elemento de ordem e de progresso para todos [...] (Relatório de Presidentes da Província de Minas Gerais, 1865).

Junto à ideia do progresso da indústria, da riqueza e moralidade do povo, recorria o sentimento "moderno" de bem-estar, de felicidade da nação veiculada à instrução do povo. Nesse sentido, a formação via educação escolar deveria também possibilitar a sensibilidade para o sentimento elevado, para o gosto do belo:

> Formar o homem, eis aí o fim da escola, mas para formá-lo é necessário instruí-lo e educá-lo: é necessário não só dar-lhes aqueles conhecimentos que lhes são indispensáveis para viver em sociedade, mas ainda inspirar-lhes os sentimentos elevados, amor à virtude, por tudo quanto é grande e belo [...] (*idem*).

A educação como prevenção ao crime, à desordem: uma nação inserida no espírito da civilização, instruída, educada e orientada para o progresso da indústria deveria ser uma nação ordeira; assim, a educação do povo torna-se a garantia do Estado. Tal reflexão é sustentada por estatísticas minuciosas educação/crime em outros países.

> Na França em 100 criminosos 81 não receberam instrução. Na Suíça, onde se dá ao ensino público a importância que ele merece, os cantões de Vaud a Zurich não têm um só preso, e no Grão-ducado de Baden tem sido necessário suprimir algumas prisões O fato veio demonstrar a verdade da asserção de Victor Hugo: abrir escolas é fechar cadeias (*idem*).

Essa citação nos permite reflexões em várias direções; uma delas seria pensar no espírito das ciências no século XIX, na questão do método. Os fatos serviam para demonstrar, comprovar a asserção de Victor Hugo de que abrir escolas serviria para fechar cadeias. Esse autor, aliás, muito mobilizado em vários discursos para sustentar a ideia redentora da educação.

ENSINO OBRIGATÓRIO E GRATUITO

Se a educação popular se evidenciava fundamental para o progresso e modernidade do país, sua efetivação, em contrapartida, era o grande desafio. Como torná-la realidade no Brasil? O que a experiência dos países "adiantados" poderia nos ensinar? A obrigatoriedade e a gratuidade do ensino aparecem como soluções para a efetivação da educação popular. Havia uma conveniência de que sem a coercividade do ensino primário não seria possível a propagação e difusão da instrução popular.

> [...] Mas desde que se faz *o ensino gratuito*, parece-nos que por coerência dever-se-á também torná-lo *obrigatório*. Não é muito lógico que se imponha ao poder público a obrigação de prestar a instrução primária, e deixe ao cidadão a faculdade de recebê-la, ou não (*idem*, grifos nossos).

Entretanto, obrigatoriedade e gratuidade do ensino são vividas como tensões, visto que colocadas em confronto com a ideia de liberdade. Se o país queria ser moderno, ao moderno também o liberalismo era imprescindível.

> [...] seria extraordinariamente singular que a obrigação de ensino fosse um princípio anti-liberal e o opressivo, e tivesse em seu favor a opinião

> autorizada do mais ardente e entusiasta defensor da liberdade e democracia, do imortal autor dos – Miseráveis (Relatório de Presidentes da Província de Minas Gerais, 1881).

As tensões tornam-se ainda mais evidentes quando é tomada a experiência norte-americana como principal referência de êxito na educação popular sem o concurso do ensino obrigatório. Vale dizer que a gratuidade do ensino primário era uma garantia constitucional no Brasil. Nesses enfrentamentos, vários modelos educacionais são postos em reflexão a fim de encontrar uma via para o Brasil.

> Na Prússia, onde o ensino não é absolutamente gratuito, é ele considerado como obrigação civil (a – desde 1763), e a adoção deste princípio tem produzido os melhores resultados: nenhum país da Europa pode gabar-se de possuir uma instrução primária mais completa e mais generalizada. Na França agita-se atualmente a questão do ensino gratuito e obrigatório, e é provável que o parlamento adote o projeto de lei que o estabelece (Relatório de Presidentes da Província de Minas Gerais, 1865).

FILANTROPIA

Claramente manifestada como um projeto de nação, a educação popular evidenciava-se inexequível no Brasil. O exemplo da beneficência em prol da educação, praticada em outros países, principalmente nos Estados Unidos, é tomado como uma condição de possibilidade para a efetivação da educação popular em nosso país. Desde a década de 1850 são enaltecidas as "prediletas maneiras sociais dos Americanos do Norte" nesse ramo:

> Uma tal prática não deixaria pois de ser assaz Americana, e, se me não engano é de se esperar-se que os Mineiros tão amantes como são da cultura intelectual, sem repugnância se prestem a este pequeno ônus aliás tão reprodutivo, ou que tantas compensações lhes deve oferecer (Relatório de Presidentes da Província de Minas Gerais, 1859).

Considerada como mola propulsora do progresso e modernidade do país, a educação, instaurada sobre a obrigatoriedade da instrução primária, apresentava-se como um problema para os dirigentes políticos, visto que se avultava como uma grande despesa para os cofres públicos. A esse respeito, recorria-se à filantropia como solução. Por aqui se criticava o indiferentismo das classes remediadas e abastadas por este ramo do serviço público; a instrução. E repetidamente buscava-se o modelo norte americano como referência.

> Foi deste modo que, em poucos anos, e graças quase que exclusivamente à criadora e nobre iniciativa do grande povo americano, a receita da instrução pública nos Estados Unidos, resultante da contribuição voluntária, acusa anualmente uma arrecadação surpreendente, a qual, criteriosamente aplicada, lhe tem elevado o nível moral a ponto de nada ter que invejar às instituições seculares da Europa. Cumpre-nos, pois, aproveitando tão fecunda lição, elevar também, pela dedicação e esforços de todos, os créditos deste grande Império, nossa cara pátria, à altura pressagiada por quantos pensadores lhe tem procurado calcular o futuro (Relatório de Presidentes de Província de Minas Gerais, 1882).

EDUCAÇÃO PROFISSIONAL

Pensar na viabilidade da educação profissional é entrar no debate sobre as grandes finalidades da educação; é pensar na escola instituída para que "serviço". Nos relatórios estudados, a educação profissional é propugnada como um dos meios de se chegar ao progresso, pois como garantir o desenvolvimento da indústria sem que haja "aqueles" que a façam progredir? À condição de progresso estava associada aquela de melhoramentos materiais; esses, por sua vez, garantidos pelo progresso da indústria. Desse modo, também se viabilizaria a entrada do Brasil no concerto das nações civilizadas e modernas.

> Um dos mais *importantes corolários da liberdade das instituições modernas*, em sido o reconhecimento de que o povo deve ser tão acuradamente instruído, quanta é a elevação das funções sociais a que é chamado a exercer [...]. As disposições legislativas [...] induzem-nos a pensar que à sua consignação presidiu a intenção de iniciar-se entre nós *a realização da ideia de uma instrução profissional, cuja conveniência tanto se apregoa nos países cultos da Europa*· O reconhecimento de sua utilidade acha-se há

> muito comprovado na instituição da Escola Politécnica em França e no Sistema de prestação de ensino secundário adotado na Alemanha, onde ao Aluno saído das Aulas primárias e que pretende prosseguir em seus estudos se pergunta – à que profissão se destina? (Relatório de Presidentes de Província de Minas Gerais, 1859, grifos nossos)

De acordo com a experiência vivenciada em Minas Gerais, a formação profissional é colocada em foco no ensino secundário. O exemplo acima vem ilustrar tal fato quando aí é posta a questão de aos alunos se perguntar que profissão pretendem seguir ao finalizar o ensino primário. Nesse debate, ganha destaque a reflexão sobre as matérias de ensino[3] e o sistema de sua distribuição pela Província. Das ditas matérias se considera:

> À exceção do Desenho Linear, e das quatro últimas matérias, segundo a ordem em que as tenho colocado, são propriamente falando simples preparatórios requeridos expressa ou implicitamente para a matrícula nos cursos Médicos e de ciências sociais e jurídicas, e ninguém dirá que os conhecimentos que lhes correspondem sejam imediatamente aplicáveis a gerência das diversas espécies da industria (Relatório de Presidentes da Província de Minas Gerais, 1859).

Criticava-se, pois, o sistema de instrução que não provia de modo conveniente sobre o futuro da sociedade, que a habilitava insuficientemente para o exercício da indústria, e só cuidava de preparar a mocidade para a frequência dos cursos superiores aos quais apenas poucos podiam ascender. O que podia resultar na geração de um grande número de jovens aspirações que jamais seriam satisfeitas, e, o mais lamentável, isso em detrimento do progresso industrial.

Expressa-se seguidamente a lamentação de o Brasil não conseguir colocar em prática essa modalidade de ensino, quando se afirma, por exemplo: "Quem dera nos fosse possível imitar tantas escolas da livre Suíça, ou da grandiosa pátria de Lincoln"

---

[3] 1ª Leitura; 2ª Escritura; 3ª Catecismo Romano; 4ª Regras de Civilidade; 5ª Gramática da Língua Portuguesa; 6ª Latim e poética respectiva; 7ª Francês; 8ª Inglês; 9ª Filosofia; 10ª Retórica; 11ª Matemáticas Elementares; 12ª Geografia; 13ª História; 14ª Desenho Linear; 15ª Química (médicas); 16ª Botânica (médicas); 17ª Farmácia; 18ª Matéria Médica.

(Relatório de Presidentes de Província de Minas Gerais, 1884). Enfim, que nossas férteis regiões da América tanto poderiam esperar do desenvolvimento da agricultura e da indústria.

EDUCAÇÃO AGRÍCOLA/MOVIMENTO AGRÍCOLA MODERNO

Argumentava-se que a determinação das matérias de ensino, tanto da instrução primária quanto secundária era arbitrária e não guiada pelas circunstâncias do país. Em Minas Gerais, especialmente, onde o terreno era fértil e a agricultura quase exclusivamente a única indústria, lamentava-se o fato da agricultura ainda entregue à rotina dos *antigos tempos* (Relatório de Presidentes da Província de Minas Gerais, 1865, grifos nossos).

> Urge preparar a educação do povo para a transformação do trabalho, fazer da escola primária arma de propaganda contra a rotina que domina a população agrícola, quase exclusiva classe produtora entre nós, dar ao homem do campo noções de processos e de instrumentos de trabalho muito mais eficazes e econômicos do que aqueles, que atualmente emprega, ensinar-lhes a não devastar as florestas, a não esterilizar os campos, a conhecer os amanhos da terra (Relatório de Presidentes da Província de Minas Gerais, 1883).

Obras francesas para o ensino agrícola/movimento agrícola moderno: diante da "inadequação" dos programas escolares às necessidades da província, argumentava-se "que o agricultor e o manufatureiro (até melhores tempos) obtenham por si próprios e a simples leitura de *obras francesas* as noções de que precisam para a gerencia das respectivas industrias" (Relatório de Presidentes da Província de Minas Gerais, 1865, grifos nossos). Indica-se a leitura do tratado *Auxiliador da Indústria*, de Mr. Bruo. E neste mesmo relatório de 1865 encontram-se transcritos trechos atribuídos a "Mr. Lovergne, ex-lente de Economia Rural no extinto Instituto Nacional Agronômico da França".

> Quiconque a un peu suivi le mouvement agricole moderne, sait parfaitement que le moment approche où les progrès de la culture ne pourront plus être demandés qu'aux sciences proprements dites. Tout ce que peut

> faire l'experiences est bien près d'être fait[4] (Relatório de Presidentes da Província de Minas Gerais, 1865).

Bem nos mostra o trecho acima o alinhamento da agricultura à ciência como espírito do tempo no século XIX; o progresso da cultura vinculado ao progresso da ciência.

BREVES CONSIDERAÇÕES

Foi possível identificar em vários discursos uma posição crítica em relação aos conteúdos/conhecimentos tomados como referências para o campo educacional; o que vem ilustrar uma clara apropriação de ideias; ideias essas que deveriam se adaptar à realidade brasileira.

> Ainda que as ideias aceitas e postas em prática nos países mais adiantados tenham sido adotadas na província, muito há ainda a fazer-se, e neste ramo de serviço nunca é por demais a atenção desvelada e o estudo dos melhoramentos confirmados pela experiência (Relatório de Presidentes de Província da Minas Gerais, 1865).

Finalmente, tendo sido as proposições analisadas colocadas na chave de leitura da modernidade veiculada ao sentimento de ruptura antigo/moderno, ou tradicional/novo seguindo os pressupostos de Le Goff (1997), a ideia recorrente de reforma da educação ao longo do século XIX no Brasil e em Minas Gerais remetia à consciência da modernidade, comungando, pois, com o espírito do tempo. E se Le Goff (1997, p. 02) afirma que "qualquer um dos dois pode ser acompanhado de conotações laudatórias, pejorativas ou neutras", foi possível identificar nos discursos analisados uma conotação laudatória do "novo" como a melhor via, em ruptura com o passado; a reorganização em manifestação contínua.

---

[4] "Qualquer um que tenha acompanhado um pouco o movimento agrícola moderno sabe perfeitamente que se aproxima o momento no qual os progressos da cultura não poderão recorrer senão às ciências propriamente ditas. Tudo o que a experiência pode fazer está muito próximo de ser feito" (Tradução livre).

> A reorganização do ensino público era desde muito aconselhada pelas necessidades de adaptá-lo ao aumento da população disseminada na província e à ideias modernas, postas em prática nos países mais adiantados (Relatório de Presidentes de Província de Minas Gerais, 1865).

Se a proposta deste estudo era analisar referenciais estrangeiros mais evidentes em Minas Gerais para o campo educacional no século XIX, foram aqui destacados apenas alguns deles. A análise de outros para a proposição de uma educação moderna em Minas Gerais mostra-se também fundamental. Aí se destacam: autores, obras, manuais, tratados, viagens, eventos, ensino de línguas estrangeiras etc.

REFERÊNCIAS

ARNAUD, Pierre. La mise em forme scolaire de l'educacion phisique. *Revue Française de Pédagogie*, p. 29-34, 1989.

CARVALHO, Marta Maria Chagas de; PINTASSILGO, Joaquim. *Modelos culturais, saberes pedagógicos, instituições educacionais*. São Paulo: Edusp, 2011.

CHAMON, Carla. *Maria Guilhermina Loureiro de Andrade*: a trajetória profissional de uma educadora. Tese (Doutorado em Educação) – Faculdade de Educação, Universidade Federal de Minas Gerais, Belo Horizonte, 2005.

CORDEIRO, Jaime Francisco Parreira Cordeiro. A instrução no Brasil no século XIX: o olhar de Antônio Almeida Oliveira. *Anais*: VI Congresso Luso-Brasileiro de História da Educação. Uberlândia: Universidade Federal de Uberlândia, 2006. p. 2412-2421.

HILSDORF, Maria Lucia Spedo. *História da educação brasileira*: leituras. São Paulo: Thompson Learning, 2003.

LE GOFF, J. Antigo: moderno. In: ENCICLOPÉDIA Einaudi. Lisboa: IN-CM, 1997. v. 1 – Memória-História, p. 370-392.

LE GOFF, J. *História e memória (1924)*. Trad. Bernardo Leitão *et al.* Campinas: UNICAMPI, 1990.

MINAS GERAIS. *Relatórios dirigidos à Assembleia Legislativa Provincial de Minas Gerais pelos Presidentes da Província – 1837-1889*. Disponível em: <http://www.crl.edu/catalog/index.htm>. Acesso em: fev. 2012.

ORLANDI, Eni P. (Org.). *Discurso fundador*: a formação do país e construção da identidade nacional. Campinas, SP: Pontes, 1993.

SILVA, Rita Cristina Lima Lages. *O ensino de francês na instrução pública em Minas Gerais entre 1831 e 1855*. Dissertação (Mestrado) – Faculdade de Educação da UFMG, Belo Horizonte, 2007.

WARDE, Miriam Jorge. Americanismo e educação: um ensaio no espelho. *São Paulo em Perspectiva*, v. 14, n. 2, p. 37-43, 2000.

Instrução pública em Sabará/MG nos Oitocentos

Marileide Lopes dos Santos

Minas Gerais exerceu verdadeiro fascínio em viajantes, naqueles que buscavam novas aventuras e procuravam riquezas. Também foi campo de lutas, resistências daqueles que tiveram sua liberdade cerceada vivendo como cativos. Falar dessa província é pensar nas intensas relações no processo de construção do Brasil e de uma das suas marcas, a "diversidade regional". O ouro descoberto em suas entranhas atraiu para a região intenso "fluxo migratório", do mesmo modo que atraiu os olhares repressivos e opressores da Metrópole. A cidade de Sabará é uma das representantes dessa trajetória histórica. Minha intenção neste trabalho é explicitar o movimento dos membros da câmara municipal de Sabará/MG pela instrução pública nos Oitocentos. Inicialmente quero situar essa localidade.

A Vila Real de Nossa Senhora da Conceição do Sabará foi erigida como vila em 17 de julho do ano de 1711. A primeira câmara eleita tomou posse em 19 de janeiro de 1715, após confirmação do termo de ereção pelo Conselho Ultramarino em 09 de janeiro deste mesmo ano. Em 1823, recebeu do governo imperial o título de fidelíssima e em 1838 foi elevada à categoria de cidade. A importância da Vila pode ser percebida pelos diversos serviços, entre os quais o de fiscalização, fincados em suas terras, como a Intendência e a Casa de Fundição de ouro da Comarca.

Alguns dos fatores que possibilitaram o destaque da cidade estavam relacionados à condição de Sabará ter sido sede da Comarca do Rio das Velhas, núcleo econômico da região (fator preponderante no século XVIII), rota para acessar a Bahia e ter, em seu entorno, produção agrícola de abastecimento regional. Destaque deve ser dado ainda à vida cultural, em que as irmandades, o teatro, as festas marcaram a sociedade sabarense, além de a cidade ser ponto de intensa circulação de pessoas, afinal era nela que estavam instâncias administrativas da Comarca.

Sabará situava-se na parte central da Província. Essa região era a mais povoada e com maior núcleo urbano, além disso, possuía grande poder político e econômico, pois abrigava as sedes da administração política da província (Ouro Preto) e da administração religiosa (Mariana), além de dois pontos de referência comercial (São João d'El Rei e Barbacena) (LIBBY, 1988, p. 43).[1]

Essa trajetória marcaria os habitantes e particularmente os homens responsáveis por sua administração local – os vereadores – com fortes sentimentos de pertença a uma instituição marcada por uma longa tradição e práticas arraigadas – a Câmara Municipal. Sabemos que os vereadores compunham o topo de uma estrutura de poder local, constituindo-se como parte das elites locais. Homens que se utilizaram do espaço público para semear ideias e projetos. Entre esses projetos estava o da educação da população.

No que se refere à educação pública no Brasil, é importante considerar que, já no período colonial, com a implantação das aulas régias[2], houve uma preocupação da Coroa portuguesa com a "organização dos estudos", em que o ensino público estatal foi estabelecido de modo gratuito, e implantou-se o sistema das aulas régias. (CARDOSO, 2002; FONSECA, 2009, 2010). Entre suas incumbências estava criar elementos reguladores e cuidar do ordenado dos professores (CARDOSO, 2002).

As Aulas Régias contribuíram de modo significativo para o processo de um ensino mais formalizado, como também da "profissão docente" na América portuguesa (FONSECA, 2009). Fonseca destaca que,

---

[1] A Câmara Municipal de Sabará, em 1856, estimava que, em seu termo, havia 50 mil habitantes, dos quais 30 mil seriam escravos e 20 mil livres. Essa população estava distribuída em 13 paróquias, sendo que a cidade de Sabará contava aproximadamente com 5 mil habitantes (CMS. COR 05, 1856; SANTOS, 2007, p. 48).

[2] As Aulas Régias decorrem de um conjunto de intervenções no processo administrativo do império português propostas pelo Marquês de Pombal, a partir do Alvará de 28 de junho de 1759. Mais conhecidas como reformas pombalinas, às ações propostas nesse alvará, buscava no campo da educação, criar as aulas régias "(...) além de determinar o encerramento das atividades educacionais e catequéticas da Companhia de Jesus em todo o Império Português (...)". (FONSECA 2010, p. 19).

> As reformas pombalinas da educação propiciaram relativa expansão da escolarização se consideramos sua concentração institucional anterior, nas mãos da Companhia de Jesus e de algumas outras ordens religiosas. Isso acabava por significar também concentração geográfica nas áreas onde se situavam as escolas regulares. (FONSECA, 2009, p. 71).

No caso de Minas Gerais, Thais N. de Lima Fonseca chama atenção para o fato de que como as ordens religiosas não podiam se estabelecer em Minas, tal situação, contribuiu para que na capitania mineira não se sentisse os problemas decorrentes da ausência das escolas jesuítas. Conforme Fonseca, isso vem do fato de que

> desde o início do século XVIII, havia mestres pagos pelas Câmaras, e as famílias já procuravam também o recurso dos professores particulares – leigos e clérigos – para o ensino das Primeiras Letras e da Gramática Latina, uma prática que permaneceu forte mesmo depois da implantação das aulas régias (FONSECA, 2010, p. 20).

Mais especificamente, para a Vila de Sabará, a autora verificou que, até 1814,[3] houve uma regularidade do exercício de professor em pelo menos uma das cadeiras destinadas para a Vila. Para a cadeira de Primeiras Letras, os dados localizados foram de 1789, e de uma das cadeiras de Latim[4] os registros são de 1780 (FONSECA, 2010).

EDUCAR E INSTRUIR: A PARTICIPAÇÃO DA CÂMARA MUNICIPAL

Desde o século XVIII, o desejo de conhecer a população que ocupava o território brasileiro fez-se presente. Desejo e necessidade que, com a independência, ganhariam mais força por parte da administração provincial e imperial. Aos presidentes das províncias, desde a Lei de 20 de outubro de 1823, coube a tarefa de construir censos e dados estatísticos das províncias sob suas administrações (MARTINS; LIMA; SILVA, 2002). No movimento de conhecer melhor a população mineira em

[3] 1814 é referência de pesquisa apresentada em Fonseca (2010).

[4] Conforme a autora, a Vila de Sabará teve outra cadeira de Latim, porém ainda não foi possível identificar o período de implantação (FONSECA, 2010, p. 48).

observância à Lei de 20 de outubro de 1823,[5] o Conselho Geral da Província encaminhou às câmaras municipais algumas questões para serem averiguadas nos seus municípios: "O Número de seus moradores, sexo, e estado"; "Quais as enfermidades dominantes, em que idade, e sexo, e quais as suas causas conhecidas'; "Se há muitos Casamentos, tanto de livres, como de escravos"; "Se há muitos Expostos, e o seu número"; "Se há muitos mendigos com as declarações apontadas no Mapa junto, e quais as causas da mendicidade, e os meios de preveni-la"; "O estado da instrução publica, com declaração dos Mestres, do numero dos Discípulos, e seu aproveitamento"; "E principalmente se os Mestres são assíduos no ensino, e cuidados no cumprimento de seus deveres" (SP PP 1/33, Cx. 227, Pac. 40, 10/07/1825). Em resposta, a Câmara Municipal de Sabará, devolveu ao Conselho Geral da Província o questionário solicitado. Destaco aqui as respostas sobre o item da instrução. Segundo os membros da Câmara havia na:

> [...] Vila dois Professores Públicos /a saber /o Padre Joaquim Theodoro de Miranda[6] das primeiras letras, e o Padre Marianno de Souza Silvino[7] de Gramática. O grande número de Discípulos, que um e outro tem, assaz justifica o crédito, que merecem aos Pais de família. O aproveitamento, que uns, e outros têm, é por todos conhecido. O primeiro tem na sua Aula cento, e quatro Discípulos; e o segundo trinta e três. Há outro Mestre das primeiras letras no Arraial de Santa Luzia, que é o Capitão Manoel Joaquim Moreira, que nos conta vai continuando na Instrução da mocidade. Quanto ao outro, que existe no Arraial do Curral de El Rey, que é Marcelo da Silveira Lobato, além de não ser lá residente acresce não ter suficiência para semelhante magistério; em quem nenhum conceito formão os Pais de família, poucos, ou nenhum Discípulo tem.

[5] A Lei de 20 de outubro de 1823 criava para cada província um presidente e um conselho geral para administrá-la, com o estabelecimento das responsabilidades legais que passavam a ter. Entre essas responsabilidades, estão "promover a educação da mocidade" e "formar censo, e estatística da Província".

[6] O padre Joaquim Theodoro de Miranda seria empossado definitivamente em 10/03/1829. Localizei em 1834 um mapa de exames dos seus alunos, 89 ao todo. Conforme o professor, 33 haviam faltado. As ausências segundo ele teriam sido por problemas de saúde, falta de vestuário e desobediência. SP- PP[1]42, CX 02 P.14 doc 3.

[7] Já o padre Marianno de Souza Silvino havia tomado posse em 28/02/1822. Foi um dos fundadores da Sociedade Pacificadora, Filantrópica, e Defensora da Liberdade e Constituição em 1832 na cidade de Sabará, sociedade que também presidiu. Conferir Santos (2007) e Inácio (2010).

> Na informação supra fica demonstrado, que os dois Mestres desta Vila, são cuidadosos no cumprimento de seus deveres, que bem desempenham. O mesmo acontece ao de Santa Luzia, de quem não temos notícia em contrário (SP PP 1/33, Cx. 227, Pac. 40, 10/07/1825).

Esse documento ajuda-nos a visualizar preocupações que perpassariam o imaginário dos administradores municipais sabarenses, assim como em outras partes do Brasil. Permite também estabelecer relações com as medidas tomadas na Província quanto aos "levantamentos populacionais". Como destacam Martins, Lima e Silva (2002), a província de Minas Gerais "sempre se mostrou zelosa e diligente no cumprimento das repetidas ordens oriundas do executivo e do legislativo" buscando fazer o levantamento de dados com o objetivo de "conhecer sua população, sua produção econômica, suas escolas, os limites geográficos entre municípios e distritos, etc." (MARTINS, LIMA; SILVA, 2002, p. 1).

Em 1828, solicitava o governo provincial às câmaras municipais a observação da legislação referente à educação. Buscava-se saber as localidades onde as escolas estavam instaladas, quais as existentes, o número destas, as que se fazia necessário criar em seus respectivos termos e quais deveriam ser abolidas em observância à lei de 15 de outubro de 1827[8] e à Resolução de 15 de novembro[9] do mesmo ano. Em março desse mesmo ano, a Câmara Municipal de Sabará encaminhou à administração provincial as informações do seu termo. O novo relato dos vereadores mostra que se manteve inalterado o números de aulas públicas no termo comparando com o levantamento de 1825. Declaravam ter feito o levantamento de forma cuidadosa, tendo em vista a necessidade da população e as condições dos cofres públicos. O termo contava ainda com suas quatro escolas, duas na vila de Sabará (uma de gramática latina e outra de primeiras letras), uma de primeiras letras em Santa Luzia e Curral del Rei.

A palavra necessidade talvez seja uma das mais importantes apresentadas. Desejavam que fosse aumentado o número de escolas em mais quatro localidades do termo (Morro de Mateus Leme, Santa Quitéria, Matozinhos e Alagoa Santa) que já possuíam grande número de habitantes necessitados de uma escola de primeiras

[8] Primeira lei do império sobre a instrução, determinava a criação de escolas de primeiras letras em todas as vilas, cidades e lugares com maior índice populacional.

[9] Essa resolução complementava a Lei de outubro de 1827.

letras. Alertavam para o fato de que o alto custo de vida nas localidades vinha interferindo tanto no envio dos alunos à escola – principalmente nos lugares distantes – quanto no ordenado dos professores. Apesar de afirmarem a importância da instrução, não consideravam necessário ter no termo uma cadeira de instrução primária para o sexo feminino, uma vez que muitas famílias cuidavam dessa instrução em suas casas (SP PP 1/33, Cx. 227, Pac. 60, 15/03/1828). É interessante observar que, nesse mesmo período, em fala dirigida aos eleitores mineiros, Bernardo Pereira de Vasconcellos defendia a educação feminina como elemento a se considerar na "civilização dos Estados", o que os vereadores pareciam não considerar (VASCONCELLOS, 1999, p. 117; MIZUTA, 2010; SALES, 2005). Ao que tudo indica, a fala de Vasconcellos, sobre a "educação do belo sexo", teve mais influência do que a opinião dos vereadores, poucos dias depois, em 27 de março de 1828, essa cadeira seria criada pelo Conselho Geral da Província, período em que Bernardo de Vasconcellos era o seu presidente (SALES, 2005).

O corpo de vereança via-se, em 1829, distante do que previa a legislação sobre a instrução pública. Diante da não efetivação dessa legislação, os vereadores precisaram reivindicar a implantação da instrução primária para localidades do seu termo. Em mais um ofício dirigido ao presidente do Conselho da Província, João José Lopes Mendes Ribeiro, solicitavam que ele levasse ao imperador a demanda apresentada por escolas. Consideravam que algumas localidades encontravam-se "privadas do favor da Lei" onde, segundo eles, "abunda mocidade apta, e carecida de instruções primárias" e calculavam que o número da "mocidade" que necessitava dessa instrução girava em torno de 700 (SP PP 1/33, Cx. 228, Pac. 18, 13/10/1829).

Na análise dos vereadores, não havia justificativa para o esquecimento dessas povoações, uma vez que tinham preenchido os requisitos necessários para que ali fossem instaladas escolas primárias. A instrução foi defendida como elemento essencial para formar a juventude local. Esse grupo de vereadores depositava na instrução a crença de que esta possibilitaria à sociedade colher os "benefícios" de um povo educado em moldes mais ilustrados. Conforme os vereadores, a criação de escolas de instrução primária permitiria "algum dia o público colher sazonados frutos, e resultados felizes podem compensar a despesa da Nação. Podem-se formar homens, que pelo andar dos tempos sirvam de colunas, e sustentáculos da mesma Nação" (SP PP 1/33, Cx. 228, Pac. 18, 13/10/1829).

Que olhares esses vereadores lançavam sobre a instrução? Afirmavam que a falta dela era o caminho aberto para gerar problemas muito maiores que os gastos que o governo poderia ter. Um desses problemas seria a possibilidade de aumentar o nível de "ignorância" do povo; "ignorância" essa que poderia passar de geração a geração. A geração mais nova colheria, assim, uma herança que a transformaria numa "geração rude, inepta", abrindo o caminho para a "desordem, e para o vergonhoso vício" de corromper a sociedade. A instrução torna-se, desse modo, grande constituidora de uma sociedade que cada vez mais tinha o desejo de se aproximar das "nações cultas" (SP PP1/33, Cx. 228, Pac. 18, 13/10/1829). Esse pensamento dos camaristas sabarenses não se distancia do que Veiga (2007) apresenta ao refletir acerca do discurso da elite sobre a instrução, o qual perpassaria o Brasil oitocentista. Considerando que os vereadores compunham os grupos das elites locais, podemos fazer uma confluência nos modos de pensar. Nas palavras de Veiga,

> Essa realidade sugere uma reflexão sobre o discurso das elites, que proclamavam que a escola seria um espaço privilegiado para o desenvolvimento dos valores da civilização. O alvo da escola pública, no Brasil, foi essencialmente a população pobre, negra e mestiça, portadora de 'hábitos e valores rudes', não afeita às normas sociais nem ao cumprimento dos deveres e por isso passível de ser civilizada. A difusão da escola pública uniu as elites na afirmação de um lugar-comum: o de que da instrução dependeria o futuro da nação (VEIGA, 2007, p. 149).

Para reforçar a necessidade de instruir a população local, em outro ofício, também endereçado ao Imperador, os vereadores tentavam sensibilizar, mais uma vez, as autoridades da necessidade de criação de escolas de instrução primária, principalmente na vila de Sabará, prevista na lei.[10] Argumentavam que, considerando a grandeza e o tamanho da população do termo e da Comarca do Rio das Velhas, era justo serem contemplados com as escolas pedidas, pois se tornava necessário facilitar e melhorar as condições de acesso a sua "mocidade" que desejava dedicar-se à "brilhante carreira das Letras". As dificuldades enfrentadas por aqueles que

---

[10] §.º 32 do artigo 179 da Constituição do Império. Garante a instrução primária a todos os cidadãos. Conforme Veiga (2007), "apesar de garantida a todos os cidadãos, os filhos das famílias abastadas não costumavam frequentar a escola pública, optando pela educação doméstica, professores particulares e colégios pagos. Os registros documentais confirmam que a escola pública primária do Império foi frequentada, ainda que de maneira difusa e irregular, pelas camadas mais pobres da população, em geral também populações miscigenadas" (VEIGA, 2007, p. 149). Conferir também Fonseca (2007).

queriam frequentar as aulas não eram poucas, tendo em vista o tempo gasto nos longos percursos até a escola, especialmente dos que não moravam nas localidades contempladas com um estabelecimento escolar. De acordo com os vereadores, se isso já dificultava a instrução dos mais abastados, deixava ainda mais "na obscuridade os que nasceram em menos valia da fortuna" (SP PP 1/33, Cx. 228, Pac. 23, 14/10/1829).

Com o objetivo de sanar parte dos problemas do termo e até mesmo da Comarca, os vereadores sugeriram a criação de uma Cadeira de Estudos Preparatórios para as Ciências Jurídicas na vila de Sabará para os que quisessem dedicar-se à "carreira das Letras". Essa cadeira serviria para preparar os alunos de tal modo que tivessem condições para se matricularem "em qualquer Academia Nacional" (SP PP 1/33, Cx.228, Pac. 23, 14/10/1829).

Se, no ofício de 1828, os vereadores consideravam que não era necessário criar uma cadeira de instrução primária para meninas, como já referi, quatro anos após a criação da cadeira, o Fiscal da Vila de Sabará, Manoel Jose Gomes Rebello, lembrava aos vereadores que a referida cadeira ainda se encontrava vaga. Rebello não conseguia compreender os motivos do não provimento da cadeira e indagava-se por que ninguém aparecia para ocupar o cargo. Seria o fato de a lei exigir exame para ser professora? Se esse era um dos motivos, não se sabe ao certo, mas o fiscal ficou entusiasmado ao tomar conhecimento da mudança da lei que possibilitava às candidatas ao magistério apresentarem um atestado da "municipalidade". Lança-se então o fiscal pela vila e acaba encontrando Maria Anna da Assumpção,[11] viúva que já exercia a função de professora particular. Pedia assim atestado aos vereadores para que ela assumisse a cadeira de instrução primária feminina (CMS ATA 05, Folha, 02 – 15/10/1832).

A indicação da professora foi aprovada[12] e a proposta enviada à presidência da província, estando alicerçadas no artigo 2º da lei de 06 de junho de 1832, visto que a "Mestra" indicada tinha "todas as qualidades". Essa peregrinação com a cadeira pública para meninas só seria de fato solucionada com o provimento da professora, em 28 de março de 1835, pela portaria de 16 de setembro de 1836.

---

[11] Sobre essa professora e a questão da docência feminina em Sabará, conferir Nascimento (2011).

[12] Não foi de imediato que a cadeira de primeiras letras para as meninas começou a funcionar. Após a aprovação do nome da professora, passou-se a enfrentar o problema com o seu exame que, como era viúva, não poderia se dirigir sozinha até a cidade de Ouro Preto para prestá-lo (CMS. ATA. 06, 10/07/1835, Folha 118).

Como já comentado, as cadeiras de primeiras letras não eram as únicas que preocupavam a Câmara. O vereador José Lopes da Silva Vianna, em 1840, alertava a câmara para que a instituição encaminhasse à Assembleia Legislativa Provincial pedido de estabelecimento de aulas na cidade de Sabará. Fazia-se ver que a Lei provincial nº 60, que autorizava a criação de aulas de gramática latina, francês, filosofia, retórica, geografia e história nas comarcas não possuidoras de colégios públicos ou particulares, não havia sido contemplada, na cidade de Sabará nem em nenhuma outra vila da comarca. O vereador acreditava que talvez um dos motivos tenha sido o fato de que, quando da promulgação da lei, estava em funcionamento na Comarca o Colégio do Caraça, mas este estava fechado já algum tempo e sem "esperança" de que fosse reaberto logo. Dessa forma, estava "a mocidade deste Município privada do beneficio outorgado pela citada Lei" (CMS ATA 08 – Folha 129V-130, 13/11/1840).

A preocupação com a criação das escolas caminhava lado a lado com a manutenção das existentes. Em correspondência ao vice-presidente da província, José Pedro Dias de Carvalho, em 1848, os vereadores apresentavam o problema com a manutenção de uma escola de primeiras letras no distrito de Congonhas do Sabará. A presidência da província alegava não poder custear a escola e sugeria à câmara que providenciasse, junto à população, subscrição para que ela continuasse funcionando. Como ressaltado pela Câmara, os resultados com subscrições não tinham muito efeito entre a população, sendo um dos motivos do "cansaço" do povo com contribuições e subscrições (SP PP 1/33, Cx. 246, Pac. 18, 10/03/1848). Mesmo assim, a câmara dá parecer favorável ao pedido do presidente da província: "A Câmara em sessão extraordinária [...] deliberou nomear uma Comissão composta de três Membros para promover esta subscrição e entender-se com o mencionado Professor [João Vaz de Mello Junior] para a compra de utensílios, e arranjo da Aula pelo modo que o mesmo indicar" (CMS. COR. 03 – Folha 54, 24/03/1848).

Os problemas com a manutenção da cadeira de 1as letras estavam ligado às dificuldades em se implantar o método simultâneo, entre esses problemas, havia o fato de os materiais para as aulas serem considerados muito caros. A Lei Provincial de 08 de abril de 1846 (nº 311) visava implantar nas escolas mineiras de 1º e 2º graus o método simultâneo. A Escola Normal de Ouro Preto foi reaberta em 1847,[13] com o

[13] A Escola Normal de Ouro Preto foi criada pela Lei nº 13, de 1835.

objetivo de dar embasamento a essa lei. No entanto, conforme Inácio (2003), desde 1830 os docentes mineiros já vinham trabalhando com o método misto, o qual englobava os pontos positivos dos métodos mútuo, simultâneo e individual. Conforme a autora, nessa segunda fase da Escola Normal de Ouro Preto, o foco na formação dos professores não foi no método simultâneo, como previsto na Lei nº 311, mas, sim, no método misto. Pode-se, a partir desse fato, inferir que provavelmente os vereadores desconheciam os investimentos que a Escola Normal vinha fazendo em favor do método misto, atendo-se apenas à Lei nº 311.

Tenho acompanhado que os pedidos por escolas foram um dos pontos ligados à instrução que mais se fizeram presentes na vida administrativa sabarense. Em mais um ofício encaminhado pela câmara sabarense ao presidente da província em 1848, os vereadores lançam mão de um discurso mais incisivo ao pedirem "pelo bem ser de seus Munícipes, o reconhecimento que a Instrução é uma das mais seguras bases da liberdade, e civilização dos povos". O pedido agora era para o restabelecimento das cadeiras de Filosofia e Francês[14] na cidade de Sabará. Segundo os vereadores, tão logo começaram a ter bons resultados, estas foram suspensas.[15] Consideravam que a suspensão das cadeiras teria até certo ponto suas justificativas por conta das dificuldades financeiras da província, a qual precisava ter "maior rigor de economia nas despesas publicas", porém, consideravam que as rendas provinciais já tinham condições de atender a demanda da Comarca, pois

> [...] a existência de numerosa mocidade estudiosa que frequenta 4 Escolas de Latinidade todas bem conceituadas, e entre a qual brilham não poucos talentos transcendentes em moços de pequena fortuna que os priva de buscarem fora da Comarca as Aulas, cujo restabelecimento se procura, a Câmara espera que a Súplica há de ser atendida e que a Comarca do Rio das Velhas, receberá, reconhecida, mais este beneficio de Vós, de quem tanto a Província espera [...] (CMS. COR. 003 – Folha 84v/85 – 08/08/1848).

Situação semelhante ocorreu em 1860, quando o vereador Candido José dos Santos Brochado pediu ao governo provincial o restabelecimento da aula de primeiras

[14] Lei nº 60.

[15] Lei provincial nº 232.

letras da freguesia de Curral del Rei. De acordo com o vereador, não havia "razão plausível" para suprimir a aula, fato que atestava contra o engrandecimento da província.

> A supressão da Cadeira de 1as letras da populosa freguesia do Curral d'El Rei, frequentada sempre por mais de 40 Alunos, foi uma medida, a falar sob uma, contrária aos benefícios prometidos pela Constituição Política do Império, por que os numerosos Pais de família residentes naquela Freguesia veem-se na dura precisão de enviar seus filhos a escolas que lhe ficam mais próximas, sendo que a mais vizinha não se acha a menos de três léguas [...] (CMS. COR. 04 – Folha 94, 01/02/1860).

Vinte anos após, a câmara, a pedido da população, solicitava ao presidente da província que nomeasse provisoriamente uma professora para ocupar a cadeira de instrução primária para a paróquia de Venda Nova, que há meses estava vaga. Pedia também que fosse realizado concurso para provimento dessa cadeira e lembrava que era urgente a resolução do problema (CMS. COR. 09 – Folha 180v, 11/02/1886).

A preocupação em perder e/ou não desenvolver os "talentos" da "mocidade" colocava em risco o projeto de uma Comarca, e principalmente a cidade de Sabará, distante da tão sonhada ilustração que a aproximaria de lugares mais "cultos". A ideia de instruir um maior número de crianças e jovens está posta de maneira clara em toda a documentação que tenho analisado. Um pensamento emerge constantemente da documentação da câmara: era necessário tirar da escuridão sua "mocidade" e conduzi-la às luzes. A instrução seria a melhor estratégia para essa iluminação no combate aos hábitos e costumes tidos como não civilizados. Se pensarmos na circulação de ideias sobre a instrução no período, não fica distante do que encontramos, por exemplo, no relatório de Condorcet. Como bem analisa Boto, este

> [...] manifesta para a instrução uma amplitude que pretende abranger todas as idades da vida, de maneira que os conhecimentos adquiridos na escola pudessem ser reavivados e mesmo atualizados por um projeto de formação continuada e permanente. Todos os cruzamentos discursivos confluem, nesse sentido, para a crença, sempre retomada, de uma desenvolução do tecido social pela erradicação do obscurantismo popular. Se a natureza dotara o homem de talentos, havia que se permitir seu pleno desenvolvimento; o aprendizado – conservado e ampliado – contribuiria assim para, derramando as Luzes, aperfeiçoar a nação (BOTO, 1996, p. 121).

Mas o fato de reconhecer a relevância da instrução não era suficiente para resolver os problemas apontados pela câmara. Como bem explicita Veiga (2006, p. 128), "ao longo de todo o império observamos a total precariedade como foram instaladas as cadeiras de instrução elementar." O que demonstra, conforme a autora, possibilidades de "problematizar tensões frequentes entre a crença na educação como produtora de civilidades e a concretização de medidas que a efetivassem." (2006, p.128) Na década de 1870 os vereadores reclamariam a necessidade de investimentos por parte do governo como também das famílias na instrução primária. "O ensino da instrução primaria neste município continua dependente de melhoramentos que devem portar de uma lei que reprima a indolência dos máos discípulos, e o pouco cuidado dos pais em só submeter a senda da boa educação" (CMS. COR. 07 – Folha 6, 06/08/1870).

Outro problema apontado no percurso de tirar a "mocidade da obscuridade" era o descompasso da fiscalização das escolas existentes. A Lei de 1º de outubro de 1828 incumbia as câmaras municipais de promover e fiscalizar o ensino. Alunos, fiscais, delegados, inspetores, professores, famílias, as construções destinadas para o ensino, eram itens a serem investigados e avaliados. Na província mineira, criou-se em 1843 a Diretoria de Instrução Pública, a qual passou a ser responsável pelo controle das questões ligadas à instrução. Um exemplo de como a câmara procedia a essa fiscalização é o ofício que foi dirigido ao governo provincial em 1850, reclamando da ausência do delegado do círculo literário ao qual pertencia o município. Foi atribuída a este a responsabilidade pelo estado ruim da instrução primária local.

> A Câmara Municipal de Sabará presenciando o lastimoso estado em que se acha a Instrução primaria nesta Cidade, e conhecendo que é ele devido ao Delegado do 3º Circulo Literário, que não cumpre suas obrigações visitando as escolas, resolveu dirigir-se a S Exc.ª. pedindo providências sobre o objeto, certa de que S Exc.ª tomará na devida consideração hum negocio tão transcendente (CMS COR 003 – Folha 204, 11/01/1850).

Conforme David (2008), foi a partir do Regulamento nº 62, de 1872, que o processo de fiscalização dos espaços escolares foi mais explicitado. Conforme a autora, os fiscais deveriam observar a metodologia do trabalho do professor, a sua reputação, o esmero no desenvolvimento do trabalho, além de

> [...] observar a capacidade das casas das escolas e suas condições de higiene; saber o número de alunos matriculados e a frequência média das escolas

> comprovando a exatidão dos mapas apresentados; constatar o aproveitamento dos alunos; conferir se os livros de matrícula, pontos, exames e mobília da escola estavam devidamente preenchidos; observar o método e disciplina adotados pelo professor. E, quando passou a existir os conselhos paroquiais deveria presidir o de sua paróquia (DAVID, 2008, p. 70-71).

Podemos perceber com essa discussão elementos importantes da concepção do papel da instrução pensada pelos vereadores. É possível apreender o conhecimento dos sujeitos envolvidos no processo de administrar o município, a noção sobre suas obrigações legais e a importância que atribuíam à instrução para que colaborasse no desenvolvimento do seu município. Ajuda-nos a compreender essa ambiência na localidade a análise de Mattos (1987), quando diz que:

> Nas falas daqueles que se mostravam orgulhosos de uma posição, cada vez mais ocupavam lugar de destaque termos como Civilização, Utilidade, Luzes, Associação, Razão e Progresso, como se eles tivessem ganho importância em função primordialmente da trajetória que percorriam e que, sem dúvida, também traçavam, e não tivessem sido tomados de empréstimo às 'nações industriosas da Europa', que trilhavam um caminho diverso (MATTOS, 1987, p. 14)

Nos encaminhamentos finais deste texto, pode-se dizer que essa dinâmica administrativa insere-se num movimento de valorização da instrução como aporte de pressupostos de uma modernidade aspirada em que a preocupação em civilizar hábitos e costumes foi uma das chaves de interpretação, a qual poderia conduzir ao progresso tão sonhado. O vocábulo "instrução" adquire progressivamente uma força que não cabe só ao ambiente escolar. A própria ação da câmara é um espaço instrutivo. A ela, sujeitos das mais diversas ordens recorriam, na tentativa de resolverem problemas e requererem seus direitos, cobrando a intervenção da administração municipal.

Esbocei aqui um pouco do que circulava na Câmara Municipal de Sabará nos Oitocentos sobre a instrução no município. Esses indícios têm colaborado para ampliarmos nosso conhecimento sobre a participação dos municípios mineiros no século XIX no debate educacional. O grupo de vereadores, com frequência, atribuía a si próprio o "dever" de conduzir o "povo" para um mundo mais ilustrado.

A educação se tornaria, assim, elemento fundamental para propiciar diversos "benefícios à sociedade", principalmente o de combater os "males" que sua ausência poderia causar: ignorância, vícios e desordens, como ficam bem evidenciados no documento já citado, no qual se afirma que com a falta da educação "só se pode alimentar a ignorância, que transmitindo-se de família em família constitui uma geração rude, inepta, e só capaz para fomentar a desordem, e vergonhoso vicio" (SP PP 1/33, Cx. 228, Pac. 18, 13/10/1829).

Na visão dos administradores municipais, por meio da instrução os indivíduos teriam condições para se tornarem "colunas" que viessem a sustentar a "nação" brasileira. Vale considerar que, nesse processo, muitas tensões se fizeram presentes. Muitos desses vereadores olhavam para o município de Sabará, especialmente o núcleo central, como local propício para o desenvolvimento de suas ideias, em que o município era apenas o ponto de partida para galgarem postos mais altos na província ou na Corte.

A instrução assume para esses camararistas, papel relevante para a leitura que tinham do que era necessário para se combater a "ignorância", moldar novos costumes em vestes do mundo "civilizado", a fim de administrar o município, seja pelas obrigações legais, seja pelo interesse em aumentar a "civilização dos povos" e o amor à "Nação" e/ou atender seus desejos pessoais.

FONTES

BRASIL. *Coleção das Leis do Império do Brasil.* Rio de Janeiro: Imprensa Oficial. 1822-1889.

Câmaras Municipais – Sabará: PP 1/33 – Cx.228, 246 – Arquivo Público Mineiro.

Câmaras Municipais: PP 2/5- Cx.01 (1825-1889).

Correspondência Câmara Municipal de Sabará: CMS. COR. 003; CMS. COR. 009; Livros de Atas das Sessões da Câmara: CMS. ATA. 04; CMS. ATA. 05; CMS. ATA. 06; CMS. ATA. 07; CMS. ATA. 08; CMS. ATA. 09 – APM.

MINAS GERAIS. *Coleção de Leis da Assembleia Legislativa da Província de Minas Gerais.* (APM).

Fundo Presidência da Província – PP142, Cx. 02 p.14 doc 3– Arquivo Público Mineiro.

REFERÊNCIAS

BOTO, C. *A escola do homem novo*: entre o iluminismo e a Revolução Francesa. São Paulo: Ed. Universidade Estadual Paulista, 1996.

CARDOSO, T. M. Rolo Fachada Levy. *As luzes da educação*: fundamentos, raízes históricas e prática das Aulas Régias no Rio de Janeiro. 1759-1834. Bragança Paulista: Ed. Universidade de São Francisco, 2002.

DAVID, C. L. *O processo de escolarização em Itabira do Matto Dentro/MG – 1860/1889.* 2008. Dissertação (Mestrado em Educação) – Faculdade de Educação, UFMG, Belo Horizonte, 2008.

FONSECA, M. V. *Pretos, pardos, crioulos e cabras nas escolas mineiras do século XIX*. Tese (Doutorado) – Faculdade de Educação, USP, São Paulo, 2007.

FONSECA, T. N. de L. e. *O ensino Régio na Capitania de Minas Gerais 1772-1814*. Belo Horizonte: Autêntica, 2010.

FONSECA, T. *Letras, ofícios e bons costumes*: civilidade, ordem e sociabilidades na América portuguesa. Belo Horizonte: Autêntica, 2009.

INÁCIO, M. S. *Educação e política em Minas Gerais*: o caso das sociedades políticas, literárias e filantrópicas no período regencial (1831/1840). Tese (Doutorado) – Faculdade de Educação, UFMG, Belo Horizonte, 2010.

INÁCIO, M. S. *O processo de escolarização e o ensino de primeiras letras em Minas Gerais (1825-1852)*. 2003. Dissertação (Mestrado em Educação) – Faculdade de Educação, UFMG, Belo Horizonte, 2003.

LIBBY, D. C. *Transformação e trabalho em uma economia escravista*: Minas Gerais século XIX. São Paulo: Brasiliense, 1988.

MARTINS, M. do C. S.; LIMA, M. A. de C.; SILVA, H. C. C. da. População de Minas de Gerais na segunda metade do séc. XIX: novas evidências. In: SEMINÁRIO SOBRE A ECONOMIA MINEIRA, 10, 2002. Diamantina. *Anais do X Seminário sobre Economia Mineira*. Disponível em: <http://www.cedeplar.ufmg.br>. Consultado em: 18/04/2011.

MATTOS, I. R. *O tempo saquarema*: a formação do estado imperial. São Paulo: HUCITEC; [Brasília, DF]: INL, 1987. (Estudos Históricos).

MIZUTA, C. M. A educação no processo de organização e consolidação do império do Brasil: o pensamento de Bernardo Pereira de Vasconcellos (1795-1850). In: MIZUTA, Celina Midori; FARIA FILHO, Luciano Mendes de; PERIOTTO, Marcília Rosa (Org.). *Império em debate*: imprensa e educação no Brasil oitocentista. Maringá: Eduem, 2010. p. 67-89.

NASCIMENTO, C. V. Caminhos da docência: trajetórias de mulheres professoras em Sabará – Minas Gerais (1830-1904). Tese (Doutorado) – Faculdade de Educação, UFMG, Belo Horizonte, 2011.

SALES, Z. E .S. de. *O Conselho Geral da Província e a Política de Instrução Pública em Minas Gerais (1825-1835).* 2005. Dissertação (Mestrado em Educação) – Faculdade de Educação, UFMG. Belo Horizonte, 2005.

SANTOS, M. L. *Educação, assistência e sociabilidade*: o governo dos pobres em Sabará/MG (1832-1860). 2007. Dissertação (Mestrado em Educação) – Faculdade de Educação, UFMG, Belo Horizonte, 2007.

VASCONCELOS, B. P. de. Carta aos senhores eleitores da província de Minas Gerais. In: VASCONCELOS, B. P. de. *Bernardo Pereira de Vasconcelos.* Organização e introdução: José Murilo de Carvalho. São Paulo: Ed. 34, 1999. p. 58-191.

VEIGA, C. G. *História da educação.* São Paulo: Ática, 2007.

VEIGA, C. G. Educação e identidade nacional no século XIX. In: ROCHA, Heloisa Helena Pimenta. *Personagens, estratégias e saberes na construção da escola brasileira (séculos XIX e XX).* Bragança Paulista: Ed. Universitária São Francisco, 2006. p. 113-138. (Estudos CDAPH; Série historiografia).

Modernidade pedagógica e formação docente na história da educação de Minas Gerais: registros materiais do movimento pela Escola Nova preservados no Museu da Escola "Professora Ana Maria Casasanta Peixoto"

Nelma Marçal Lacerda Fonseca

> *[...] e entramos no belo prédio da antiga Secretaria de Educação, onde existe o mais comovente museu sobre a escola pública do princípio do século... Aquelas carteiras de madeira, os tinteiros, os cadernos Avante e Companheiro, as gravuras com a menina Lili, a propaganda educacional do Estado Novo [...]*

A epígrafe acima é parte de uma crônica do poeta e escritor Affonso Romano de S'Antana, publicada no jornal *O Globo*, 2º caderno, em 21 de maio de 1996, após uma visita ao Museu da Escola,[1] naquela época, situado no prédio sede da Secretaria de Estado de Educação, na Praça da Liberdade, em Belo Horizonte.

O Museu da Escola é justamente o lugar de onde eu falo, e parte de seu acervo, entre os quais os citados por Affonso Romano, são testemunhos do período histórico

---

[1] Criado, em 1994, pela Secretaria de Estado de Educação como Centro de Memória da Educação, no projeto do Centro de Referência do Professor que foi extinto em 2007. Em 2011, o Museu da Escola foi transferido para o bairro Gameleira, incorporado à Magistra; em fevereiro de 2012, foi renomeado como Museu da Escola "Professora Ana Maria Casasanta Peixoto", homenagem à sua fundadora, falecida em 2008.

da educação em Minas Gerais que trato neste artigo, no qual busco enfatizar aspectos da modernização do ensino público mineiro, em especial, no campo da formação de professores, no período entre 1927/1929.

O acervo de seis mil peças do Museu preserva a memória educacional de Minas Gerais, oferece fontes para a pesquisa e possibilita a realização de exposições de longa duração e temáticas, como a atual, intitulada "Era uma vez uma escola". Essa mostra apresenta salas de aula que remontam ao passado escolar de diferentes períodos da educação mineira. Junto à representação espacial e temporal das salas de aula, a exposição tem por objetivo apontar como as reformas educacionais e as mudanças que pretendiam operar no interior das escolas estiverem sempre ligadas à formação dos professores mineiros.

A museografia[2] adotada nessa exposição, um tanto teatralizada, mas baseada em estudos e pesquisas, possibilita a reconstituição de ambientes escolares, permitindo ao público visitante aproximar-se "do que pode ter sido" uma sala de aula em tempos passados. A primeira sala remonta a 1906 e refere-se à criação do Grupo Escolar em Belo Horizonte, dispositivo que introduzia a modernidade no ensino público mineiro. Nessa representação museográfica, vê-se o destaque para a mesa do professor no alto do tablado, as carteiras de madeira e pés de ferro presas ao chão, o quadro negro onde a lição era escrita, cantada e copiada, o ábaco de madeira desbotado pelo tempo. Na sequência, o período retratado entre 1926/1930 reconstitui uma sala de aula conhecida como "da Escola Nova": não mais o tablado que elevava e distanciava o professor, não mais a palmatória, nem a orelha de burro, as ameaças, os temidos castigos, físico e moral. Um grande cartaz do pré-livro da Lili registra uma das maiores inovações pedagógicas do período – o Método Global de Contos que substituiu as cartilhas na alfabetização das crianças. Enfim, uma sala de aula "risonha e franca",[3] colorida, com apelo para o coletivo visível pela disposição das mesinhas

[2] Verona Campos Segantini, doutoranda e professora da Escola de Belas Artes da UFMG, foi responsável pela museografia.

[3] Expressão apropriada por Carlos Drumond de Andrade (1902-1987) ao referir-se às transformações ocorridas na escola pública em Belo Horizonte após a criação da Escola de Aperfeiçoamento. Ver Andrade (1987). A expressão "escola risonha e franca" foi cunhada num poema pelo jornalista e poeta português Acácio Graciano Antunes Brás, fazendo referência aos anos 1940/1950, quando era comum o uso da expressão "escola risonha e franca" para discriminar o ensino feito com certa liberalidade e menos sujeito às regras disciplinares da época, como a formação militar no pátio, antes de entrar na sala de aula, a obrigação de levantar-se

que substituíam as pesadas carteiras. Visível também a preocupação com a ergonomia que surgia no mobiliário escolar, garantindo o conforto dos alunos que deviam ter boa postura. À vista muitos objetos pedagógicos próprios dos novos métodos de ensino-aprendizagem, dos testes advindos da psicologia aplicada, testemunhos de uma nova era na educação, baseada no tripé bio-psico-social, em que a criança era o centro do processo educativo.

Em outro ambiente recriado, dando um salto no tempo, a sala de aula inspirada no Programa de Assistência Brasileiro-Americana à Educação Elementar (PABAEE), o convênio assinado, em 1957, entre o Brasil e os Estados Unidos para cooperação técnica visando à formação de professores, tendo a coordenação central fixada em Minas Gerais.

Essa cultura material escolar sob a guarda do Museu é complementada pelos depoimentos gravados no Programa de História Oral, uma das vertentes do trabalho no Museu. Esse programa deu voz a antigos professores, autoridades e personalidades ligadas à educação mineira, atribuindo significado e movimento ao acervo ali preservado, ampliando as fontes históricas disponíveis aos pesquisadores da História da Educação.

O trabalho que desenvolvi no Museu ao longo de quase duas décadas levou-me ao mestrado, período em que realizei investigação tendo como fonte um extenso acervo particular doado ao Museu que, organizado em função da pesquisa, veio a constituir o Arquivo Alda Lodi, personagem central do estudo. O arquivo é composto por um conjunto diversificado de documentos e uma biblioteca com cerca de três mil livros. São documentos relativos à sua carreira docente e administrativa; correspondência privada e de cunho institucional; agendas diversas; cadernetas de anotações; boletos bancários e contracheques; planos de aulas, cadernos, exercícios e provas de alunas; textos manuscritos e discursos; recortes e exemplares de jornais e revistas nacionais e estrangeiras; álbuns fotográficos, diplomas e condecorações; itens ligados à sua fé católica; e uma grande coleção de receitas culinárias. Essa diversidade da documentação possibilitou-me perceber Alda Lodi em diferenciados papéis: a aluna, a docente, a educadora, a administradora pública e a mulher. Embora seu arquivo revele mais sobre os aspectos profissionais de sua trajetória, a questão de gênero, latente em estudos de trajetória, levou-me a estudos relacionados.

---

da carteira à entrada de um professor e não se sentar antes de receber autorização. Ver: Blogspot Poesia, de Aníbal José de Matos, jornalista de Figueira da Foz, Portugal.

Os documentos deixados pela professora são reveladores de seu protagonismo na educação em Minas Gerais, que se estendeu a outros estados brasileiros onde foi chamada a contribuir. Ao guardar essa "escrita de si" (MIGNOT; CUNHA, 2006), a professora Alda possibilitou o conhecimento de aspectos importantes de sua trajetória de formação e atuação, aspectos estes que se misturam à própria história do ensino público mineiro, uma história datada.

BELO HORIZONTE, AGOSTO DE 1927

Uma comissão de professoras selecionadas pelo governo mineiro embarcava para o Rio de Janeiro onde pegaria o vapor para Nova Iorque, EUA, com a missão de cursar especialização no *Teacher´s College*, da Universidade de Colúmbia. Alda Lodi, com 29 anos, professora nomeada e com bastante experiência no ensino primário, integrava o grupo. Em Minas Gerais, estava em andamento a Reforma Francisco Campos[4] – Mário Casasanta,[5] ao patrocinar essa viagem de estudos, colocava em prática uma importante medida no campo da formação docente: preparar uma elite de professores para reformar o ensino público no Estado (FONSECA, 2010).

A escolha das professoras para estudar no *Teacher's College* foi delegada por Francisco Campos à Diretora da Escola Normal Modelo, Ignácia Ferreira Guimarães, logo após o Primeiro Congresso de Instrução Primária, ocorrido em Belo Horizonte, em maio de 1927. Nesse evento, uma das teses discutidas havia sido a conveniência ou não de o governo enviar professores para estudar no exterior. Esta foi uma das discussões mais polêmicas do congresso, gerando debates controversos e apresentação de muitas emendas. Em plenário, os congressistas delegaram ao próprio governo essa decisão, o que parece ter favorecido ao Secretário Francisco Campos levar a termo suas pretensões nessa matéria (FONSECA, 2010). A respeito da seleção das professoras para estudar em Nova Iorque, Prates (1989, p. 94) esclarece:

---

[4] Francisco Luiz da Silva Campos (1891-1968) havia assumido a Secretaria dos Negócios do Interior e Justiça, no governo do Presidente Antônio Carlos Ribeiro de Andrada (1870-1946), cuja plataforma incluía profundas mudanças na administração do Estado de Minas Gerais, com ênfase na educação.

[5] Mário Casasanta (1898-1963), Diretor da Instrução Pública na Secretaria do Interior, assumiu a execução da reforma educacional em questão.

> Em 1927, o professor Kendall, da Universidade de Colúmbia, famoso por suas obras em Educação Comparada, estando em Belo Horizonte, ofereceu a D. Ignácia Ferreira Guimarães uma bolsa de estudos naquela Universidade. Interessada em ir, D. Ignácia procurou Francisco Campos, solicitando-lhe licença remunerada para seu afastamento. O Secretário prometeu-lhe não só a licença remunerada, mas também, pagar-lhe as passagens de ida e volta, desde que ela conseguisse levar consigo outros professores. Entrando em acordo de que esses professores fossem da escolha pessoal de D. Ignácia, formou-se a equipe para ir à Colúmbia.

Da Escola Normal Modelo, Ignácia Guimarães escolheu Alda Lodi,[6] professora das Classes Anexas; do Grupo Escolar Silviano Brandão, a vice-diretora Amélia de Castro Monteiro; e do Grupo Escolar Barão do Rio Branco, duas professoras, Benedicta Valladares Ribeiro e Lúcia Schmidt Monteiro de Castro. No embarque das professoras para o Rio de Janeiro, a despedida de Francisco Campos teve uma recomendação que soou como uma ordem: *Não quero títulos de nenhuma natureza, nem certificados, nem diplomas, nem atestados. Venham preparadas* (PRATES, 1989, p. 96). Essa preocupação do Secretário com o preparo das professoras tinha um motivo estratégico: ao retornarem de Nova Iorque, deveriam compor o núcleo fundador da Escola de Aperfeiçoamento a ser instalada em 1929. Essa instituição, que seria um dos marcos de sua reforma, teria por base as ideias do movimento escolanovista e seria responsável pelo aperfeiçoamento dos professores que se destacassem como os melhores em todo o Estado e comprovassem efetivo exercício de dois anos no magistério mineiro.

A seleção da professora Alda, para compor a comissão de estudos, levou-me a refletir sobre a possível influência de sua família, que pertencia à elite mineira. Ao lado disso, analisar a trajetória de formação inicial da professora teve um peso importante pelo que ficou evidente. A pasta de matrícula de Alda e os livros de registros pesquisados no Arquivo Geral do Instituto de Educação de Minas Gerais guardam os documentos referentes à sua entrada na Escola Normal da Capital, em 1912, aos 13 anos e 5 meses. Tais registros apresentam os conceitos relativos ao seu desempenho como aluna vocacionada ao magistério, apontando que se destacava entre as melhores e mais dedicadas aos estudos, especialmente, em Aritmética, Geometria e Música.

---

[6] Uma certidão expedida pela Secretaria das Finanças de Minas Gerais/Departamento de Contagem de Tempo comprova sua designação para o curso nos Estados Unidos, com direito aos vencimentos integrais.

A Escola Normal Modelo era um destino previsível para as moças "de sociedade" naquela época, além do casamento que, muitas vezes, era arranjado pela família. As fontes me permitiram observar aspectos da vida da professora Alda de diversos pontos de vista, inclusive o familiar. O arquivo da professora tem muitas cartas entre os membros da família Lodi, dos filhos para os pais, entre os irmãos e parentes, mas, principalmente, dos irmãos para a professora. A análise da correspondência de cunho mais íntimo entre eles não revela preocupação com a questão do casamento e, sim, a ênfase e uma certa pressão para os estudos e encaminhamento profissional de Alda e suas três irmãs (2010, p. 65).

As fontes do arquivo dão conta de que, ao final de 1915, forma-se normalista, no ano seguinte inicia sua carreira docente na mesma instituição, sendo *admitida no Grupo Escolar anexo à Escola Normal Modelo, da Capital, como professôra contratada*, conforme seu histórico profissional registrado no documento de contagem de tempo de serviço. Contei no arquivo 14 documentos oficiais em papel timbrado do Palácio da Presidência de Minas Gerais, da Secretaria do Interior e da Secretaria de Educação e Saúde Pública, assinados por autoridades do governo de Minas Gerais, em diversos períodos da carreira docente e administrativa de Alda Lodi. São documentos assinados por Fernando de Mello Vianna, Antônio Carlos Ribeiro de Andrada, Francisco Campos, Olegário Maciel, Juscelino Kubitscheck e Tancredo de Almeida Neves. Observei que são documentos originais, alguns muito bem conservados, guardados em pastas que a família Lodi me enviou mais tarde e, mesmo os que estavam no porão da casa, escaparam da deterioração, o que pode indicar que havia preocupação com sua preservação (2010, p. 64).

Uma questão que destaquei em minhas análises foi o fato de o governo mineiro decidir enviar uma comissão de estudos ao exterior formada somente por mulheres: três professoras primárias, uma vice-diretora de Grupo Escolar e a Diretora do Curso Normal. Procurei observar esse fato em relação ao que ocorreu em outros estados brasileiros que, ao enviarem educadores em visitas ou períodos de estudos no exterior, selecionavam homens, quase sempre autoridades ligadas ao governo ou figuras de destaque no cenário educacional do Brasil. Assim ocorreu com Anísio Teixeira, que viajou aos Estados Unidos, em 1927, comissionado pelo governo da Bahia (NUNES, 2000, p. 143), e com Lourenço Filho, Delgado de Carvalho e Carneiro Leão, em 1935 (WARDE, 2003, p. 126), entre outros personagens partícipes de reformas educacionais que ocorriam em diversos estados brasileiros, no período.

A investigação que realizei no mestrado[7] levou-me à análise da biografia de Alda Lodi,[8] da trajetória e ascensão social de sua família, de seus estudos iniciais, sua seleção para a viagem acadêmica, bem como os estudos feitos em Nova Iorque e os usos que fez dos conhecimentos adquiridos no *Teacher's College*, em seu retorno ao Brasil. O objeto de estudo foi centrado em sua trajetória de formação e atuação, levando em conta a longa duração de sua vida profissional de mais de 70 anos no magistério mineiro, entre a docência em diversos níveis de ensino e as funções administrativas que exerceu.

Analisar os documentos selecionados no Arquivo Alda Lodi contribuiu para a compreensão não somente de sua experiência de formação no *Teacher's College*, mas também o investimento feito pelo governo mineiro para modernizar o ensino público, apostando na qualidade da formação de seus professores.

TEACHER'S COLLEGE, COLUMBIA UNIVERSITY, NEW YORK/USA: O CURRÍCULO CURSADO E O DIÁRIO DE ANOTAÇÕES DAS AULAS

O Colégio de Professores americano, visto como centro de excelência na formação docente, no período, irradiador de novos paradigmas educacionais, recebia estudantes enviados por governos de várias partes do mundo. A ideia dos reformadores mineiros era que as professoras trouxessem ideias e metodologias modernas para transformar a educação no Estado em todos os seus aspectos, tanto no ensino da leitura e da escrita, quanto na aprendizagem da aritmética, da geografia, da história e também na socialização das crianças, com base no movimento iniciado por importantes educadores e teóricos da Europa e Estados Unidos, como John Dewey, Edouard Claparède, Ovídio Decroly, entre outros. Esse movimento ficou mundialmente conhecido como Escola Nova, mas também Escola Ativa, Escola Progressista ou ainda Escola do Trabalho.

---

[7] Dissertação intitulada *Alda Lodi, entre Belo Horizonte e Nova Iorque: um estudo sobre formação e atuação docentes 1912/1932*, defendida em 2010, na FAE/UFMG sob a orientação do Prof. Dr. Luciano Mendes de Faria Filho e co-orientação da Profa. Dra. Maria Laura Magalhães Gomes.

[8] Alda Lodi nasceu em Belo Horizonte, em 17 de dezembro de 1898. Filha de Luiggi Lodi e Annunciata Mora Lodi, ambos naturais da Itália, da região de Reggio Emilia, imigrantes que chegaram ao Brasil no final do século XIX.

Em meio aos documentos da professora Alda, encontrei diversas cópias de seu currículo datilografado, corrigido e complementado com informações escritas à mão por ela, com destaque para as disciplinas cursadas no *Teacher's College*, que teve ênfase na Metodologia da Aritmética:

> Phylosophy of Educacion (2 cursos); Educational Psycholohy (2 cursos); Technique of Teaching; Training School Problems; Reconstruction of the Elementary Curriculum; American Education; Demonstration School; Teaching in Elementary Schools; Activities in Primary Grades; Teaching in Primary Grades; Primary Schools; Schools Library; Teaching Appreciation thru Music/Literature and Art; Teaching of Arithmetic (2 cursos); Advanced Course in Teaching Arithmetic; Modern Business Arithmetic; Laboratory Exercises in Junior High School Mathematic; Recent Movements in American Education; 3 cursos de Língua Inglesa.

O conteúdo das aulas, em algumas dessas disciplinas, foi possível conhecer com detalhes, porque entre seus pertences encontrei um documento que teve centralidade na investigação – o diário de anotações das aulas no *Teacher's College*, referente aos últimos meses do curso. Encontrar esse diário[9] foi muito importante por ser um documento que retrata a dinâmica do curso, informa sobre as disciplinas do último semestre, seus professores e os temas das aulas. Nessa perspectiva, o diário foi um dos documentos de maior interesse histórico do arquivo da professora, mas um dos de maior complexidade, tanto pelo que contém de elementos para a compreensão do repertório educacional norte-americano do período, quanto pela dificuldade que apresentou para análise, dadas as condições em que tais registros foram feitos. Explicando melhor: a professora Alda fez os registros em inglês, língua que não dominava completamente,[10] agravado pela rapidez com que escrevia enquanto o professor falava, quem sabe sem usar recursos como escrever em um quadro, de modo que ela pudesse ir anotando com mais vagar. Isso resultou em algumas lacunas nos registros,

---

[9] O diário encontrado refere-se ao último semestre do curso, entre fevereiro e maio de 1929. De acordo com o que percebi ser uma prática da professora Alda, de fazer sistematicamente registros de suas atividades, creio que existiam outros diários ou cadernos de anotações dos outros semestres, mas não foram encontrados em meio aos documentos que o Museu recebeu e nem pelos familiares aos quais comuniquei o fato.

[10] São muitas as evidências de que a professora não tinha o domínio completo do idioma inglês, naquele momento, como grafia equivocada de palavras, estrutura das frases e concordância.

evidenciando que não lhe foi possível anotar completamente o que o professor dizia sobre o tema tratado. Outra questão, o fato de a professora abreviar muitas palavras, uma forma usual e constante nos planejamentos e manuscritos de seu arquivo. O mau estado de conservação do diário pela ação das traças foi outra dificuldade na tradução, sendo necessário elaborar um léxico para orientar meu trabalho e também uma legenda para favorecer a leitura e a interpretação dos registros. Assim, foi preciso criar símbolos informando quando há dificuldade de compreensão devido a uma perda de palavras por efeito de traças, por excesso de abreviaturas, ou ainda quando a grafia da palavra podia estar errada, quando então trabalhei por inferência no contexto da frase e da ideia ali implícita. Mas, apesar dessas dificuldades, o diário foi fundamental na compreensão de parte do curso, das disciplinas, temas e assuntos trabalhados pelos professores com os quais Alda conviveu no último semestre. Isso me levou a considerá-lo um dos "achados" de maior relevância no arquivo, por ser um documento original, contendo registros de próprio punho da professora, trazendo elementos fundamentais à compreensão dos pressupostos da educação nova, dos paradigmas que embasaram os movimentos renovadores no campo da educação no período, que se espraiaram pelos Estados Unidos e Europa, alcançando o Brasil.

A tarefa de problematizar o conteúdo do diário foi bastante complexa. Fiz inúmeras leituras tentando encontrar um caminho viável para operar com aqueles registros, torná-los inteligíveis, o que me levou a um vai e vem de ensaios e tentativas. Uma primeira providência foi extrair dos registros quais foram os cursos que Alda frequentou, com os respectivos professores, bem como os temas e assuntos tratados nas aulas registradas.[11] Ao mesmo tempo, fiz o que chamei de "inventário" do diário – um levantamento dos temas, expressões, palavras-chaves, eventos e atividades realizadas, com o objetivo principal de eleger questões para análise, nas quais pudesse investir para dar inteligibilidade àquelas anotações. Para me certificar das informações sobre seus professores, foi necessária uma pesquisa para checar seus nomes, uma vez que Alda abreviou alguns ou não registrou seus sobrenomes. Essa checagem fiz nos próprios livros da biblioteca da professora, nas publicações da Universidade

---

[11] Alda retornou a Belo Horizonte em agosto de 1929; sobre os meses de junho e julho em que permaneceu nos Estados Unidos não encontrei registros de estudos ou atividades que ela tenha realizado ou o que tenha feito em Nova Iorque nesses dois meses, em um deles, provavelmente, a professora poderia estar em período de férias.

de Colúmbia, em publicações específicas do *Teacher's College*, nos *sites* dessas instituições e de instituições afins.[12]

Figura 1.

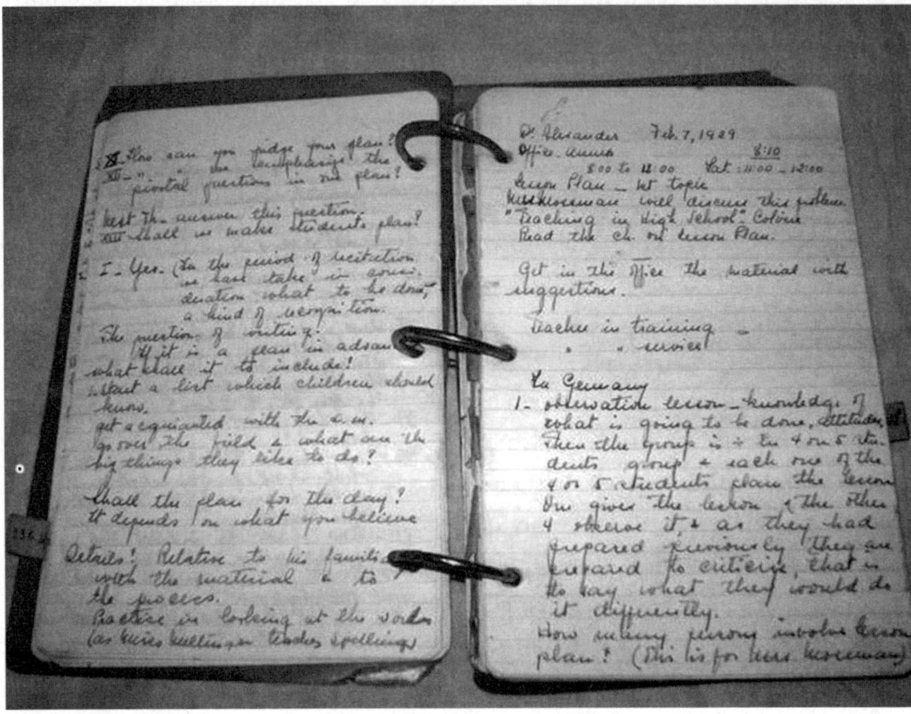

No diário, identifiquei os quatro cursos frequentados pela professora no último semestre cursado em 1929, destacando alguns dos temas trabalhados por seus professores, figuras importantes no cenário da educação norte-americana, sobre os quais pesquisei no *site* da Universidade de Colúmbia, na galeria dedicada aos antigos docentes:

[12] Utilizei alguns exemplares do livro do ano da *National Society for the study of Education*, entre os anos de 1926 e 1929.

- Treinamento de Professores – Dr. Thomaz Alexsander,[13] Professor de Observação e Demonstração: os princípios da atividade docente, a personalidade do professor, a elaboração e execução do plano de aula.
- Técnica do Ensino – Dr. William Chandler Bagley,[14] Professor de Educação: princípios, padrões e procedimentos de ensino, contribuições da psicologia no ensino, tipos de habilidades no ensino.
- Metodologia da Arithmética – Professor Upton:[15] Arithmética na Escola Normal, supervisão de Arithmética nas séries, testes em Arithmética, solução de problemas, frações.
- Filosofia da Educação – William Heard Kilpatrick,[16] Professor de Educação: ciência, funções do conhecimento e da educação, aprendizagem, cultura, comportamento, atitudes, experiência, hábito, personalidade do professor. (Diário Alda Lodi, 1929. Arquivo Alda Lodi/Museu da Escola de Minas Gerais)

BELO HORIZONTE, AGOSTO DE 1929

O retorno de Alda Lodi, após dois anos completos de estudos em Nova Iorque, é marcado por uma profunda mudança em sua carreira docente – viajou como professora primária e retornou como formadora de professores, assumindo a disciplina

[13] Thomas Alexsander era integrante do Instituto Internacional de Educação, do *Teacher's College*, que visava atender aos alunos estrangeiros, estudar a educação de outros países e publicar esses estudos. Em 1929, Alexsander escreveu sobre o treinamento de professores elementares na Alemanha pelo Birô do Instituto Internacional.

[14] Bagley, formado em Psicologia, escreveu *O processo educativo* (1905), livro que o tornou conhecido; trabalhou pela introdução da Psicologia Educacional na formação de professores; considerado a maior autoridade no ensino normal dos EUA, no período.

[15] Clifford B. Upton, professor do TC, escreveu em 1939 o livro *Social Utility Arithmetics*, propondo nova abordagem na aplicação de problemas aritméticos às crianças.

[16] William Heard Kilpatrick (1871-1954), filósofo da educação progressiva, pós-graduado em matemática. Foi discípulo de John Dewey no *Teacher's College* e intérprete de sua obra; é considerado um dos mais destacados pedagogos contemporâneos. Trabalhou no TC como professor de Filosofia da Educação no período de 1912 a 1937. Foi o idealizador do método de projetos, um procedimento didático direcionado para a aplicação da filosofia educacional de Dewey baseado na abordagem centrada na criança. Teve uma ascensão rápida por ter publicado, em 1918, o artigo "O Método Projeto", no *Teacher's College Record*, um *best seller* entre os educadores americanos, divulgado amplamente em vários outros países.

Metodologia da Aritmética e a organização da biblioteca na recém-criada Escola de Aperfeiçoamento. Mais tarde assumiu outras disciplinas e foi Diretora das Classes Anexas a esta instituição.

Um aspecto interessante no estudo foi a possibilidade do cruzamento de fontes no próprio arquivo: há diversos registros que comprovam como a professora Alda se apropriou dos conhecimentos adquiridos no *Teacher's College* e como os aplicou no exercício da docência. Isso se percebe por meio dos inúmeros planejamentos de aulas e trabalhos propostos às alunas da Escola de Aperfeiçoamento. São vários cadernos, monografias, exercícios e provas de alunas que guardou cuidadosamente, registros históricos que permaneceram intactos apesar do desgaste do tempo e das condições precárias em que ficaram, por décadas, no porão da casa da professora.

Essa investigação levou-me a considerar que a Reforma Francisco Campos significou um "divisor de águas" na carreira docente de Alda Lodi, tanto pela oportunidade dos estudos no exterior, quanto pelo que este fato representou em sua vida profissional e em sua ascensão como autoridade no campo da educação em Minas Gerais. Essa reforma movimentou o círculo educacional de Minas, envolveu a sociedade, os educadores e as autoridades; formou comissões e possibilitou viagens, em sentidos e direções diversas, que se pode dizer de "mão dupla": uma delas, para fora do Brasil, a viagem de estudos das professoras mineiras aos Estados Unidos; outra, trazendo para Minas Gerais a equipe que ficou conhecida como Missão Europeia,[17] constituída por educadores europeus de renome, como Helena Antipoff, figura importante do núcleo fundador da Escola de Aperfeiçoamento onde criou o Laboratório de Psicologia.

Na investigação empreendida, organizar, catalogar e analisar os documentos do Arquivo Alda Lodi, bem como sua biblioteca, levou-me a diversas considerações sobre a importância desse legado para a compreensão de uma parte significativa da história do ensino mineiro. O acervo pode ser entendido como um mapa que contempla outros períodos da história da educação mineira, uma vez que a professora, nascida ao final do século XIX, atuou até 1987, quando se aposentou como Diretora do Instituto de Educação de Minas Gerais. Atuou também em instituições diversas

[17] Em 1928, Francisco Campos enviou à Europa seu irmão, Alberto Álvares da Silva, com a missão de convidar Edouard Claparède e outros educadores europeus para trabalharem pela educação em Minas Gerais. Claparède, não podendo aceitar, indicou o nome de sua colaboradora Helena Antipoff.

em Belo Horizonte, entre tantas, integrou o núcleo fundador da Faculdade de Filosofia da UFMG, hoje, Faculdade de Filosofia, Ciências e História - FAFICH.

Ao encerrar este artigo, reafirmo o potencial para os estudos historiográficos oferecido pelo Arquivo Alda Lodi, sob a guarda do Museu da Escola, um museu que pensa a escola na medida em que ao preservar o passado favorece a compreensão do presente, oferece lições e prenuncia as necessárias e possíveis transformações na educação escolar exigidas na atualidade.

REFERÊNCIAS

ANDRADE, Carlos Drumond de. *Crônicas*: 1930-1934. Belo Horizonte: Secretaria de Estado da Cultura de Minas Gerais; Banco de Desenvolvimento, 1987.

FONSECA, Nelma Marçal Lacerda. *Alda Lodi, entre Belo Horizonte e Nova Iorque*: um estudo sobre formação e atuação docentes 1923-1932. Dissertação (Mestrado) - Faculdade de Educação, UFMG, 2010.

MIGNOT, Ana Chrystina Venâncio; CUNHA, Maria Teresa Santos. Razões para guardar: a escrita ordinária em arquivos de professores/as. *Revista Educação em Questão*, Natal, v. 25, n. 11, p. 40-61, jan./abr. 2006.

PRATES, Maria Helena de Oliveira. *A introdução Oficial do Movimento de Escola Nova no Ensino Público de Minas Gerais*: a escola de aperfeiçoamento. Dissertação (Mestrado) - Faculdade de Educação, UFMG, 1989.

WARDE, Mirian Jorge. O itinerário de formação de Lourenço Filho por descomparação. *Revista Brasileira de História da Educação*, n. 5, p. 125-167, jan./jun. 2003.

Modernizando "o arcaico": discursos sobre a formação de professores para o meio rural (anos 1950)

Elaine Aparecida Teixeira Pereira

Este trabalho analisa discursos relacionados à formação de professores para as escolas primárias das zonas rurais produzidos na década de 1950, particularmente gestados no contexto do Projeto de Reconstrução Educacional de Anísio Teixeira na direção do Instituto Nacional de Estudos Pedagógicos (Inep).

Fundado em 1938 como órgão de documentação, pesquisa e divulgação, o Inep influenciou os debates e os rumos da educação no país, sendo também responsável *pela Revista Brasileira de Estudos Pedagógicos (Rbep)*, periódico de visibilidade no campo, além de lócus de circulação de projetos de educação. De acordo com Britto (2008), enquanto esteve sob a direção de Lourenço Filho (1938-1945) e Murilo Braga (1946-1952), o Inep assumiu uma abordagem "intrinsecamente pedagógica". Já a partir de 1952, sob a condução de Anísio Teixeira, é efetivado um "redimensionamento do programa de pesquisas, em nível nacional, o que se foi concretizando mais tarde com a implantação da rede composta pelo Centro Brasileiro e Centros Regionais de Pesquisas Educacionais" (BRITTO, 2008, p. 35).

A presença da pesquisa socioeducacional atendia ao objetivo de diagnosticar as necessidades brasileiras por meio da investigação da sociedade a partir de conceitos e métodos das Ciências Sociais aplicadas à educação, visando ao planejamento e à implementação de ações. Aí se insere a Campanha de Inquéritos e Levantamentos do Ensino Médio e Elementar (Cileme), instalada pelo Inep em 1953 como uma "série de estudos expositivos e interpretativos da organização e da extensão dos sistemas educacionais dos Estados brasileiros" (TEIXEIRA *apud* MOREIRA, 1954, s. p.).

É neste contexto de pesquisa, planejamento e gestão de políticas para a educação que se situa o debate relacionado à formação de professores para as escolas rurais aqui analisado. Como fontes são utilizadas as obras *A educação em Santa Catarina: sinopse apreciativa sobre a administração, as origens e a difusão de um sistema estadual de educação* (1954) e *A escola elementar e a formação do professor primário no Rio Grande do Sul* (1955), escritas por João Roberto Moreira no âmbito da Cileme; além de artigos deste e de outros intelectuais, como Lourenço Filho e Abgar Renault, publicados na *Rbep*. Eleitos por trazerem vestígios de projetos de sociedade, educação e formação de professores, procurou-se olhar os discursos a partir de seu lugar de produção, uma vez que os significados estão inseridos em contextos e campos específicos e têm relação direta com estes (VIEIRA, 2008; BOURDIEU, 1990; SKINNER, 1996), algo fundamental de ser considerado na análise.

Nos anos 1950, a "questão rural" emergia nas falas dos intelectuais como problema que clamava urgência de ações. As condições precárias das escolas primárias e da formação dos professores das zonas rurais pareciam se colocar como desafio aos projetos de modernização e desenvolvimento do país, uma vez que punham em destaque uma situação nada afinada ao impulso modernizador que o Brasil vivia. Este foi um período no qual a defesa da necessária modernização da sociedade, como processo de superação do "tradicional" e do "arcaico", e como projeto que conduziria o país rumo ao desenvolvimento, permeou as políticas no país, com destaque para as relacionadas ao setor educacional.

Pinho (2011) considera que em meados do século XX a educação rural constituiu-se como importante instrumento da política desenvolvimentista brasileira, com a criação de propostas pedagógicas específicas para as escolas primárias rurais, bem como de medidas no que se refere à formação de seus professores. A superação do "atraso" do meio rural no Brasil deveria se dar por meio de uma série de medidas que agissem no sentido de reformar a população e, nessa direção, as muitas pendências em relação à educação rural instigaram discursos gestados pelos intelectuais em cena, como aqueles reunidos no Inep e em torno de Anísio Teixeira.

Os discursos sobre a educação rural também circulavam transnacionalmente, a partir da ação de instituições como a Organização das Nações Unidas para a Educação, a Ciência e a Cultura (Unesco), em debates que traziam os temas da necessidade da "melhoria da educação em diferentes países, a associação entre educação sanitária, a educação agrícola e a educação de adultos" (WERLE, 2007, p. 10). Neste contexto, alguns estudos foram promovidos, como o desenvolvido por Lourenço Filho em 1953 acerca da realidade brasileira e intitulado "Preparação de pessoal docente para escolas primárias rurais", que pode ser relacionado ao encaminhamento da Unesco de que "países em desenvolvimento fizessem um esforço de olhar para as populações rurais, sem condições sanitárias e de educação" (WERLE, 2007, p. 11).

Os intelectuais do período, como grupo dotado de maneiras próprias de se posicionar e perceber o mundo social, colocavam-se em cena buscando ler a sociedade a fim de criar propostas para nela intervirem. Constituídos nas interlocuções com os pares e na atuação pública, produziam seus discursos ancorados na razão e na ciência, motivo pelo qual se coloca a importância de se considerarem os "lugares de enunciação", as "redes de sociabilidade", os "compromissos políticos com as elites ou com aqueles que defendem a subversão do poder" (VIEIRA, 2008, p. 82).

A EDUCAÇÃO RURAL COMO PROBLEMA

A partir de um estudo realizado por solicitação da Unesco, Lourenço Filho publica o trabalho intitulado "Preparação de pessoal docente para escolas primárias rurais",[1] no qual faz considerações sobre a formação de professores e expõe seus problemas e desafios, com destaque para a preparação de docentes para o meio rural. Argumentando que "a formação especializada de mestres rurais, não é senão um dos aspectos desse problema mais amplo" (LOURENÇO FILHO, 1953, p. 61), o qual seria o da formação do magistério primário no país, o autor cita a quantidade de professores improvisados e sem formação atuando nas escolas; a dispersão demográfica de várias regiões brasileiras – dificultando a organização e o funcionamento da rede escolar; a descentralização do ensino – responsável por grandes diferenças entre a situação educacional nos Estados; a inadequação do currículo dos cursos de formação de professores à realidade social – com destaque para os cursos rurais, como impeditivos à boa organização da escola brasileira.

---

[1] O trabalho foi publicado na obra *La Formation Professionnelle du Personnel Enseignant Primaire* (1953), além da *Rbep*. Reeditado pelo Inep em 2011, integra *A formação de professores: da Escola Normal à Escola de Educação*, livro que reúne textos de Lourenço Filho sobre a temática da formação docente.

Não por acaso um estudo sobre a formação de professores foi encomendado a Lourenço Filho, tendo em vista sua aproximação com a temática, bem como a relação entre este e outros intelectuais ligados à educação. Professor e diretor de escola normal, foi também reformador do ensino, diretor do Inep e fundador da *Rbep*. Figurou como importante representante do movimento pela Escola Nova no Brasil, publicando obras como *Introdução ao estudo da Escola Nova* e *Testes ABC*. Nos anos 1950, exerceu o cargo de professor de Psicologia da Educação na Faculdade Nacional de Filosofia (Rio de Janeiro), escreveu a Série de Leitura Graduada Pedrinho e circulou em organizações internacionais como a Unesco.

No trabalho escrito em 1953, o insuficiente desenvolvimento do ensino no meio rural e a enorme desproporção de oportunidades educacionais oferecidas aos habitantes dessas localidades, aquém daquelas a que tinham acesso os moradores de áreas urbanizadas, são denunciados por Lourenço Filho. As escolas normais, como "estabelecimentos até certo ponto satisfatórios para a formação de mestres destinados ao *ensino das cidades*" não correspondiam aos "reclamos do ensino nas escolas rurais". Por não darem o "rendimento pedagógico e social desejado", estas escolas tinham sempre vagas disponíveis, lidando ainda com o problema da evasão escolar (LOURENÇO FILHO, 1953, p. 65).

Também divulgado na *Revista Brasileira de Estudos Pedagógicos*, o texto "A mensagem presidencial de 1952 e a educação" parece exemplificar o lugar estratégico conferido à formação docente. Responsáveis por colocar em prática as reformas educacionais e divulgar ideias e ações relacionadas à construção de um país moderno – por meio de seu trabalho educativo junto aos alunos, suas famílias e comunidade – os professores são aclamados, já que, sem sua "participação ativa" na tradução das "concepções básicas da reforma", todas as tentativas não passariam "de meros acidentes na história da educação de um povo" (A MENSAGEM..., 1952, p. 212).

Para contribuir com a resolução do "grave problema" da educação das massas, além da atenção dada à formação inicial por meio de medidas que tornassem "o ensino normal capaz de influir poderosa e eficazmente na mentalidade dos novos professores" (A MENSAGEM..., 1952, p. 212), são anunciadas alguma ações: organização de guias didáticos para orientação dos docentes, ampliação da rede de escolas normais e primárias (especialmente nas zonas rurais, com a previsão de construção de residências para os professores), realização de cursos de aperfeiçoamento para os profissionais em exercício. Tornar o Brasil moderno e desenvolvido era o objetivo e, para isso, a educação seria central. Importante dar continuidade às iniciativas já implementadas, fortalecê-las, mas também fundamental ampliá-las, criar outras, a fim de que a realidade fosse modificada e que a educação escolar alcançasse toda a população, mesmo a residente nos mais longínquos cantos do Brasil.

João Roberto Moreira, ao produzir *A educação em Santa Catarina: sinopse apreciativa sobre a administração, as origens e a difusão de um sistema estadual de educação*, destaca a existência de "professores provisórios de escolas isoladas, sem formação pedagógica, em proporção que ultrapassa a 50% de todo o magistério primário" dos meios rurais catarinenses (MOREIRA, 1954, p. 86-87). O então técnico do Inep havia atuado em Santa Catarina em diferentes funções ligadas à educação, como diretor de grupo escolar, professor e diretor de curso normal, experiência que fundamenta a citada obra. Como coordenador da Cileme e diretor da Divisão de Estudos e Pesquisas Sociais do Centro Brasileiro de Pesquisas Educacionais, Moreira desenvolveu também outros estudos, como os que tratam da educação no Rio Grande do Sul e no Recife (DANIEL, 2009).

Ao falar sobre *A escola elementar e a formação do professor primário no Rio Grande do Sul*, o autor traz o problema da falta de pessoal habilitado para lecionar nas escolas normais, nas quais costumavam atuar os próprios professores primários. Além disso, os cursos normais não estavam conseguindo formar uma quantidade de docentes que suprisse a demanda nas escolas elementares e, diante desta realidade, aos municípios restava admitir, "mediante concurso, elementos sem formação pedagógica, para depois, com cooperação do Estado, submetê-los a cursos de férias, intensivos, que lhes devem dar o necessário preparo técnico para a função" (MOREIRA, 1955, p. 170).

Diferenças entre professores estaduais e municipais do Rio Grande do Sul são destacadas por Moreira, quando afirma que a maioria das escolas primárias estava sob a tutela municipal, ao mesmo tempo que o maior número de professores sem formação adequada. Na pesquisa realizada, constatou que as escolas estaduais urbanas, em geral, contavam com professores formados, o que não acontecia com as localizadas no meio rural. Já nas escolas municipais a presença maior era dos professores sem formação, independentemente da localização destas. O autor mostra um tom de admiração ao falar sobre as "professoras municipais", ponderando os baixos salários pagos (bastante inferiores aos da rede estadual), bem como as condições precárias das escolas no que se refere a prédios, mobiliário e materiais didáticos. Pessoas simples que, com poucos recursos e estrutura ineficiente, faziam a escola atender as necessidades do meio, proporcionando aos alunos a aprendizagem do essencial para suas vidas.

Além do perfil docente acima descrito, Moreira fala também sobre o que chama de "professor servidor público". Não sendo alguém recrutado no meio escolar, ou mesmo integrado à comunidade, caracterizava-se como um professor que não se identificava com tal realidade. Acostumado à vida "da cidade", não se adaptava ou via com bons olhos o fato de estar numa escola do interior, mostrando pouco comprometimento com sua função e desejo de ficar o menor tempo possível na instituição.

A falta de estrutura dos cursos normais e a considerável demanda por formação docente, devido à grande quantidade de mestres sem habilitação atuando nas escolas primárias, são questões debatidas nos anos 1950. Para tais problemas, projetos e ações faziam-se necessários.

PROFESSORES PARA AS ESCOLAS RURAIS: PROJETOS DE FORMAÇÃO, SELEÇÃO E ATUAÇÃO

Em artigo intitulado "Preparação de pessoal docente para escolas primárias rurais", Lourenço Filho analisa as experiências de Juazeiro do Norte (Ceará) e da Fazenda do Rosário (Minas Gerais). Uma das contribuições do trabalho é a de situar os projetos que embasam tais experiências e estabelecer relações entre elas e os modelos de formação defendidos por outros intelectuais do período. O primeiro caso citado é o da Escola Normal Rural de Juazeiro do Norte, fundada em 1934 como pioneira na formação especializada de professores rurais no Brasil. Afinada ao movimento de ruralização do ensino, que tinha como bandeira a missão de fixação do homem no campo pela ação da escola, partia da premissa de que professores devidamente preparados em técnicas agrícolas e conhecimentos de higiene e profilaxia trariam melhores condições sanitárias à população, além de cultivar nas crianças o amor e o apego à terra.

No Curso Normal Regional[2] que funcionava desde 1950 na Fazenda do Rosário,[3] em contrapartida, era desenvolvido um projeto fundado na concepção de que

---

[2] Os "normais regionais" eram cursos de nível ginasial instituídos pela Lei Orgânica do Ensino Normal (Decreto-Lei nº 8.530, de 02/01/1946) e que formavam regentes do ensino primário, preparados principalmente para atuar nas escolas dos meios rurais.

[3] A Fazenda do Rosário era sede da Sociedade Pestalozzi do Brasil, que tinha como fim principal a "readaptação das crianças e adolescentes deficitários" num ambiente aproximado ao que "se poderia chamar um 'Instituto de Organização Rural'". Além de escolas primárias, floricultura, oficina de tecelagem, funcionava o Curso Normal Regional (LOURENÇO FILHO, 1953, p. 88).

o papel da educação rural ultrapassava o objetivo de fixar o homem no campo. Não bastava, portanto, que a formação de professores focasse a aprendizagem de técnicas agrícolas e de defesa da saúde, assim como, de modo algum, poderia a escola primária ter a preocupação de oferecer ensino de caráter profissional. Ao contrário, a solução dos problemas do meio rural exigiria medidas de "maior envergadura", que iam da "reforma do regime agrário", passando pelo desenvolvimento dos serviços "de distribuição de crédito e defesa da produção", chegando à "melhoria das instalações escolares" (LOURENÇO FILHO, 1953, p. 66).

Este último programa aproximava-se do que a Unesco, "mais tarde, veio a definir como *educação de base*", e era defendido por educadores como Fernando de Azevedo, Almeida Júnior e Abgar Renault (LOURENÇO FILHO, 1953, p. 67, grifos no original). Sobre a educação de base, considera João Roberto Moreira, a partir de documento da própria Unesco, tratar-se de uma concepção que intuía alcançar toda a população, indo além da alfabetização a fim de melhorar a "vida do povo" e exercer "ação sobre o meio natural e social", constituindo-se numa "força de progresso e de evolução" (UNESCO, 1946, *apud* MOREIRA, 1957, p. 100).

No artigo "Educação Rural e Educação de Base",[4] Moreira situa a escola e sua ação de forma alargada, defendendo que toda educação – e não somente a praticada nas zonas rurais – precisa estar relacionada às condições locais, tendo como foco não apenas o homem, mas também o meio. Em relação às escolas rurais brasileiras, considera não ser possível melhorá-las ou transformá-las, já que neste âmbito tudo estava por ser feito. Os avanços educacionais alcançados se limitavam às escolas urbanas: "até agora, não obstante o romantismo bucólico que tem animado alguns movimentos em prol de certa escola rural, o que temos feito nesse setor é tão somente o de transplantação para o campo do tipo de escola urbana mais comum, rebaixado em suas condições mínimas" (MOREIRA, 1957, p. 89). Criticando tanto a orientação urbanista presente na educação brasileira, quanto as iniciativas de ajustar tal orientação ao meio rural, afirma que uma proposta educacional adequada precisava "construir as bases de uma nova mentalidade para as nossas populações rurais" (MOREIRA, 1957, p. 116). Tal projeto embasar-se-ia no cuidadoso planejamento de quatro pontos: currículo, material didático, relação escola/comunidade e formação docente.

---

[4] Além de publicado na *Rbep*, o artigo compõe a obra *Teoria e Prática da Escola Elementar*, lançada pelo Centro Brasileiro de Pesquisas Educacionais em 1960.

Em relação a este último aspecto, defende que o professor necessitaria compreender a vida rural, saber o que é a natureza, além de conhecer técnicas educacionais que possibilitassem aproveitar os conhecimentos colhidos do meio e transformá-los em saberes para a escola primária. Sua formação também deveria proporcionar que se familiarizasse com instâncias municipais, federais e estaduais onde pudesse encontrar financiamento e apoio. Em relação às instituições de formação, alerta o cuidado necessário em sua organização, já que os cursos oferecidos deveriam ter "caráter muito mais prático que acadêmico", e seus programas, em vez de transmitirem "noções e teorias", precisariam "formar atitudes e despertar consciência para problemas e situações". Os programas, portanto, deveriam ser formados não por "conhecimentos exclusivamente gerais", mas por conteúdos integrantes da "cultura nuclear de nossa sociedade" (MOREIRA, 1957, p. 121).

Assumindo responsabilidades maiores que as usualmente atribuídas aos colegas em exercício nas escolas urbanas, os professores rurais tinham como função mudar a visão da população em relação à instituição escolar. Esse trabalho somente poderia ser exercido por um especialista, bem preparado e adaptado ao meio social da escola. O fato de ser recrutado na própria zona rural contribuiria para essa adaptação, pois o professor local "preparado para educar a sua própria gente, tendo em vista o desenvolvimento da própria área em que nasceu e viveu a sua infância, terá mais facilidade de exercer as funções educativas e de liderança que se lhes atribuirão" (MOREIRA, 1957, p. 121).

Além da orientação demasiadamente urbanista e intelectualista presente na maioria dos cursos normais, o autor critica os que, localizados nas zonas rurais, contavam com currículos supostamente relacionados ao meio social, mas que acabavam formando técnicos agrícolas no lugar de professores. Assim, não se tratava necessariamente de ensinar os docentes a plantar e cuidar de animais, de buscar a todo custo construir hortas nas escolas, ou ter como único fim a fixação do homem no campo, pois as disciplinas manuais poderiam ser tão abstratas quanto as tradicionalmente presentes nos currículos considerados intelectualistas. Em vez de saberem usar instrumentos agrícolas ou selecionar sementes e mudas, fazia-se necessário que os professores compreendessem "o que são e o que podem vir a ser as crianças, como entrar em relação com elas, como orientá-las e dirigi-las" (MOREIRA, 1957, p. 122). O conhecimento geral em conteúdos agrícolas, sim. A especialização nestes saberes, dispensável.

O que Moreira apresenta em 1957 é resultado de formulações anteriores, como as que compõem o já citado livro *A educação em Santa Catarina*, quando o autor propõe medidas de superação dos problemas da educação e da formação docente.

Nessa obra, algumas indicações podem ser destacadas: opção por uma orientação regionalista para as escolas de formação docente; descentralização e autonomia dos serviços da educação, por meio de uma administração municipalista, a partir do planejamento e da organização local; agrupamento das escolas isoladas, ruins pedagógica e financeiramente; criação de missões culturais para formação dos professores, num programa de aperfeiçoamento regional de "caráter contínuo".

Um modelo de formação e atuação docente é também explicitado por Abgar Renault em discurso pronunciado na formatura da Escola Normal Rural A. S. Azevedo (MG) e publicado em 1955 na *Rbep*. Numa fala otimista, dá uma série de exemplos de como as formandas poderiam proceder em sua prática, possivelmente no intuito de alimentar-lhes o desejo de iniciar logo a atuação profissional. Para Renault, na sociedade em transição e mudança que era o Brasil, o papel da educação tornava-se decisivo, talvez como em nenhum outro momento o fora. Nesse grande desafio colocado aos docentes, não bastaria que se ocupassem de instruir ou ensinar seus alunos, mas de educá-los, algo mais amplo e complexo que transmitir conhecimentos.

"Novos estilos" e formas de viver! Exigência de "novas escolas" e "novos professores". Para Renault (1955, p. 236), longe das cidades a necessidade do novo se colocava ainda mais emergencial: "nas zonas rurais, verificaremos, talvez com intensidade maior ainda, a necessidade extrema de novos professores para novas escolas, que lancem novo estilo de vida na vida do campo". No entanto, a mudança nas zonas rurais seria "mais difícil ainda", devido às "próprias condições de tais zonas, há tantos e tantos anos totalmente abandonadas" e, por esse motivo, não se poderia esperar que os professores desses meios tivessem as mesmas qualidades daqueles a atuarem nas cidades, "pois a professora rural, pela gravidade e dificuldade de sua missão, tem de possuí-las em grau mais elevado ainda do que qualquer outra professora" (RENAULT, 1955, p. 236).

Abgar Renault traz propostas como a melhoria do ambiente escolar, a busca por satisfazer as necessidades dos alunos, o encorajamento do espírito de colaboração, a importância de que a escola ultrapassasse seu próprio espaço por meio da ação de liderança do professor. Esse "transbordar" da escola só poderia se efetivar se o professor assumisse a função de líder na comunidade, sendo alguém à frente das mudanças. Tendo acesso a uma escola assim constituída, os alunos conheceriam o mundo, aquele existente além do meio rural. Nesse sentido, uma escola que trabalhasse para dar o essencial aos seus alunos seria embasada nos princípios acima descritos e, contando com professores devidamente preparados, poderia ser um instrumento de modernização do meio.

Além de professor em diferentes níveis de ensino, Abgar Renault exerceu cargos técnicos e administrativos na educação. Esteve ligado ao Inep na função de diretor do Centro Regional de Pesquisas Educacionais de Minas Gerais, a instâncias do governo federal exercendo o cargo de Ministro da Educação, e à Unesco como consultor e membro de comissões. Em Minas Gerais, na condição de Secretário da Educação do Estado, foi um incentivador de iniciativas ligadas à educação rural, estabelecendo acordos de colaboração entre Estado e municípios e contribuindo com empreendimentos como o desenvolvido na Fazenda do Rosário (LOURENÇO FILHO, 1953).

As ideias defendidas por Renault mantêm pontos em comum com as expostas por Moreira, o que talvez possa ser relacionado aos lugares de onde falam, pertencentes que são a uma mesma rede de relações. Apesar de este autor (diferentemente do primeiro) não ser citado por Lourenço Filho como alguém filiado ao projeto de educação rural fundamentado na "educação de base", contatou-se sua vinculação. Assim, Moreira e Renault, defendendo tanto a adequação da escola ao ambiente quanto a necessidade de viabilização de boas condições para seu funcionamento, expõem projetos nos quais a formação docente deveria ser cuidadosamente pensada e praticada. Recrutar os professores em seu próprio meio, acompanhá-los em sua atuação, dar-lhes boa preparação e condições de trabalho são pontos destacados.

ALGUMAS CONSIDERAÇÕES

As obras que serviram como fontes a este escrito foram publicadas num contexto de cientificização do campo educacional brasileiro e aproximam-se das análises embasadas nas Ciências Sociais, que emprestavam seus referenciais ao estudo e diagnóstico das necessidades educacionais do país. Propostas de intervenção foram gestadas e sua implementação buscada no intuito de afinar a educação e a formação docente ao impulso modernizador vivido pelo Brasil dos anos 1950.

Pode-se considerar que, nos discursos então produzidos, a formação de professores é tratada como problema e como solução. Na condição de problema, são apontadas dificuldades nos cursos de formação e na atuação dos profissionais nas escolas primárias. Mas uma formação de qualidade é também sinalizada como solução, na medida em que as reformas educacionais e as mudanças pretendidas não teriam êxito sem a ação dos professores. Responsáveis pela formação de sujeitos modernos e adequados ao contexto de desenvolvimento social, os docentes necessitariam realizar um trabalho eficaz, o que fez nascerem propostas de formação, seleção e atuação destinadas a tais sujeitos, como as apontadas por Roberto Moreira, Abgar Renault e Lourenço Filho.

Imbuídos de uma missão ainda mais complexa e emergencial, portanto, de maior grandeza, os professores das escolas rurais eram aclamados como ímpares na modernização de seu meio social. Esta precisaria se dar mediante a permanência da população em seu próprio ambiente, onde seria reformada de acordo com determinados padrões de comportamento. Seja nos projetos que pensavam a função da escola como de fixação do homem no campo, seja naqueles que viam a educação como um dos aspectos a contribuir com os problemas rurais, lugar privilegiado ocuparam as escolas primárias e seus professores.

Nessa direção, a análise dos escritos intelectuais tem se mostrado profícua na compreensão de propostas educacionais presentes em diferentes contextos. Tendo em vista as relações entre os intelectuais na análise de seus discursos, é necessário considerar o pertencimento a determinados grupos, as redes tecidas entre sujeitos e instituições, os lugares de onde falam. Pensar questões relacionadas à formação docente a partir das falas aqui destacadas possibilita conhecer aspectos do debate educacional do Brasil dos anos 1950, bem como refletir sobre algumas permanências no que se refere aos problemas que circundam a educação e a formação de professores neste país.

REFERÊNCIAS

A MENSAGEM Presidencial de 1952 e a Educação. *Revista Brasileira de Estudos Pedagógicos*. Rio de Janeiro, Inep, v. 17, n. 45, p. 199-225, jan./mar. 1952.

BOURDIEU, P. O campo intelectual: um mundo à parte. In: BOURDIEU, P. *Coisas ditas*. São Paulo: Brasiliense, 1990. p. 169-180.

BRASIL. Ministério da Educação e Saúde. *Decreto-Lei nº 8.530, de 2 de janeiro de 1946*. Lei Orgânica do Ensino Normal. Disponível em: <http://www.soleis.adv.br/leiorganica-ensinonormal.htm>. Acesso em: 12 set. 2012.

BRITTO, J. M. Revista Brasileira de Estudos Pedagógicos (Rbep): espelho da ação do Inep. In: MORAES, J. S. (Org.). *O Inep na visão de seus pesquisadores*. Brasília: Instituto Nacional de Estudos e Pesquisas Educacionais Anísio Teixeira, 2008. p. 33-41. (Coleção Inep 70 anos, v. 3).

DANIEL, L. S. *João Roberto Moreira (1912-1967)*: itinerários para uma racionalidade ativa. Tese (Doutorado em Educação) – Programa de Pós-Graduação em Educação, Centro de Ciências Humanas e da Educação, Universidade Federal do Paraná, Curitiba, 2009.

LOURENÇO FILHO, M. B. Preparação de pessoal docente para escolas primárias rurais. *Revista Brasileira de Estudos Pedagógicos*, Rio de Janeiro, Inep, v. 20, n. 52, p. 61-104, out./dez. 1953.

MOREIRA, J. R. *A educação em Santa Catarina*: sinopse apreciativa sobre a administração, as origens e a difusão de um sistema estadual de educação. MEC; Inep; Cileme, 1954.

MOREIRA, J. R. *A escola elementar e a formação do professor primário no Rio Grande do Sul*. MEC; Inep; Cileme, 1955.

MOREIRA, J. R. Educação rural e educação de base. *Revista Brasileira de Estudos Pedagógicos*, Rio de Janeiro, Inep, v. 28, n. 67, p. 87-129, jul./set. 1957.

PINHO, L. A. Civilizar o campo: educação e saúde nos cursos de aperfeiçoamento para professores rurais – Fazenda do Rosário (Minas Gerais, 1947-1956). In: LIMA FONSECA, T. N.; VEIGA, C. G. (Org.). *História da Educação*: temas e problemas. Belo Horizonte: Mazza Edições, 2011. p. 389-417. (Coleção Pensar a Educação; Pensar o Brasil).

RENAULT, A. A professora rural e o cumprimento de sua missão. *Revista Brasileira de Estudos Pedagógicos*, Rio de Janeiro, Inep, v. 24, n. 60, p. 235-243, out./dez. 1955.

SKINNER, Q. *As fundações do pensamento político moderno*. São Paulo: Companhia das Letras, 1996.

VIEIRA, C. E. Intelligentia e intelectuais: sentidos, conceitos e possibilidades para a história intelectual. *Revista Brasileira de História da Educação*, Campinas, v. 1, n. 16, p. 63-85, jan./abr. 2008.

WERLE, F. O. C. Apresentação. In: WERLE, F. O. C. (Org.). *Educação Rural em perspectiva internacional*: instituições, práticas e formação do professor. Ijuí: Ed. UNIJUÍ, 2007. p. 9-15.

Impressos católicos e o debate educacional: conexões com a modernidade na década de 1930

Adriana Duarte Leon

INTRODUÇÃO

O objetivo deste texto é analisar algumas estratégias discursivas estabelecidas pela Igreja Católica, na primeira metade de 1930, com a finalidade de intervir no espaço educacional, no Estado do Rio Grande do Sul. Nacionalmente, destaca-se uma série de articulações entre representantes do Estado e da Igreja, o que culmina em vários entendimentos que se expressaram na Constituição de 1934. Busca-se aqui entender algumas das tensões presentes neste processo e como a Igreja organiza sua intervenção tendo como meta retomar e/ou aumentar sua influência junto ao Estado.

Diversas foram as iniciativas da Igreja para se reorganizar internamente e disputar espaço social no início do século XX, no Brasil. Para fins deste estudo, pretende-se destacar as disputas que tratam do aspecto educacional e que foram explicitadas pela imprensa católica no respectivo período. A primeira constituição republicana, ao anunciar um Estado laico, estimula a Igreja a estabelecer novas frentes de atuação que a mantenham como espaço de referência religiosa e cultural no país. Para viabilizar tal intervenção, foi necessária a rearticulação do discurso e da prática, em congruência com os novos objetivos. A análise do impresso católico, mobilizado para este estudo, indica diversos conflitos no que tange à presença da Igreja nos espaços públicos, entre eles o espaço escolar. Algumas das iniciativas da

Igreja para ocupar ou retomar esses espaços são apresentadas no sentido de mostrar novas práticas e representações,[1] vinculadas à ideia de modernidade.

Na década de 1930, o Estado do Rio Grande do Sul estava dividido em quatro circunscrições eclesiásticas:[2] Diocese de Pelotas, Diocese de Santa Maria, Diocese de Uruguaiana e Arquidiocese de Porto Alegre. Na arquidiocese havia o Arcebispo e, em cada uma das dioceses, havia o bispo responsável. A divisão do Estado nessas quatro grandes regiões eclesiásticas ocorreu em 1910, pela Bula *Praedecessorum nostrorum*, de São Pio X.[3] No período anterior[4] à Bula *Praedecessorum nostrorum*, a província do Rio Grande do Sul, na estrutura da Igreja Católica, estava subordinada ao Rio de Janeiro, havia um vigário geral em Porto Alegre e vigários esporádicos em algumas paróquias. A nova organização possibilitou certa autonomia para a Igreja em relação ao Estado, bem como dinamizou as ações nas dioceses, devido à presença de bispos responsáveis.

A base empírica das ponderações estabelecidas neste texto são os impressos católicos que circularam nas regiões eclesiásticas, de forma mais específica o periódico *A Palavra*, produzido pela diocese de Pelotas e com circulação privilegiada no sul no Rio Grande do Sul. Cabe observar que a análise faz referência ao período compreendido entre 1930-1935, constituindo-se, assim, como um recorte de uma pesquisa mais ampla que analisa a imprensa católica no RS na década de 1930. No desenvolvimento da pesquisa citada, já foram mapeados diversos impressos católicos no Estado do RS, entre eles, os que mantiveram circulação na década de 1930, como: o jornal *Estrella do* Sul e a revista mensal *Unitas*, produzidos pela Arquidiocese de Porto Alegre; o jornal *Staffetta Rio-Grandense*, produzido pela ordem dos Capuchinhos, em Caxias do Sul, vinculado à Arquidiocese de Porto Alegre; o

[1] Utiliza-se o conceito de representação vinculado aos interesses do grupo que a forja Chartier (1990, p. 17).

[2] As informações referentes à estrutura eclesiástica da Igreja Católica no Rio Grande do Sul foram acessadas no arquivo da Arquidiocese de Porto Alegre.

[3] De acordo com Tambara (2005), uma das formas mais eficazes e tradicionais de comunicação da Igreja Católica com seus fiéis foi a epistolar. Nesta área, destacam-se na hierarquia da Igreja as encíclicas papais, como é o caso da Bula *Praedecessorum nostrorum*, de São Pio X, e as cartas pastorais episcopais.

[4] O primeiro Bispo de Porto Alegre, Dom Feliciano José Rodrigues Prates (1853-1858), foi um dos bispos que contribuiu com o movimento de reforma da Igreja Católica no Brasil. Ao ser designado para assumir o bispado de Porto Alegre, intensifica a organização da Igreja Católica no Estado: constrói cemitérios, estabelece o bispado, cria novas paróquias e preocupa-se com a formação do clero. Nesse sentido, ver Rubert (1994).

jornal *A Palavra*, produzido pela Diocese de Pelotas; a revista mensal *Rainha dos Apóstolos*, produzida pela Ordem dos Palotinos, na Diocese de Santa Maria; por fim, o jornal *O Operário*, produzido pelo Círculo Operário do Rio Grande do Sul e circulante nas cidades que possuíam núcleo da instituição.

Os impressos são uma fonte em potencial para os estudos no campo da história, são compreendidos aqui sob inspiração de Le Goff (1996), como um "monumento" que está diretamente atrelado ao seu tempo, faz parte de um contexto e não é possível analisá-lo de forma isolada. Cabe ponderar que os impressos católicos apresentam certa singularidade no que tange ao seu caráter explicitamente doutrinário, tal característica anuncia de forma direta as disputas centrais da instituição mantenedora do impresso. Magaldi (2010) observa que os impressos católicos têm-se mostrado como importante fonte e objeto de pesquisa para a História da Educação, pois assumindo um caráter doutrinário explicitam muito das tensões presentes no projeto católico.

A Igreja Católica mantinha nacionalmente a revista *A Ordem* e estimulava a publicação de impressos regionais com o objetivo de orientar os católicos e simpatizantes. É interessante observar que as publicações católicas se consolidavam atendendo às indicações nacionais e contemplando as particularidades locais. Em alguns casos, o impresso católico é muito parecido com outros impressos, principalmente com os jornais diários. Considerando que a imprensa era o meio de comunicação de maior circulação no período, pode-se inferir uma disputa pelo público entre os jornais católicos e os outros.

As informações que circulam nos impressos constroem e expressam representações sobre fatos, contextos e conflitos e, finalmente, disputam a adesão do leitor a essas representações. Chartier (1998, p. 14) observa que "no objeto impresso, o fato nada é para além da apresentação do texto e da imagem, que dão a ler ou a ver a sua representação". A estratégia textual presente nos impressos é entendida aqui além dos códigos linguísticos que possibilitam a escrita do texto; engloba a possibilidade de ampliar e direcionar as interpretações de um texto. Eco (1986, p. 39) observa que "gerar um texto significa executar uma estratégia de que fazem parte as previsões dos movimentos de outros". O bom estrategista leva em consideração eventos casuais e deixa espaço para o leitor estabelecer sua intervenção. Identificar as estratégias textuais presentes nos impressos nos permite dialogar com as representações explicitadas, sua significação na prática social e como estão relacionadas com as estratégias de intervenção que disputam espaço educacional.

A partir de uma primeira análise do impresso mobilizado para este texto, percebe-se a estratégia de atuação da Igreja Católica por meio da potencialização de alguns eixos que serão tratados a seguir; são eles: a valorização da Imprensa Católica; a promoção de uma concepção de educação católica; o fomento a espaços de sociabilidade específicos e a promoção de um lugar para mulher relacionado com o mundo do trabalho e com o exercício do voto.

De acordo com Certeau (2011), as estratégias são organizadas pelo postulado de poder, estabelecem ações de um lugar de poder, elaboram um lugar teórico e constituem uma articulação com o espaço físico. A partir desta percepção, entende-se que a Igreja cria uma série de estratégias com o objetivo de retomar espaço no campo social e educacional, e, por meio de tais estratégias, mantém um diálogo com os interesses do Estado, com as ideias de modernidade e com a romanização da Igreja Católica no Brasil.

A IGREJA CATÓLICA E OS IMPRESSOS CATÓLICOS NO RIO GRANDE DO SUL

A história da Igreja Católica no Rio Grande do Sul é extensa. Comumente os trabalhos acadêmicos, ao tratarem da Igreja, iniciam com o evento das missões jesuíticas e chegam até o período proposto para seus estudos. Para fins da organização deste texto, opta-se por mapear a organização da Igreja Católica no Estado a partir do século XX para, conforme a necessidade de melhor compreender as fontes e o objeto de estudo, movimentar o olhar para contextos anteriores ou posteriores.

Em 1910, a Igreja Católica estabelece uma nova divisão geográfica no Estado do Rio Grande do Sul, tal divisão foi apresentada na revista católica *Unitas*. O Estado foi dividido em quatro grandes blocos: Arquidiocese de Porto Alegre, Diocese de Pelotas, Diocese de Santa Maria e Diocese de Uruguaiana. Tal divisão vigorou até o final de 1934, data da criação da Diocese de Caxias do Sul. Ainda no final da década de 1930, foi criada a Diocese de Vacaria. A partir de 1951, outras divisões ocorreram, porém não serão abordadas aqui.

Com o objetivo de garantir a organicidade nas quatro regiões eclesiásticas, foram nomeados um arcebispo e três bispos responsáveis. Em Porto Alegre, Dom Cláudio José Gonçalves Ponce de Leão foi nomeado arcebispo. Entretanto, por motivo de saúde, afastou-se em 1912, quando assumiu Dom João Becker, que ficou no cargo até 1946. Dom João Becker transformou-se em uma figura de referência da

Igreja Católica no Estado. Em 1914, cria a revista *Unitas*, editada pela Arquidiocese de Porto Alegre, com o objetivo de informar e orientar sobre as principais polêmicas da Igreja no Estado.[5]

Em termos políticos, o PRR6 – Partido Republicano Rio-Grandense – esteve à frente do governo gaúcho desde a proclamação da República, em 1889, até a década de 1930. O positivismo adotado como ideologia do Estado e as ideias comtianas aplicadas à estrutura político-administrativa, fundidas à figura de Júlio de Castilhos, originaram o que ficou conhecido como "castilhismo". De acordo com Peres (2000, p. 78), "O federalismo que caracterizou os primeiros anos da República brasileira permitiu que o Estado gaúcho fosse organizado de maneira peculiar, diferenciando-se política e administrativamente dos demais estados da Federação".

Júlio de Castilhos foi líder do PRR e autor da Constituição Estadual de 1891, por meio da qual procurou adequar o Rio Grande do Sul aos princípios positivistas. A constituição promulgada por Júlio de Castilhos ficou conhecida como constituição positivista e assegurava a supremacia do Poder Executivo sobre o Legislativo, permitia a sucessiva reeleição do governante, desde que obtivesse três quartos da votação. Considerando que as fraudes faziam parte do contexto eleitoral, a reeleição se tornou fato recorrente.7

De certa forma, o Rio Grande do Sul define sua prática política, pelo menos até a década de 1930, em comum acordo com os princípios positivistas. Gomes (1979, p. 75), ao analisar os discursos pronunciados na Câmara dos Deputados (1912-1928) sobre a legislação trabalhista, afirma que a bancada gaúcha é aquela que mais firmemente reagiria à regulamentação do trabalho; "pautando-se pelos princípios positivistas, a bancada defenderia a liberdade de mercado e de trabalho".

No que se refere ao relacionamento da Igreja Católica com a política governamental, Isaia (2007) observa que as relações são complexas, pois se percebe certa cordialidade entre governos castilhistas e hierarquia católica; no entanto, tal característica não anula as possibilidades de tensões conjunturais e a oposição entre chefias locais do PRR e setores da Igreja. Isaia (1998, p. 70) afirma que "o castilhismo rio-grandense desenvolveu um padrão de relacionamento com o catolicismo baseado em

[5] Informações referentes à trajetória de Dom João Becker foram obtidas no AHCMPA.

[6] O PRR foi fundado no Rio Grande do Sul em 1882 (PESAVENTO, 1980, 1992).

[7] Sobre a prática eleitoral no RS na década de 1930, Pesavento (1992).

um '*modus vivendi*' harmônico", ou seja, embora apresentassem ideias divergentes, conviviam em certa harmonia e estabeleciam acordos políticos.

A relação harmônica não impediu a ampliação da organização católica a partir de 1930; identifica-se na região Sul a criação de diversos grupos sociais que atuavam em torno dos interesses católicos e em espaços externos à Igreja, como, por exemplo: A Liga das Senhoras Católicas, Juventude Universitária Católica, sindicatos cristãos, Associações, Juventude Católica, Círculos Operários, Juventude Operária Cristã, entre outros.

De acordo com Dias (1993), a Igreja Católica organizou sua intervenção contra o laicismo, objetivando atingir dois grupos sociais identificados como a base e os intelectuais. A criação dos Círculos Operários e da Juventude Operária Cristã, na década de 1930, estava diretamente relacionada à intenção de intervir junto à base, junto ao movimento do operariado, no intuito de frear as manifestações comunistas neste setor. Por meio dos Círculos Operários e da Juventude Operária, a ação da Igreja visou inserção, organização e representação da Igreja nesses setores. A ideia era estabelecer a organização sindical, mas sem o confronto com o Estado. Os Círculos Operários,[8] ou o Movimento Circulista, como ficou conhecido, alcançaram organização nacional e podem-se identificar, na década de 1930, sedes em vários estados do Brasil. No caso do Rio Grande do Sul, pode-se localizar a existência de quatro núcleos em funcionamento no ano de 1936,[9] um deles no sul do Rio Grande do Sul e com atividades divulgadas no periódico *A Palavra*. O Movimento Circulista mantinha a publicação de um impresso nacional[10] e, em alguns estados, identifica-se a publicação de um impresso próprio.[11]

A atuação da Igreja Católica no Estado do Rio Grande Sul apresentava uma estrutura eclesiástica que cobria toda sua extensão, contava com uma série de congregações religiosas que atuavam de forma diversa e mantinha uma inserção em diferentes grupos sociais. Também produzia considerável quantidade de material impresso, o que nos indica um forte investimento na ampliação dos espaços de intervenção.

---

[8] O primeiro Círculo Operário do Brasil foi criado por iniciativa de um padre jesuíta, em 15 de março de 1932, na cidade de Pelotas, Estado do Rio Grande do Sul.

[9] Informação obtida no relatório da JOC, publicado no impresso *O Trabalho*, em 08/02/1936.

[10] O jornal nacional do Círculo Operário denominava-se *Federalista*.

[11] No Rio Grande do Sul, foram localizadas algumas edições do jornal estadual do Círculo Operário, denominado *O Trabalho*.

As mudanças estabelecidas pela Igreja Católica no Rio Grande do Sul, no início do século XX, fazem parte de um movimento nacional voltado à sua reorganização no Brasil. De certa forma, pode-se afirmar que tal movimento foi acionado pela promulgação da Carta constitucional republicana em 1891[12] que, entre diversas questões, estabelecia a laicização do Estado.[13] A força da Igreja no Brasil esteve, por muito tempo, respaldada pelo Estado. A tomada de posição do Estado republicano a favor do ensino público laico confronta a tradição marcada pelo ensino religioso presente na escola e estimula a organização do movimento católico.[14]

O movimento católico estabelece nacionalmente diversas iniciativas no sentido de ampliar o espaço de intervenção. O cardeal D. Sebastião Leme[15] foi uma liderança importante deste movimento, pois reivindicava a recatolicização do Brasil, em acordo com os princípios da romanização do catolicismo,[16] era uma das lideranças do movimento católico e afirmava a necessidade de mobilizar os intelectuais e a população em prol dos interesses da Igreja Católica. Na década de 1920, aglutina ao seu redor um grupo de jovens católicos, entre eles Jackson de Figueiredo[17] e, poste-

12 A Constituição do primeiro governo republicano, promulgada em 1891, estabelecia diversas questões, entre elas, são pertinentes a este estudo: a liberdade de culto, a proibição do Estado de financiar qualquer religião, a instituição do casamento civil, a secularização dos cemitérios, o clero não gozava mais de imunidade política, a educação foi laicizada e a religião excluída do ensino escolar (HORTA, 2005).

13 De acordo com Almeida (2007), a laicização do Estado anunciada pelo regime republicano estimulou a Igreja Católica a se organizar internamente e a estabelecer novas frentes de atuação.

14 Diversos autores contribuem para compreender a ação da Igreja Católicas na primeira metade do século XX. Nesse sentido, estão, entre outros, os seguintes trabalhos: Cury (1988; 2010), Horta (1994), Miceli (1979), Schwartzman (1986), Carvalho (1989).

15 D. Sebastião Leme foi bispo de Olinda, posteriormente arcebispo do Rio de Janeiro e eminente líder da Igreja Católica brasileira do início da década de 1910, até sua morte em 1942. Dom Sebastião argumentava que o Brasil era uma nação católica e deveria aproveitar esse fato e marcar presença na sociedade; argumentava também que a Igreja Católica precisava cristianizar a sociedade (ALMEIDA, 2007).

16 O movimento de romanização do catolicismo era uma forma de restabelecer no cotidiano dos sujeitos a prática dos sacramentos e a hierarquia da Igreja Católica. No Brasil, a romanização do catolicismo expressou-se no movimento que ficou conhecido como recristianização ou recatolicização do Brasil.

17 Jackson ocupou papel significativo na ação da Igreja Católica desde sua conversão, em 1918, até sua morte, em 1928. Jackson esteve à frente do Centro Dom Vital, de 1922 até 1928, quando foi assumido por Alceu Amoroso Lima. Sobre a história de vida de Jackson de Figueiredo, ver a revista *A Ordem*, ano de 1938, que dedicou o número de novembro ao décimo aniversário da morte de Jackson. Ver também Iglesia (1981).

riormente, Alceu Amoroso Lima.[18] Em 1922, sob a liderança de Jackson, foi fundado o Centro Dom Vital, que se constituiu em um espaço privilegiado de intervenção da Igreja. Entre as diversas possibilidades de intervenção, a produção de impressos para circular entre a população e divulgar as ideias defendidas pela Igreja Católica foi uma das estratégias adotadas. Diversos impressos católicos, ou indiretamente vinculados, como os jornais dos Círculos Operários, surgiram nesse mesmo período. Ainda se podem observar as publicações nacionais, como é o caso do impresso *A Ordem*,[19] criado em 1921, com o objetivo de ser um meio de comunicação entre Igreja e sociedade, inserindo-se no âmbito do movimento de renovação católica, que visava à recatolicização do país.

OS IMPRESSOS COMO ESTRATÉGIA DE INTERVENÇÃO NO ESPAÇO EDUCACIONAL

Os impressos criados no início do século XX seguem a lógica do movimento de reorganização da Igreja Católica no Brasil. Circularam em regiões importantes do Estado e indicam representações sobre questões polêmicas do período. A Igreja Católica no Rio Grande do Sul convive com outras instituições e/ou manifestações religiosas, de forma muito particular, pois a influência positivista garantia a manifestação religiosa, mas não eximia o Estado de se posicionar favorável ao catolicismo em várias situações. Contudo, percebe-se uma relação tensa com a maçonaria que, ao defender a liberdade religiosa, se defronta com a Igreja Católica que disputava um Brasil católico.

A tensão entre católicos e maçons se explicita na imprensa, principalmente no que se refere ao debate do ensino escolar laico. Borim (2010) destaca a presença considerável de lojas maçônicas na cidade de Santa Maria e aponta a disputa entre maçonaria

---

[18] Alceu Amoroso Lima converteu-se ao catolicismo em 1928, sob influência de Jackson; foi colaborador de Dom Leme e tornou-se, na década de 1930, um dos principais líderes leigos da Ação Católica. Ajudou a fundar a LEC (Liga Eleitoral Católica) e esteve à frente do Centro Dom Vital até a década de 1940. Recentemente, foi lançado pela coleção educadores do Brasil um livro sobre Alceu Amoroso Lima. O autor responsável, Cury (2010), faz parte da nossa bibliografia. Ainda sobre a história de Alceu Amoroso Lima, ver Almeida (2007).

[19] Diversos pesquisadores têm analisado o impresso *A Ordem*, dentre eles destaco Magaldi (2008) que analisa o lugar da mulher no periódico *A Ordem*, e Rodrigues (2005), que publicou o livro *A Ordem: uma revista de intelectuais católicos*.

e Igreja Católica. Nota-se também a presença de lojas maçônicas e a disputa com os católicos na região sul do Estado, Diocese de Pelotas, produtora do jornal *A Palavra*.

O periódico *A Palavra*, privilegiado nesta análise, é uma publicação da Diocese de Pelotas e circula na região sul do Rio Grande do Sul, apresenta nos cinco anos observados diversos artigos que abordam de forma direta e indireta a educação.

Em termos de sua construção discursiva, uma das frentes adotadas, como destaca Almeida (2007), foi associar o laicismo à desordem e, por meio deste fio condutor, estimular a construção de um determinado imaginário social sobre o ser católico. Se o laicismo representava a desordem, o catolicismo representava o inverso: a ordem.

> EDUCAÇÃO
> Um dos assuntos que muito deve interessar aos pais, é sem dúvida alguma a educação dos filhos e isso é um problema de não fácil solução por parte de todos aqueles que o encaram devidamente.
> Existem vários métodos de instrução: leiga, atheia, etc... Aponto como única e verdadeira a que é ministrada sob a base de nossa santa religião e que portanto, está apta para formar os homens de amanhã (*A Palavra* 1°/03/1930).

Em outro trecho publicado, sob o título "A Escola", percebe-se a mobilização do discurso no sentido de responsabilizar a escola leiga pela formação de cidadãos desajustados socialmente. Reforçando assim a ideia, mencionada anteriormente, de laicismo como algo negativo.

> A ESCOLA
> Abri escolas e fechareis prisões – exclamaram em prosa e verso os progressistas do século XIX – o século das luzes. Nunca houve doutrina mais desmentida pelos factos! Multiplicaram as escolas e foi necessário alargar as cadeias.
> [...]
> Implantada a escola leiga no terreno do natural pendor do homem para o mal, não se pode conservar ela indiferente e neutra como se anunciava: era de por força ser o instrumento apropriado para destruição de toda crença religiosa, nem outro é o seu objetivo, nem o negam seus preconizados (*A Palavra*, 13/01/1935).

Considerando que os impressos apresentam uma representação sobre o mundo social e se consolidam como parte constituinte das práticas sociais. Nesse sentido, o esforço da imprensa católica no RS segue a lógica nacional e vincula discursivamente o leigo/laico a algo negativo. De acordo com Novaes (2010, p. 73-75), a Igreja Católica, desde o início do século XX, preocupava-se em caracterizar a *má imprensa*, destacando os jornais laicos e de outras religiões como seus representantes. Na mobilização da Igreja, a imprensa se constitui como estratégia significativa; todavia, para credibilizar a leitura dos impressos católicos, descredibilizava os outros impressos. Passos (1986, p. 94) observa que "A imprensa católica era um dos recursos significativos e eficientes para viabilizar a missão eclesiástica, instruindo, educando, defendendo a fé e difundindo a doutrina católica".

A Igreja Católica utilizava a denominação "Boa Imprensa" para caracterizar as suas indicações de leitura, tal denominação abarcava impressos católicos e não católicos, porém de acordo com os princípios do catolicismo. A autorrepresentação da imprensa católica como algo necessário ao cotidiano fazia parte da estratégia de ação da Igreja Católica.

> O VALOR DA IMPRENSA
> Construir igrejas e escolas, criar associações, é grande e nobre estes empreendimentos, porém terão seus alicerces assentos sob a areia se não lhes der como fundamento uma imprensa honesta, independente e católica (*A Palavra* 04/09/1932).

No montante das notas que tratam da educação e foram publicadas no impresso *A Palavra*, podemos analisá-las sob três aspectos: primeiro, relacionado à concepção de educação presente e em disputa no impresso; segundo, relacionado aos espaços de socialização fomentados pela Igreja, entre eles a Associação Católica de Professores; terceiro, relacionado à construção de um espaço para mulheres em diálogo com o voto e com o mundo do trabalho.

No que se refere ao espaço educacional, a principal reivindicação está relacionada ao retorno do ensino religioso nas escolas, tema que mais apareceu no período. Artigos com chamadas como "Sempre a Fábrica de Malucos" (20/07/1929), "A escola sem Deus" (12/09/1931) e "Escola Neutra? Não!" (23/04/1933) são exemplos de textos que não transcreverei aqui, mas que indicam a crítica à escola laica. A Igreja assume para si a formação moral no ambiente escolar e reivindica, de forma contundente, esse espaço.

No caso do Rio Grande do Sul, é possível perceber que, por meio da imprensa católica, a Igreja dialoga com setores internos e externos à instituição, articula o laicato católico e estimula a criação de novos grupos. Por meio do impresso, é possível mapear uma rede de sociabilidades que se articula no interior da instituição para atuar em espaços externos. Um exemplo dessa afirmação é a Associação Católica de Professores, que articulava suas atividades (reuniões, encontros, formação de professores) por meio do impresso católico *A Palavra* e estabelecia suas ações práticas junto ao espaço educacional.

> ASSOCIAÇÃO CATHOLICA DE PROFESSORES E DE CULTURA SOCIAL
> Curso de História
> A direção da A.C.P.C.S avisa e convida todos os associados para assistirem ao curso de história da França, a cargo do Dr. Alvorino Mercio Xavier.
> As dissertações do competente historiólogo vêm sendo feitas todos os sábados, às 20 horas, na sede da Associação – Salão São José.
> Estão em estudo presentemente os povos Merovíngios.
> Todo curioso em questões historiográficas é todo aquele que aspira alargar os horizontes do seu conhecimento e tem na assistência do curso de História da França do Dr. Mercio uma ótima oportunidade de aumentar o seu conhecimento científico e histórico.
> Ficam, pois, avisados e convidados todos os associados da A.C.P.C.S. (*A Palavra*, 21/06/1936).

A Associação Católica de Professores foi uma instituição que surgiu na região sul do Rio Grande do Sul e visava intervir de forma organizada na educação escolar. Esta intervenção estava em consonância com os interesses e estratégias da Igreja Católica. A Associação promoveu um espaço para a mulher, vinculado ao mundo do trabalho.

Outros espaços de sociabilidade que explicitam sua organização e ação no impresso católico *A Palavra* são: o Círculo Operário, a Associação das Mães Cristãs, a Juventude Operária Cristã, as Associações Femininas, as Associações de Moços e os sindicatos. Os exemplos apresentados permitem vislumbrar de forma geral os espaços de sociabilidade mediados pela Igreja Católica no Estado.

Sobre a investida da Igreja no sentido de construir um laicato católico, cabe retomar, como já afirmado anteriormente, o investimento na formação de uma intelectualidade, o que pode ser percebido com a criação do Centro Dom Vital e dos seus núcleos espalhados pelo Brasil. A investida da Igreja na formação e constituição de um laicato não se restringe à intelectualidade e são percebidas iniciativas junto aos movimentos sociais e sindicais.

> SINDICATO CRISTÃO
> De início, o acadêmico Fiori mostrou a relação entre a sociedade civil e as sociedades particulares, fazendo ressaltar a necessidade destas, e, sobretudo, na hora presente, do sindicato.
> Após precisar o conceito de sindicato, fez um ligeiro histórico, para mostrar como na idade de ouro da organização profissional: na idade média chegamos à confusão social produzida pelo anárquico sindicalismo de hoje.
> Propõe, então, a solução: o neo-corporativismo estendendo-se longamente sobre os seus princípios básicos, os quais resumiu no final de seus trabalhos da seguinte forma:
> I – A organização profissional é a expressão de uma necessidade humana e natural.
> II – Só pode ser satisfeita na corporação de oficio.
> III – Esta corporação deve ser autônoma e reconhecida pelo Estado.
> IV – Esta corporação deve servir de traço de união entre todos os sindicatos do mesmo ramo de produção.
> V – Estes sindicatos únicos, obrigatoriamente de base cristã e com assistência religiosa. (*A Palavra* 05/11/1933)

Esta nota publicada em *A Palavra* demonstra o incentivo à organização de um laicato militante, vinculado ao cotidiano sindical. Entre as diversas frentes possíveis de articulação do laicato, percebem-se, na região Sul, investidas junto aos sindicatos, às associações, às mulheres, aos jovens e aos operários. Cabe ponderar que a participação sindical ou em entidades associativas é uma ação que dialoga com o ideário da modernidade, no entanto objetiva estabelecer uma ação harmoniosa entre Estado e Igreja Católica.

As mulheres consolidaram-se como um importante grupo do laicato católico e aparecem em destaque nos impressos. Considera-se o envolvimento da mulher no cenário político e na prática docente como ações estimuladas pela Igreja. Percebe-se claramente a valorização do voto da mulher e o estímulo ao exercício do magistério, conforme publicação do texto "A mulher e a política".

> A MULHER E A POLÍTICA
> Como deve a mulher receber o direito do voto em relação a sua autonomia na sociedade?

> Penso que ela deve recebê-lo como um direito que conquistou com o seu esforço, mostrando-se perfeitamente capaz do desempenho das mais pesadas missões.
> Na realidade, a mulher, nos últimos anos, tem tomado um lugar de destaque no campo científico e, no exercício do magistério, ela só pode orgulhar-se da posição que ocupa (*A Palavra* 11/12/1932).

A Igreja realiza investimentos consideráveis na atuação das mulheres como estratégia para ampliar a intervenção católica. A defesa do voto feminino é um exemplo desta prática. Perrot (2005, p. 310), ao analisar o estímulo da Igreja Católica para que as mulheres francesas participassem, no início do século XX, da Liga Patriótica das Francesas, conclui que, "quando a Igreja empurra as mulheres para a política, por meio das ligas, é para reforçar um modelo perfeitamente conservador".

Considerando-se que a Igreja Católica é uma instituição conservadora, busca-se entender as variáveis envolvidas na construção discursiva que estimula a mulher a votar, se envolver na política e trabalhar, como parte de uma estratégia que disputava espaços institucionais e buscava a reorganização interna da instituição para atender às demandas impostas pela modernidade. Pode-se afirmar que, de certa forma, a Igreja Católica busca modernizar-se para manter-se como autoridade.

> O VOTO FEMININO
> Acho que a colaboração da mulher poderia muito bem produzir ótimos resultados na legislação, tornando-a mais sensata e prática, sobretudo em assuntos que mais de perto lhe interessam: a família, a educação, a moral pública (*A Palavra* 08/01/1933).

Ao advogar a favor do voto feminino, a Igreja Católica pretendeu o apoio das mulheres nas urnas e a consolidação de um laicato feminino que ampliasse a ação da Igreja. Zanlochi (2001) observa que a mulher leiga está na base das operações evangelizadoras; no entanto, a estrutura representativa da Igreja é masculina, estabelecendo assim uma distinção de gênero[20] explícita que propicia o anonimato sobre a ação das mulheres.

---

20 Compreendemos gênero como uma construção social sobre o feminino e o masculino que pode variar de acordo com o tempo e o espaço. No caso brasileiro, as mulheres estão em desvantagem na construção de gênero, pois historicamente ficaram marginalizadas. Nesse sentido, ver Saffioti (1994) e Scott (1995).

A valorização do voto exercido pelas mulheres, em um momento em que a Igreja disputava ferrenhamente o voto de todos os eleitores, suscita duas ponderações: primeira, que a valorização ocorre por interesse ao voto nos candidatos católicos; segunda, e talvez mais complexa, uma estratégia adotada pela Igreja no intuito de manter a coerência discursiva entre a modernidade e um novo lugar anunciado para a mulher.

Entende-se aqui que a Igreja Católica está ativa na construção de um novo lugar para a mulher e na constituição deste lugar ocorre uma redefinição dos papéis desempenhados até então. Os impressos católicos anunciam de forma objetiva esses novos espaços e se constituem em uma estratégia de implementação desse novo lugar. Os discursos apresentados nos impressos anunciam algumas formas de organização utilizadas pela Igreja e os discursos por ela legitimados. No que tange à educação, a disputa está centrada na afirmação de uma educação católica que fomentará o desenvolvimento do país, concomitantemente a Igreja promove espaços de sociabilidade que potencializam essa representação e promovem uma real intervenção no espaço educacional.

Por fim, diversas foram as estratégias discursivas utilizadas pela Igreja Católica com intuito de intervir no espaço educacional. Percebe-se destaque para aquelas relacionadas à afirmação de uma educação católica; a constituição de uma rede de sociabilidade ativa e a promoção de um espaço para mulher relacionado ao exercício do voto e o exercício do magistério.

REFERÊNCIAS

ALMEIDA, Maria das Graças Ataíde de. A República Cristã: Fé, Ordem e Progresso. In: HOMEM, Amadeu Carvalho; SILVA, Armando Malheiro da; ISAIA, Artur César (Org.). *Progresso e religião*: a República no Brasil e em Portugal 1889-1910. Coimbra: Imprensa da Universidade, 2007.

BORIM, Marta Rosa. *Por um Brasil Católico*: tensão e conflito no campo religioso da república. Tese (Doutorado) - Unisinos, Porto Alegre, 2010.

CARVALHO, Marta Maria Chagas de Carvalho. *A escola e a República*. São Paulo: Ed. Brasiliense, 1989. (Coleção Tudo é História).

CERTEAU, Michel de. *A invenção do cotidiano*: artes de fazer. 17. ed. Rio de Janeiro: Vozes, 2011.

CHARTIER, Roger (Org.). *As utilizações do objecto impresso*. Portugal: Difel - Difusão Editorial AS, 1998.

CHARTIER, Roger. *A história cultural*: entre práticas e representações. Lisboa: Difel; Rio de Janeiro: Bertrand Brasil, 1990.

CURY, Carlos Roberto Jamil. *Alceu Amoroso Lima*. Recife: Fundação Joaquim Nabuco; Ed. Massangana, 2010. (Coleção Educadores).

CURY, Carlos Roberto Jamil. *Ideologias e educação brasileira*: católicos e liberais. São Paulo: Cortez, 1988.

CURY, Carlos Roberto Jamil. República - educação - cidadania: tensões e conflitos. *Cadernos de História da Educação*, v. 9, n. 1, jan./jun. 2010.

DIAS, Romualdo. *A doutrina católica sobre a autoridade no Brasil 1922 - 1935*. Tese (Doutorado) - UNICAMP, Campinas, 1993.

ECO, Umberto. *Lector in fabula*. São Paulo: Perspectiva, 1986.

GOMES, Angela de Castro. *Burguesia e trabalho*: política e legislação social no Brasil 1917 - 1937. Rio de Janeiro: Campus Ltda., 1979.

HORTA, José Silvério Bahia. A Constituição de 1934: comentários. In: FÁVERO, Osmar (Org.). *A Educação nas Constituintes Brasileiras (1823 -1988)*. 3. ed. Campinas, São Paulo: Autores Associados, 2005. (Coleção Memória da Educação).

HORTA, José Silvério Bahia. *O hino, o sermão e a ordem do dia*: a educação no Brasil (1930 -1945). Rio de Janeiro: Ed. UFRJ, 1994.

ISAIA, Artur Cesar. Catolicismo e Castilhismo. In: BOEIRA, Nelson; GOLIN, Tau. (Org.). *República Velha (1889-1930)*. Passo Fundo: Méritos, 2007. v. 3, t. II (Coleção História Geral do Rio Grande do Sul).

ISAIA, Artur César. *Catolicismo e Autoritarismo no Rio Grande do Sul*. Porto Alegre: EDIPUCRS, 1998.

IGLESIA, Francisco. *História e Ideologia*. São Paulo: Perspectiva, 1981.

LE GOFF, Jacques. *História e memória*. 4. ed. Campinas, São Paulo: Ed. UNICAMP, 1996.

MAGALDI, Ana Maria Bandeira de Mello. Crônica feminina: sobre o lugar da mulher e de sua eu educação no periódico católico A Ordem (anos 1930). In: MAGALDI, Ana Maria Bandeira de Mello; XAVIER, Libânia Nacif (Org.). *Impressos e história da educação*: usos e destinos. Rio de Janeiro: 7letras, 2008.

MAGALDI, Ana Maria Bandeira de Mello. Páginas do professorado: um estudo sobre profissão e formação docente em periódicos católicos (anos 1930 – Brasil/Portugal). *Revista SÍSIFO*, n. 11, jan./abr. 2010.

MICELI, Sérgio. *Intelectuais e classe dirigente no Brasil (1920-1945)*. São Paulo: DIFEL, 1979.

NOVAES, Névio de. *Intelectuais e Igreja Católica no Paraná*: 1926-1938. Ponta Grossa: Ed. UEPG, 2010.

PASSOS, Mauro. *A presença e o discurso da Igreja na formação da classe trabalhadora em Belo Horizonte (1890-1930)*. Dissertação (Mestrado) – UFMG, Belo Horizonte, 1986.

PERES, Eliane Teresinha. *Aprendendo forma de pensar, de sentir e de agir a escola como oficina da vida*: discursos pedagógicos e práticas escolares da escola pública primária gaúcha (1909-1959). Tese (Doutorado) – UFMG, Belo Horizonte, 2000.

PERROT, Michele. *As mulheres e os silêncios da história*. São Paulo: EDUSC, 2005.

PESAVENTO, Sandra Jatahi. *História do Rio Grande do Sul*. 6. ed. Porto Alegre: Mercado Aberto, 1992. (Série Revisão).

PESAVENTO, Sandra Jatahi. *RS*: a economia & o poder nos anos 30. Porto Alegre: Mercado Aberto, 1980. (Série Documenta).

RODRIGUES, Candido Moreira. *A ordem*: uma revista de intelectuais católicos (1934-1945). Belo Horizonte: Autêntica; Fapesp, 2005.

RUBERT, Arlindo. *História da Igreja no Rio Grande do Sul*: época colonial (1626-1822). Porto Alegre: EDIPUCRS, 1994.

SAFFIOTI, Heleieth I. B. Posfácio: Conceituando o Gênero. In: SAFFIOTI, Heleieth I. B.; MUÑOZ-VARGAS, Mônica (Org.). *Mulher brasileira é assim*. Rio de Janeiro; Brasília: Rosa dos Tempos; NIPAS; UNICEF, 1994.

SCHWARTZMAN, Simon. A política da igreja e a educação: o sentido de um pacto. *Revista Religião e Sociedade*, Rio de Janeiro, Instituto de Estudos da Religião, mar. 1986.

SCOTT, Joan. Gênero: uma categoria útil de análise histórica. *Educação e Realidade*, Porto Alegre, UFRGS, jul./dez. 1995.

TAMBARA, Elomar. *Estado, Igreja e educação*: urbi et orbe. Trabalho apresentado à 28ª Reunião Anual da ANPED, GT2 - História da Educação, Caxambu, 2005.

ZANLOCHI, Terezinha. *Mulheres leigas na Igreja de Cristo*. Bauru, São Paulo: EDUSC, 2001.

ACERVOS CONSULTADOS

Acervo da Arquidiocese de Pelotas - *Jornal A Palavra.*

Acervo do Círculo Operário Pelotense - *Jornal O Trabalho.*

AHCMPA - Arquivo Histórico da Cúria Metropolitana de Porto Alegre - Estrella do Sul, *Revista Unitas*, Documentos da diocese de Uruguaiana e Documentos da Arquidiocese de Porto Alegre.

Arquivo do Museu Sacro de Santa Maria - *Boletins da Diocese.*

MusCap - Museu dos Capuchinhos - *Jornal La Libertá, Il Colono, Sttaffetta Riograndense e Correio Riograndense.*

Tavares Bastos e a educação no Império: as palavras e os conceitos

Juliana Cesário Hamdan

O jurista alagoano Aureliano Cândido de Tavares Bastos[1] (1839-1875) tem sido bastante estudado em diversas áreas do conhecimento, sobretudo aquelas que têm como principal objetivo questões jurídicas, políticas, administrativas e econômicas, numa perspectiva histórica. Há também diversas obras bibliográficas sobre o jurista, com destaque para a de Carlos Pontes, de 1938, reeditada em 1975, pela Companhia Editora Nacional. Neste trabalho, especificamente, apresentaremos os esforços iniciais que fizemos no sentido de identificar e analisar alguns aspectos do léxico e dos conceitos presentes nos discursos de Tavares Bastos, no que se refere à instrução. Tal operação analítica pretende compreender em que sentido foram

[1] "Aureliano Cândido Tavares Bastos nasceu a 20 de abril de 1839, na cidade de Alagoas, (na época capital da Província de Alagoas), hoje Marechal Deodoro. Morreu em 3 de dezembro de 1875, em Nice, no sul da França. Era filho do Bacharel José Tavares Bastos e de Rosa Cândida de Araújo. Tavares Bastos fez os primeiros estudos com o pai entre 1846 a 1850. Concluiu o curso preparatório em Olinda em 1854. Matriculou-se na Academia de Direito (no ano em que esta se transfere para Recife). Em 1855, transferiu-se para São Paulo, acompanhando o pai, onde deu continuidade ao curso na Faculdade de Direito de São Paulo. Em 1858, tornou-se *Bacharel* e em 1859 recebeu o grau de Doutor em Direito. Ingressou na vida parlamentar como deputado pela Província de Alagoas e exerceu três legislaturas seguidas. Com a dissolução da câmara em 16 de julho de 1868, deixou a carreira parlamentar sem, contudo, afastar-se dos vínculos que o mantiveram ligado aos problemas políticos, econômicos e sociais do país. Publicou vários panfletos, pelos quais expunha reflexões acerca do país, de 1861 até o ano de 1873" (SOUZA, 2006, p. 1).

construídos, ou seja, quais poderiam ser os objetivos almejados pelo intelectual ao utilizar tais palavras e conceitos em seus discursos em defesa da instrução.

Com relação à contribuição do jurista para o campo da educação, analisamos, com atenção especial, a tese defendida na PUC de São Paulo, em 2006, por Eliane Josefa de Souza, intitulada *Uma compreensão a partir de referente norte-americano do "Programa de Instrução Pública" de Aureliano Cândido Tavares Bastos (1861-1873)*. Segundo a própria autora, diferentemente dos diversos trabalhos[2] sobre Tavares Bastos, o de sua autoria pretende analisar os textos por meio dos quais o político propõe a reorganização escolar brasileira, na segunda metade do século XIX, recorrendo principalmente a modelos norte-americanos. Para isso, a autora toma como eixo de análise a articulação das proposições relativas à educação no conjunto de suas reflexões (SOUZA, 2006, p. 2).

Prosseguindo em nossas investigações, posteriormente, tivemos acesso ao trabalho de Claire Foulaiss, já indicado por Souza (2006), intitulado *Instrução e modernidade: o pensamento educacional de Tavares Bastos*. Trata-se de uma dissertação de mestrado defendida em 1991, também na PUC de São Paulo, por meio da qual a autora analisa as contribuições do pensamento de Tavares Bastos para a educação, ainda articulada ao conjunto geral de suas proposições. Entretanto, a autora ressalta, logo na introdução, que seu trabalho "[...] se interessou por apreender como o autor entende a sociedade de seu tempo, quais os princípios que organizam seu pensamento e quais as reformas que propõe para encaminhar as soluções que acredita serem necessárias ao país para alçá-lo à posição de nação moderna", com destaque para a instrução (p. 32).

Ambos os trabalhos, cada um com as respectivas perspectivas de análises, contribuem de forma expressiva para a compreensão do pensamento político brasileiro, à época do Império, no que se refere à instrução, por meio das proposições de um personagem considerado como singular, polêmico, erudito, perspicaz e com uma aguda capacidade de análise da realidade brasileira de então. Desse modo, cada um

[2] A tese defendida na PUC de São Paulo, em 2006, por Eliane Josefa de Souza, apresenta e analisa diversos estudos sobre o pensamento de Tavares Bastos, e constata, tomando o levantamento bibliográfico realizado, que a produção por ele escrita "[...] foi utilizada em estudos que tratam de temas sobre economia, política e opção partidária, tais como os trabalhos de: Rêgo (1989), Ferreira (1999), Pereira (2000) e Abreu (2004), além de estudos que se referem mais diretamente aos aspectos educacionais, como é o caso de Haidar (1972), Barbanti (1977), Hilsdorf (1986) e Fouleiss (1991)" (SOUZA, 2006, p. 2).

dos trabalhos constitui-se também como importante referência para o nosso estudo. Contudo, faz-se importante demarcar que tipo de análise pretendemos realizar.

O presente texto pretende avançar na compreensão das formas por meio das quais um conjunto de concepções, formuladas pelo intelectual, articuladas em torno de questões candentes à época, com foco na instrução, contribuiu para a construção e a disseminação de um ideário de vida no Brasil, que fosse capaz de congregar todos os que aqui viviam com vistas a formar uma nação e consolidar a ideia de povo brasileiro e de um país que fosse considerado como moderno. Desse modo, nosso esforço seria o de apreender, mais precisamente, as formas que ele adota para expressar a compreensão do que ele consideraria como moderno e que faria diferença na sociedade brasileira, para a superação dos entraves em direção ao almejado progresso.

Estamos considerando que ideias, argumentos e conceitos mobilizados pela intelectualidade brasileira ao elaborar suas concepções do que poderia vir a ser um Brasil moderno, expressam formas de pensar ambíguas, mas também articuladas e consistentes, em direção ao entendimento de que seria urgente transformar o estado de coisas presentes, ainda mais se se comparassem as conquistas e os processos que permitiriam à sociedade alcançar o progresso, como aqueles em desenvolvimento na Europa, de uma maneira geral, e nos Estados Unidos, de forma particular, sobretudo no caso de Tavares Bastos.

Como notas de um percurso ainda inicial, assinalamos que, no pensamento e nas ideias sobre o que seria considerado como moderno para Tavares Bastos, a instrução e a abolição da escravidão ocupariam lugar de centralidade absoluta. Por meio de um programa bem definido, persistente e com o financiamento assegurado pelo Estado, a nação brasileira teria todas as condições de se aproximar daquelas consideradas mais progressistas, tais como as europeias, em geral, e a dos Estados Unidos, em particular, conforme já dissemos antes.

Para avançar um pouco mais em nossas investigações, foi interessante delimitarmos em que condições a instrução entra nas formas escritas do pensamento do autor. Como um primeiro indicador, tomamos como um ponto de referência a forma e a intensidade com que o tema aparece em sua extensa obra. Não obstante sua vida curtíssima, posto que faleceu aos 36 anos de idade, já foram publicados os seus discursos parlamentares, as cartas, os artigos publicados em jornais, além de diversos livros.

No conjunto de sua obra publicada, podemos constatar que o tema da instrução aparece de forma recorrente, mas como inserções incidentais, como "pano de fundo", isto é, como uma crítica ao conjunto dos problemas brasileiros, mas também, e ao mesmo tempo, como solução para os problemas que o autor aponta de forma incisiva e aguda, tais como a organização social do povo brasileiro, a descentralização do governo, o livre comércio, o papel do Estado, a administração pública, as províncias, entre muitas outras. Apenas nos manuscritos[3] a educação recebe um estudo minucioso, com proposições de financiamento, formação e pagamento de professores, subsídios para a implementação de novos prédios, métodos de ensino, bibliotecas, livros etc., sempre numa perspectiva comparativa com países mais desenvolvidos.

As passagens a seguir exemplificam essa forma incidental de abordagem das questões em foco, dispersas em suas obras: "[...] o derramamento da instrução elementar e dos conhecimentos úteis marcam a medida do progresso de um povo", ou "[...] o Estado não pode monopolizar o ensino, nem contrariar as leis da livre concorrência, fornecendo-o, gratuitamente ou mediante paga, em institutos seus; [...]" (BASTOS, 1975a, p. 33, 58), ou ainda "[...] não esqueçamos a educação pública, mãe do progresso. Pois bem! Temos observado nisso o sistema pior. A nulidade de instrução elementar repercute na sociedade" [...] (BASTOS, 1976, p. 36), entre muitas outras.

Assim, analisando o conjunto das obras, podemos considerar que a instrução é tratada de forma extensiva, mas subordinada, ainda que o autor não abandone, em nenhuma passagem, a força argumentativa com que trata todos os assuntos, estilo marcante de sua escrita. Está presente, mas não representa a questão central em cada um de seus textos, ainda que seja colocada como exigência para a superação do estado de coisas do país.

Apenas na obra intitulada *A Província*, primeira edição de 1870 (1975), há um tratamento intensivo da questão da instrução. Nessa obra há um capítulo inteiro dedicado à análise desse tema, inclusive consubstanciada em dados estatísticos. Antes de passarmos à análise aqui proposta, faz-se necessário recuperar alguns aspectos da obra em foco, considerada como seminal, por diversos estudiosos que analisaram o pensamento de Tavares Bastos.

---

[3] Os manuscritos de Tavares Bastos estão disponíveis na Biblioteca Nacional do Rio de Janeiro. As notas estão em 5 volumes por meio dos quais as suas proposições para a educação são apresentadas e argumentadas visando ao debate parlamentar ou ainda à publicação em periódicos da época.

Na edição comemorativa do centenário da morte do autor (1875-1975), editada pela Brasiliana, Arthur Cézar Ferreira Dias[4] (1906-1993) escreve uma apresentação, por meio da qual é possível reconhecer o grande impacto que a obra teve quando foi lançada e ainda teria. Segundo o referido texto, o livro representou uma possibilidade de compreensão da realidade brasileira sem precedentes, num contexto em que estudos estatísticos eram ainda incipientes. Por meio da referida obra, a realidade brasileira à época do Império pôde ser mais bem apreendida, considerando que Tavares Bastos poderia ser visto como um autêntico geopolítico, posto que além dos estudos de gabinete, por assim dizer, percorria todo o Brasil, sobretudo a região Norte, ainda bastante desconhecida, para conhecer a realidade. Desse modo, para Artur Reis:

> Tavares Bastos, em *A Província*, completou a série de inventários, de crítica, de análises e de reflexões sobre a realidade que o Brasil somava e precisava ser considerada por uma consciência que se elaborasse em termos de conhecimento do que ocorria e do que era preciso fazer, não como informação ou experiência desatinada, mas como fruto do que já poderia ser coletado nos anos de evolução soberana do país. Essa crítica não tinha o objetivo de demolir. Era, ao contrário, criadora (REIS *apud* BASTOS, 1975b, p. 8).

Nessa perspectiva de procurar compreender a realidade brasileira e propor alternativas para o desenvolvimento do país, no livro *A Província*, a instrução desloca-se de um lugar de subordinação para ocupar o eixo, a partir do qual as demais questões presentes de forma recorrente nas obras do autor devam se articular. Por isso, tomaremos o referido capítulo como objeto de análise neste trabalho, interrogando o conteúdo dos textos sobre o potencial do que poderia ser considerado como expressão do pensamento que fosse moderno, nas análises e proposições para a instrução.

Estamos tomando como referência para a compreensão do que seja "moderno" o estudo do professor Marcus Vinicius Correa Carvalho, que articula a constituição

---

[4] Nascido em Manaus, em 8 de janeiro de 1906, tornou-se um dos mais fecundos historiadores da Amazônia. Bacharel em direito pela Universidade do Brasil em 1927, desenvolveu intensa atividade intelectual e acadêmica paralelamente à carreira política, publicando mais de 300 obras. Assumiu a cadeira nº 13 da Academia Amazonense de Letras em 27 de janeiro de 1967, quatro dias após deixar o governo do Amazonas.

lógica do conceito "moderno" com a sua história. Na conclusão de seu trabalho, afirma:

> [...] esses termos [moderno, modernidade e modernização] não podem ser confinados em um conceito estrito previamente determinado, mas requerem um contexto, ou circunstancialização histórica, em que sua definição emerge tornando-se operatória. Afinal, é possível delimitar propriedades necessárias, mas nunca suficientes para definir o moderno, a modernidade e a modernização (CARVALHO, 2012, p. 32).

E ainda: a "[...] polissemia implicada nesses termos convida a investigar criticamente as suas permanências e pregnâncias em diferentes intelectuais que promoveram diferentes projetos de Brasil através da instrução nos séculos XIX e XX" (CARVALHO, 2012, p. 32).

Tais assertivas vão ao encontro de uma das definições de Reinhart Koselleck, historiador alemão, na obra intitulada *Futuro Passado: contribuição à semântica dos tempos históricos*, sobre a modernidade, segundo a qual esta pode ser compreendida como tempo de transição, cujos caracteres infalíveis são "[...] seus conceitos de movimento – como indicadores de mudança social e política e como elementos linguísticos de formação da consciência, da crítica ideológica e da determinação de comportamento" (KOSELLECK, 2006, p. 303).

Dessa forma, adotando as assertivas de um e de outro, como possibilidades de investigação, analisaremos o problema da instrução procurando apreender em que sentido as abordagens de Tavares Bastos podem ser consideradas como modernas. Para fazer essa análise, tomamos como referência algumas das categorias de análise histórica formuladas pelo historiador alemão supracitado, porque nos possibilitaram aprofundar a compreensão das formas que o jurista utilizou para se colocar na posição de um pensador e político que se considerava como "moderno".

Assim, partindo do imediatamente visível, como o léxico adotado pelo jurista alagoano, buscamos realizar um aprofundamento na compreensão dos sentidos possíveis, pois investigar o que é manifesto pela linguagem pode favorecer a compreensão das formas por meio das quais o autor tomou consciência de sua própria modernidade, isso porque a linguagem, no contexto moderno, é ela mesma "[...] um índice a expressar as mutações em curso no mundo social, é também arma imprescindível nos combates que gestam essas mesmas mudanças" e, ainda, "[...] o controle da linguagem se tornou tanto mais urgente quanto maior o número de pessoas que precisavam ser atingidas. Com esse desafio ao controle da linguagem – portanto, também ao controle da consciência e do comportamento – modificou-se a estrutura interna dos conceitos" (KOSELLECK, 2006, p. 15, p. 300).

O objetivo da instrução para Tavares Bastos seria o de alçar o país ao nível das "civilizações mais **modernas**", dos povos "mais **avançados**", considerando que no nosso caso esta seria absolutamente necessária para "[...] elevar o nível moral das populações mergulhadas nas **trevas**", porque, segundo o autor, "[...] nosso povo não entrou ainda na **órbita** do povo **civilizado**" e "Ao invés das **tendências dos séculos**, o que possuímos nós?" Ou ainda "Em algumas províncias a instrução pública mostra-se com grande **atraso** [...]" (1975b, p. 145, 157, 159, grifos nossos).

Por meio desses breves excertos, mas impregnados de significados, podemos inferir sobre a presença da ideia de tempo e de movimento no pensamento do intelectual alagoano numa acepção plenamente moderna. O tempo, aqui apresentado em suas três formas – passado, presente e futuro – pode ser apreendido de diferentes maneiras, com as quais o discurso do autor se estrutura a fim de alcançar o que se propõe. Como uma primeira análise, os termos "modernos", "avançados" e "civilizado" em oposição às "trevas", aqui aludindo ao medievo, a ideia de exclusão contida na "órbita do povo civilizado" e "atraso" constituem-se como recursos argumentativos opositivos que acabam por explicitar a necessidade de superação desses estados de coisas, reconstruindo, assim, em seu texto, mais do que a ideia de algo novo que se apresenta no horizonte das exigências contemporâneas, chamada genericamente de progresso, a exigência de alcançá-lo. Assim, a adoção desses termos não pode ser considerada de forma alguma inocente ou incidental, porque

> Os momentos de duração, alteração e futuridade contidos em uma situação política concreta podem ser apreendidos por sua realização no nível linguístico. Com isso, [...] as situações sociais e respectivas alterações já são problematizadas no próprio instante dessa realização linguística (KOSELLECK, 2006, p. 101).

Esse jogo de palavras é recorrente nos textos, ainda que esta disposição apresentada tenha sido proposta por nós para fins desta análise, e não por Tavares Bastos. Colhendo-as aqui e ali, é possível apreender que o autor utilizava as expressões tendo em vista uma nova realidade social que exigia a consciência do tempo como motor das mudanças sociais. Dessa forma, a própria consciência das temporalidades pode ser considerada como evidência de um pensamento que fosse nitidamente moderno, na medida em que essa consciência também parecia ser interpretada como uma possibilidade de ação, de mudança, de progresso, e, portanto, da aceleração do tempo histórico.

Sobre a importância que as temporalidades passaram a ter, a partir do século XVIII, Koselleck (2006, p. 282) afirma que

> A rápida adoção do conceito de tempo contemporâneo tem que ser interpretada como um indicador da acelerada mudança da experiência histórica e da rapidez de sua elaboração pela consciência. Para exprimir de maneira enfática suas próprias experiências como verdadeiramente novas havia muitas outras expressões à disposição, expressões que conseguiram se impor nos decênios em torno de 1800, ou às quais estavam associados novos sentidos: revolução, progresso, desenvolvimento, crise, espírito do tempo – expressões que continham indicações temporais que, antes, nunca haviam existido dessa maneira.

Os excertos de Tavares Bastos aqui apresentados estão alinhados à relevância que a ideia de tempo passou a ter nos discursos modernos sobre a política e a todo o vocabulário relacionado às análises da vida moderna. Isso sugere que um novo *topos* de análise foi constituído na medida em que passado, presente e futuro, ainda que em proporções diferentes, puderam entrar nas análises e passaram a compor um conjunto analítico que perdia sua condição de análise moderna, caso alguma dessas dimensões fosse dela subtraída. Foi assim que "o tempo" passou a exercer profunda influência nas formas de compreender a realidade cambiante, bem como nas formas de expressar essas mesmas compreensões.

Isso se deu, em praticamente todos os conceitos da teoria política, sejam estes decorrentes dos mais variados matizes e correntes de pensamento. É o que sugere o estudo de Koselleck, para quem, desde a Revolução Francesa, "[...] quase não existe um conceito central da teoria política ou dos programas sociais que não contenha um coeficiente de variação temporal, sem o qual nada mais pode ser reconhecido, nada mais pode ser pensado ou argumentado, e sem o qual a força dos conceitos ficaria perdida". O referido autor conclui afirmando que "O tempo passou a ser um título de legitimação utilizável para todos os fins. Os títulos particulares de legitimação já não seriam possíveis sem uma perspectiva temporal" (KOSELLECK, 2006, p. 296).

Atreladas à ideia de tempo estão as possibilidades de sua aceleração, por meio da ação dos homens, surgindo, dessa forma, a ideia de progresso. Na modernidade, é recorrente o uso de conceitos que sugerem, às vezes de forma clara, outras nem tanto, a ideia de antecipações que, concebidas como prognósticos de um futuro diferente, estão na base da compreensão de que o tempo pode ser acelerado. Assim, para Koselleck (2006, p. 55), "[...] o progresso foi a primeira categoria na qual se deixa manifestar uma certa determinação do tempo, transcendente à natureza e imanente à história". E ainda:

> O progresso não era mais apenas uma maneira ideológica de se ver o futuro; ele correspondia a uma nova experiência do cotidiano que nutria continuamente de diferentes fontes: do desenvolvimento técnico, do crescimento populacional, do desenvolvimento social dos direitos humanos e das respectivas modificações dos sistemas políticos (KOSELLECK, 2006, p. 81).

Nos textos de Tavares Bastos sobre a instrução, é recorrente a presença da relação direta entre educação e progresso. É o que podemos evidenciar pelas seguintes passagens: "[...] recomendamos-lhes, [às províncias] com a mais viva instância, que tenham previdência, patriotismo e coragem para se imporem de bom grado sacrifícios consideráveis, únicos eficazes, a bem do rápido **desenvolvimento** da instrução" (BASTOS, 1975b, p. 149, grifo nosso). E ainda: "O que reservareis para suster as forças esmorecidas pela emancipação? O ensino, esse agente invisível, que, centuplicando a energia do braço humano, é sem dívida a mais **poderosa máquina de trabalho**" (BASTOS, 1975b, p. 160, grifos nossos).

A ideia de progresso possibilitaria a formulação de um futuro diferente do passado, isto é, um tempo que superasse o presente e as experiências até então possíveis de serem realizadas. O "horizonte de expectativa" se amplia de forma quase ilimitada, movido pela possibilidade de aceleração, ainda que sempre de forma condicionada. Desse modo, "[...] a aceleração do tempo, antes uma categoria escatológica, torna-se, no século XVIII, uma tarefa do planejamento temporal, antes ainda que a técnica assegurasse à aceleração um campo de experiência que lhe fosse totalmente adequado" (KOSELLECK, 2006, p. 37).

Para que a ideia de progresso como tempo acelerado suportasse um significativo coeficiente de mudança, Tavares Bastos utilizou a estratégia da comparação, presente ostensivamente em seus textos sobre a instrução. Agindo dessa forma, por um lado, o autor logra evidenciar o atraso das condições brasileiras ao serem comparadas com as de outros países e, por outro, demonstra como é possível acelerar o tempo para alcançar novas condições, sobretudo por meio da vontade política. Vejamos algumas passagens por meio das quais essa estratégia é evidenciada.

Referindo-se à inexistência de escolas e da frequência dos alunos, o jurista afirma que:

> Considerável apenas na população de origem germânica de S. Leopoldo (Rio Grande do Sul), D. Francisca (Santa Catarina) e Petrópolis (Rio de Janeiro), essa frequência mal atinge à média de 1 aluno por 90 habitantes em todo o Império. Compare-se este sinistro algarismo com o de alguns dos Estados Unidos, onde a média é de 1 por 7: nem se esqueça que, na própria capital do Império, há apenas um aluno por 42 habitantes, das vinte províncias há sete onde a proporção é superior a 1 por 100, e há mesmo uma (o Piauí) onde excede ainda 1 por 900 (BASTOS, 1975a, p. 146).

Em outra parte, referindo-se à questão do financiamento da educação pública no Brasil e aos rarefeitos recursos envidados, Tavares Bastos assevera que "Conhecem os algarismos fabulosos dos Estados Unidos: com 1.300.000 habitantes, o estado de Massachussets gastava 4000 contos. O de Nova York, que em 1866 despendera 13.200 contos, cerca de dois dólares por habitantes [...]" (BASTOS, 1975a, p. 151). Enquanto que, no Brasil,

> As consignações atuais dos orçamentos, geral e provincial, para o serviço da instrução não dão evidentemente um resultado satisfatório. Baste notar que elas não excedem a 336 réis por habitantes, enquanto que a média nos Estados Unidos aproxima-se de dez vezes mais, e em algumas cidades é vinte vezes maior (BASTOS, 1975a, p. 152).

É relevante considerar que as comparações entre nações só se tornaram possíveis a partir da consciência da experiência do progresso e da expectativa em alcançá-lo. Em outras palavras, isso significava perceber que, dentro de um mesmo tempo cronologicamente compartilhado, identificavam-se experiências de progressos em diferentes graus, permitindo concluir que o tempo cronológico se submete ao tempo histórico nas histórias das nações. Assim, a experiência do progresso, "[...] que pôde ser concebida por volta de 1800, tem raízes no conhecimento do anacrônico que ocorre em um tempo cronologicamente idêntico" (KOSELLECK, 2006, p. 285). Nesse contexto, as comparações, como possibilidades de análises dos níveis de progresso e da aceleração, tiverem um papel fundamental, posto que estas teriam ordenado

> [...] a história do mundo, que passava a fazer parte da experiência, interpretada como um progresso para objetivos cada vez mais avançados. Um impulso constante para a comparação progressiva proveio da observação de que povos, estados, continentes, ciências, corporações ou classes estavam adiantadas uns em relação aos outros, de modo que por fim - desde o século XVIII - pôde ser formulado o postulado da aceleração ou - por parte dos que haviam ficado para trás o do alcançar ou ultrapassar (KOSELLECK, 2006, p. 285).

Nas proposições de Tavares Bastos, alterar as condições precárias da educação no Brasil do século XIX, por meio de seu desenvolvimento, possibilitaria ao país, se não ultrapassar, como foi o caso dos Estados Unidos, ao menos se colocar em marcha para um futuro mais promissor. Essa percepção foi favorecida, sem dúvida, pela possibilidade de comparar os diversos níveis de desenvolvimento observados em diferentes países, relacionando-os a prognósticos diferenciados, a futuros específicos, de acordo com o nível de organização do sistema de instrução.

O que fizemos até agora, então, como anunciamos no início deste texto, foi identificar e analisar o léxico e os conceitos presentes nos discursos de Tavares Bastos, reparando na força que as palavras têm em determinados contextos, procurando assim, por um lado, compreender o sentido da adoção de determinadas expressões ou conceitos utilizados como um recurso próprio do mundo e, por outro, desnaturalizar os usos.

Tal exercício, segundo nossa própria avaliação, possibilitou um aprofundamento na compreensão do pensamento do jurista alagoano, no que se refere à instrução no Brasil do século XIX, bem como de algumas faces nos debates travados à época. Com relação aos debates propriamente ditos, este estudo pretende prosseguir ainda na investigação das relações entre o objeto/tema pesquisado com a construção do pensamento social e do espaço público brasileiro, de uma maneira geral, e com a educação em particular. Nesse sentido, como um índice para a condução da pesquisa, pretendemos identificar e analisar as sociabilidades, a ambiência, as interlocuções, as tensões presentes nos debate, e entre debatedores, também como constituintes dos respectivos repertórios. Ou seja: identificar e analisar o repertório mobilizado pelos sujeitos nos debates e proposições sobre os temas em discussão.

Não estamos considerando que as assertivas do jurista alagoano sobre as questões políticas analisadas se davam de forma isolada de outras vozes, sintonizadas ou não com sua forma de pensar, sobretudo aquelas mais liberais e progressistas. No entanto, havia na forma como ele se manifestava algo considerado pouco comum em outros grupos, e que, de certa maneira, inaugura um modo diferente de enfrentamento e estratégia de ação política, principalmente por meio dos programas que propunha. Segundo Carvalho e Neves (2009, p. 37), as formas dos políticos assim posicionados

> [...] incluíam ainda uma novidade autenticamente liberal, incomum nos programas da época: a promoção da iniciativa individual, o fortalecimento do espírito de associação, com a conseqüência restrição da interferência do Estado. O ponto decorria, sem dúvida, da influência das ideias de Tavares Bastos, que as vinha pregando desde "Os males do presente e as esperança do futuro", de 1861, e "Cartas do Solitário", do ano seguinte. Admirador incondicional dos Estados Unidos e leitor de Tocqueville, o jovem alagoano já se firmava como o mais coerente defensor do liberalismo econômico, em aberto confronto como as tradições estatistas e ibéricas do país.

Ainda segundo o autor supracitado, como principal questão do programa político daqueles considerados como mais progressistas estava a questão da descentralização administrativa, como forma de fortalecimento dos municípios em detrimento das províncias. Falava-se de descentralização administrativa, sobretudo no caso da educação, ao mesmo tempo que se defendia o federalismo. Seja como for, a questão da municipalização foi, assim, entendida pelo pensador em tela como uma forma de alavancar o problema do progresso, sobretudo por meio da instrução.

REFERÊNCIAS

ALONSO, Angela. *Idéias em movimento*: a geração de 1870 na crise do Brasil-Império. São Paulo: Paz e Terra, 2002. 392 p.

BASTOS, Aureliano Cândido de Tavares. *Os males do presente e as esperanças do futuro*. 2. ed. São Paulo: Companhia Ed. Nacional: São Paulo, 1976.

BASTOS, Aureliano Cândido de Tavares. *Cartas do Solitário*. 3. ed. São Paulo: Companhia Ed. Nacional, 1975a.

BASTOS, Aureliano Cândido de Tavares. *A província*. 3. ed. São Paulo: Companhia Ed. Nacional, 1975b.

BASTOS, Aureliano Cândido de Tavares. *O Valle do Amazonas*: a livre navegação do amazonas, estatística, produções, commercio, questões fiscais do Valle do Amazonas. 2. ed. São Paulo: Companhia Ed. Nacional, 1937.

CARVALHO, José Murilo de; NEVES, Lúcia Maria Bastos Pereira das. *Repensando o Brasil do Oitocentos*: cidadania, política e liberdade. Rio de Janeiro: Civilização Brasileira, 2009.

CARVALHO, Marcus Vinícius Corrêa. Moderno, modernidade, modernização: polissemias e pregnâncias. In: GIL, Natália; ZICA, Matheus da Cruz; FARIA FILHO, Luciano Mendes (Org.). *Moderno, modernidade, modernização*: a educação nos projetos de Brasil – séculos XIX e XX. Belo Horizonte: Mazza Edições, 2012. v. 1. Disponível em: <http://www.revistadehistoria.com.br/secao/arquivo-morto/arthur-cezar-ferreira--reis-1906-1993>. Acesso em: 03 dez. 2012.

FOULAISS, Claire. *Instrução e Modernidade*: o pensamento educacional de Tavares Bastos. Dissertação (Mestrado) – Pontifícia Universidade Católica de São Paulo, 1991.

GONDRA, José. *Artes de civilizar*: medicina, higiene e instrução escolar na corte imperial. Rio de Janeiro: EdUERJ, 2004.

KOSELLECK, Reinhart. *Futuro passado*: contribuição à semântica dos tempos históricos. Rio de Janeiro: Contexto, 2006.

LE GOFF, Jacques. *História e memória*. Campinas: Ed. Unicamp, 2003.

MORAES FILHO, Evaristo. *As idéias fundamentais de Tavares Bastos*. Rio de Janeiro: Topbooks, 2001.

PONTES, Carlos. *Tavares Bastos*: (Aureliano Cândido, 1839-1875). 2. ed. São Paulo: Companhia Ed. Nacional: São Paulo, 1975.

SCHUELER, Alessandra; GONDRA, José Gonçalves. *Instrução, poder e sociedade no império brasileiro*. São Paulo: Cortez, 2008.

SOUZA, Josefa Eliana. A contribuição de Aléxis de Tocqueville por meio da obra *A democracia na América* para a elaboração das argumentações de Tavares Bastos sobre a organização escolar e político-institucional no Brasil. *Revista Brasileira de História da Instrução*, Campinas, n. 19, p. 9-10, jan./abr. 2009.

SOUZA, Josefa Eliana. *Uma compreensão a partir de referente norte-americano do "Programa de Instrução Pública" de Aureliano Cândido Tavares Bastos (1861-1873)*. Tese (Doutorado em Instrução) – Pontifícia Universidade Católica de São Paulo, São Paulo, 2006.

TOCQUEVILLE, A. de. *A democracia na América*. São Paulo: Martins, 2001. [1835].

Lúcio José dos Santos e os primórdios da Universidade de Minas Gerais – 1927/1930

Cleide Maria Maciel de Melo

INTRODUÇÃO

Os debates que se seguiram à apresentação do projeto número 19, na Câmara dos Deputados do Legislativo mineiro, durante a primeira sessão da décima legislatura,[1] aparentemente, não estiveram envolvidos por um clima que provocasse os representantes a elevarem os tons de suas vozes. O projeto apresentado pela *Comissão de Instrução Pública - criando a Universidade de Minas Gerais* – recebeu quatro emendas, todas acolhidas sem objeções. Uma dessas emendas trazia para o corpo da nova instituição que se criava a *Escola de Odontologia e Farmácia de Belo Horizonte* que, na versão inicial do projeto, havia sido preterida.[2] Assim, a *Universidade de Minas Gerais*, criada pela Lei nº 956 de 7 de setembro de 1927, seria instalada no mesmo ano e materializada pelas instituições de ensino superior em funcionamento na capital do Estado: a Faculdade de Direito, a Faculdade de Medicina, a Escola de Engenharia e a Escola de Odontologia e Farmácia.

Os argumentos apresentados a favor da criação da universidade foram, todos eles, "incontestáveis": desde o *resgate de uma velha dívida de Minas para*

---

[1] Nos meses de agosto e setembro de 1927.

[2] As razões desse *esquecimento* ainda são por mim desconhecidas.

com os Inconfidentes e para com a primeira Assembleia Legislativa, passando pelo compromisso de campanha do presidente em exercício – Antonio Carlos Ribeiro de Andrada – até a adesão "unânime" por parte dos mineiros (*... não se levanta uma única voz que venha contestar sua elevada finalidade...*). Se há essa compreensão dos benefícios da universidade para fora de si mesma, de sua *função social*, constatamos, também, a ênfase no movimento oposto, ou seja, em direção aos cursos que a integrarão. Nesse sentido, o relator argumenta que *não se coadunam mais com a época atual os processos rotineiros até bem pouco tempo seguido* [*sic*], *mesmo nos cursos superiores, se destacando mais os possuidores de boa memória* [...] *do que aqueles que se distinguiam pelas manifestações do talento e do raciocínio.*

Nas duas direções, constatamos as críticas veladas ou explícitas ao ensino superior que então se praticava. Desse modo, a *criação da Universidade... seguindo moderna orientação*, é concebida como a ação que tem por finalidade *abrir novos e mais dilatados horizontes à instrução superior em Minas Gerais.* É sobre os primórdios da instituição que hoje conhecemos como Universidade Federal de Minas Gerais, dos referenciais modernos que estiveram na base de sua constituição, do que podemos considerar como modernidade pedagógica de suas primeiras práticas de ensino, pesquisa e extensão que esta investigação incide, em sua versão mais dilatada. Neste primeiro momento, trago para análise um recorte temporal mais curto, iniciando no ano de 1927, para destacar o momento de criação da universidade, mas detendo-me com mais atenção no ano de 1930 e nas ações de Lúcio José dos Santos, professor da Escola de Engenharia. É que, nesse ano, Lúcio dos Santos foi incumbido de visitar algumas universidades norte-americanas para "subsidiar", com ideias, a universidade mineira que já se encontrava no terceiro ano de sua implantação. Da viagem que faz aos Estados Unidos (e a Cuba), Lúcio dos Santos escreve o livro – *Missão Universitária nos Estados Unidos* – fonte privilegiada no presente trabalho. Além dessa fonte, utilizo-me dos Anais da Câmara dos Deputados e das atas do Conselho Universitário da Universidade de Minas Gerais.[3] Enfim, com este texto, pretendo compreender: as *fundações modernas* que orientaram a constituição/organização da Universidade de Minas Gerais; o que poderia ser considerado como modernidade pedagógica nessas referências fundantes; o significado/sentido com que moderno e

[3] Todas as citações até aqui apresentadas foram transcritas dos Anais da Câmara (DIRECTORIA, 1928).

modernidade pedagógica são traduzidos no léxico explícito nas fontes; e as formas de atuação no espaço público por parte dos professores da Universidade.

O texto está organizado em quatro subtemas. No primeiro, escrevo sobre a Universidade em seus momentos iniciais de implantação; no segundo, traço uma pequena biografia de Lúcio José dos Santos; no terceiro, faço uma breve descrição/comentário do livro *Missão Universitária nos Estados Unidos*; por fim, busco expressar minha compreensão inicial de moderno e modernidade pedagógica traduzidos, tanto do léxico quanto das ideias e das práticas registradas nas fontes. Encerro, construindo algumas hipóteses.

A UNIVERSIDADE DE MINAS GERAIS

A universidade no Brasil é uma "construção" tardia. Diferentemente do que ocorreu nos territórios latino-americanos de colonização espanhola, aos nossos colonizadores não pareceu obstáculo o deslocamento dos brasileiros para a realização dos estudos superiores em outro país. As primeiras iniciativas para a criação de uma universidade em nossa terra datam da instauração do regime imperial. Se as manifestações em favor dessa instituição foram mais intensas nesse período que nos primórdios da República (MOURÃO, 1962), em Minas Gerais esse projeto tomou forma no final da *república velha*. Assim é que em 1925, no governo do presidente Melo Viana, o congresso mineiro aprovou a Lei nº 895, em 10 de setembro, autorizando o governo a *criar uma Universidade na capital do Estado* (COLECÇÃO..., 1926). Mas essa decisão não transpôs os umbrais de sua própria casa, constituindo-se numa "lei morta". A força que cada dispositivo legal precisa trazer em sua retaguarda para que seja uma expressão dos anseios dos cidadãos, ou dos interesses de seus dirigentes (ou ainda, suas *condições de possibilidade*), seria posta, de fato, em 7 de setembro de 1927, com a Lei nº 956 e o Decreto nº 7.921 de 22 de setembro do mesmo ano. Ao criar a universidade (a lei) e ao regulamentá-la (o decreto), quase que de imediato, as dúvidas não tiveram vez: a primeira reunião do Conselho Universitário ficou registrada em 24 de novembro de 1927 (CONSELHO..., Livro 1).

A lei estabeleceu os fundos para os patrimônios, indicou as faculdades fundadoras da nova instituição, a forma de sua organização administrativa e os vínculos com os poderes estaduais. As funções do reitor, dos membros do conselho universitário e da secretaria foram estabelecidas no regulamento instituído pelo decreto. Desse modo, se é possível uma aproximação do contexto que produziu a lei, pela leitura dos

Anais da Câmara e do Senado mineiros, o mesmo não se pode dizer com relação ao regulamento. É bem provável que tenha sido produzido entre as quatro paredes da sala do titular da Secretaria do Interior, Francisco Campos, que o assina juntamente com o presidente Antonio Carlos. Portanto, se por um lado, o nascimento da universidade é comemorado com a *entusiástica manifestação da mocidade acadêmica*, se é aplaudido como um *centro de luz que... irradiará o brilho da cultura mental e política de nossos patrícios*, provavelmente, por outro, gerou uma tensão entre a posição daqueles que detinham a autoridade legítima para "tirar do papel" o projeto dessa instituição e os ocupantes de cargos públicos no exercício de seu arbítrio. Na leitura das atas do Conselho Universitário, desde sua criação até final de 1930, notamos a relevância atribuída a dois temas sempre recorrentes: as questões relativas ao financiamento/patrimônio da universidade e as ligadas à autonomia universitária.

É nessa ambiência – no calor desses debates voltados para a afirmação da universidade no espaço público, como instituição detentora de autonomia – e na condição de professor e membro do Conselho Universitário, que podemos situar Lúcio José dos Santos e classificá-lo, provisoriamente, como um intelectual integrante do grupo que constrói os "alicerces" da *Universidade de Minas Gerais*.

LÚCIO JOSÉ DOS SANTOS: PEQUENA BIOGRAFIA[4]

Lúcio José dos Santos nasceu em Cachoeira do Campo, distrito da cidade de Ouro Preto/Minas Gerais, em 27 de julho de 1875. Faleceu em Belo Horizonte, em 09 de dezembro de 1944. Viveu, portanto, 69 anos.

Fez os primeiros estudos *em sua terra natal*. De janeiro de 1888 até 1892, estudou Humanidades no Seminário de Mariana. Em 1900, formou-se engenheiro de minas e civil, pela Escola de Minas de Ouro Preto. Em 1908, tornou-se bacharel em Ciências Jurídicas e Sociais pela Faculdade de Direito de São Paulo. Por haver concluído o curso de Engenharia em primeiro lugar, foi premiado com uma viagem à Europa.

De volta ao Brasil, em 1901, ingressou como professor na Escola de Minas. Em 1922, por concurso de títulos, foi nomeado professor catedrático na Escola de Engenharia de Belo Horizonte. Lecionou também em escolas de ensino secundário. No período

[4] Estas informações biográficas foram consultadas em: Moraes (1972, v. 1, p. 343-344); Monteiro (1994, v. 2, p. 621); Lopes (1931, p. 91); Comissão (1966, p. 174-175); Silveira (1926, p. 134-136).

de 1924 a 1926 (ou início de 1927), foi Diretor de Instrução Pública (governo de Melo Viana e parte do governo de Antonio Carlos). Em 1929, foi o primeiro diretor da Escola de Aperfeiçoamento de Minas Gerais. De abril de 1931 a maio de 1933 assumiu o reitorado da Universidade de Minas Gerais. Em 1939, integrou o grupo de professores que fundou a Faculdade de Filosofia, atuando também como primeiro diretor.

Lúcio José dos Santos exerceu a vereança na Câmara de Ouro Preto nos anos de 1897 a 1900 e de 1908 a 1912, tendo assumido, nesse último período, as funções de presidente e agente executivo. Foi membro da Sociedade Mineira de Engenheiros, do Instituto Histórico e Geográfico do Estado de Minas Gerais, da Academia de Ciências de Minas Gerais e da Academia Mineira de Letras. Colaborou em vários jornais e revistas de Belo Horizonte, Rio de Janeiro e São Paulo. Como líder católico, participou da fundação do Círculo Operário Católico, da União de Moços Católicos e da Ação Católica da Arquidiocese de Belo Horizonte e dirigiu o jornal *O Horizonte*, de orientação católica. Foi condecorado, pelo governo alemão, com a medalha da Cruz Vermelha Alemã e pela Santa Sé, no pontificado de Pio XI.

Casado com Josefina de Figueiredo Santos, Lúcio dos Santos era filho de Blandina de Figueiredo Santos e de João Inácio da Costa Santos, coronel da guarda nacional.

Face ao descrito, notadamente às posições de poder assumidas, podemos afirmar que Lúcio José dos Santos era um membro da elite mineira[5]. De início, a dupla formação universitária aponta para sua inclusão nessa categoria. Em seguida, seu recrutamento segundo a perspectiva da filiação: em Minas Gerais, o filho de um oficial da guarda nacional tinha mais chances de ascender socialmente, só perdendo posição para os filhos dos fazendeiros (LOVE; BARICKMAN, 2006, p. 75-97). Além disso, na cultura luso-brasileira moderna, a partir de fins do século XVIII, a condição de ilustrado está intimamente associada às viagens e à ocupação de um cargo na administração pública (SILVA, 1999).

RELATO DE VIAGEM: A MISSÃO UNIVERSITÁRIA[6]

A bordo do navio *Pan America*, em 29 de janeiro de 1930, o engenheiro Lúcio José dos Santos partiu do Rio de Janeiro, em direção ao hemisfério norte. Destinos:

[5] Sobre a abordagem específica dessa temática, ver Melo (2012).

[6] Salvo registro em contrário, nesta parte do meu texto, as notações de fontes foram transcritas de Santos (1930).

Cuba e Estados Unidos. Apesar de as viagens a cada um desses países terem finalidades específicas, um tema as unificou: o ensino superior. Em Cuba/Havana, Lúcio dos Santos participou de dois congressos. O primeiro, o *Congresso Internacional de Universidades*, realizado nos dias 15 a 19 de fevereiro, em comemoração ao bicentenário da Universidade de Havana. Em seguida, o *Congresso de Reitores, Decanos e Educadores*, no período de 20 a 23 de fevereiro. Concluídas suas atividades em Havana, Lúcio José dos Santos retornou a Nova York – onde chegara inicialmente –, já agora com a intenção de visitar várias universidades norte-americanas. No retorno ao Brasil, Lúcio José dos Santos publicou o relato de sua viagem.[7]

Como está organizado o livro? O capítulo final traz a "chave" para sua compreensão. Intitulado "A minha missão universitária", é nele que Lúcio dos Santos explica os propósitos de sua viagem, faz os agradecimentos às pessoas que o ajudaram, traça o percurso de suas andanças. A obra parece estar organizada em torno de dois eixos: o que viu e o que leu. Esses "marcos" não estão bipartidos no livro, mas atravessam toda a escrita, ora com a preponderância de um aspecto, ora de outro, ora ainda ambos em equilíbrio. Por que Lúcio dos Santos julgou necessário ler sobre o tema *universidade*? Provavelmente, para ser reconhecido e respeitado por seus pares como um *expert* bem como por outras pessoas no âmbito de seus relacionamentos. O livro, ainda, é fartamente ilustrado com fotografias das várias universidades que visitou, tanto em Cuba quanto nos Estados Unidos. Esse é um tempo em que as imagens têm um alto poder de convencimento, abreviam a compreensão do leitor e poupam quem escreve (e quem lê) do esforço que o texto descritivo apresenta. Entretanto, não há uma correlação entre o material escrito e o visual: ambos não se apresentam lado a lado, para que um possa ilustrar o outro. Ou seja, enquanto o texto escrito possui uma lógica em sua estrutura, as fotografias são apresentadas, aparentemente, de modo aleatório. Para a escrita de cada capítulo, o autor opta por expor cada assunto (e distinguir um de outro), usando o recurso da numeração em algarismos arábicos.

Que temas foram acolhidos? Se tomarmos um critério geográfico é possível agrupar os assuntos relacionando-os à Europa, à América e ao Brasil. Partindo da Europa, Lúcio dos Santos descreve/narra a origem da universidade na Idade Média, seu declínio e sua constituição como "instituição" moderna a partir da *restauração* a que

---

[7] No decorrer das várias leituras que fiz desse livro, perguntei-me sobre a que gênero ele pertencia. Optei por classificá-lo como relato de viagem, convencida pelos argumentos de Cezar (2010).

é submetida no século XIX. Nesse sentido, a universidade alemã é a maior referência, seguida da universidade na França, Holanda, Inglaterra e Bélgica. Na América, refere-se inicialmente às primeiras fundações ocorridas nos países de colonização espanhola, detendo-se na descrição da universidade de Havana, para, em seguida, configurar detalhadamente as doze universidades norte-americanas que visitou. No Brasil, referiu-se às vicissitudes pelas quais passou a universidade até chegar à criação da *Universidade de Minas Gerais*. Tanto quando se refere à Europa, e mais ainda, quando descreve as instituições universitárias norte-americanas, o professor deu ênfase aos seguintes temas: formação histórica, função da universidade, faculdades e escolas integrantes, formas de administração, graus de ensino, currículos, disposição no espaço físico, particularidades de cada uma das configurações, formas de avaliação, métodos de ensino, aparelhamento, recrutamento de professores e admissão dos alunos, ensino primário e secundário, dentre outros. Ao que parece, o empenho de Lúcio José dos Santos foi o de configurar um *tipo ideal* de universidade moderna a partir do qual a *Universidade de Minas Gerais* construiria suas próprias experiências. Nesse sentido, deixa claro que só a universidade poderia possibilitar a criação da *ciência original, a ciência nascida no Brasil*, apontando com isso, entre outros argumentos relacionados à nossa realidade, que a pretensão era a de não se afastar das condições culturais e materiais que estariam condicionando a concretização da universidade mineira.

Que referências Lúcio dos Santos cita? Apenas uma obra e seu autor são explicitados. Trata-se de David H. Robertson e seu livro *American Universities and Colleges*, trazidos ao texto, a propósito do levantamento relativo ao número de universidades nos Estados Unidos. Além disso, nas páginas em que trata do *ensino formal e ensino material*, faz citações e exemplos vinculados a Paulsen, Einstein, Agassis, Galvani, Branly, Marconi, Locke e Charles Elliot.[8]

Entretanto, a questão imperativa é: – Com quem Lúcio José dos Santos dialoga? No início deste estudo, posso identificar dois interlocutores: um, de referência explícita e outro, por suposição. Quanto ao primeiro, trata-se de Charlles Elliot, reitor da Universidade de Harvard durante 40 anos e considerado grande reformador da universidade norte americana. Quanto ao segundo, remeto a uma hipótese já aventada durante a minha pesquisa no doutorado (MELO, 2010). Os documentos

[8] Vários outros nomes são citados sob propósitos distintos.

consultados para a tese levaram-me à suposição de que haveria uma forte tensão entre dois intelectuais que se projetaram na educação mineira na década de 1920: Lúcio José dos Santos e Francisco Campos. A tensão teria chegado ao extremo a ponto de Lúcio dos Santos se afastar da administração estatal. Seu objeto: a disputa por posições antagônicas quanto às orientações pedagógicas a serem adotadas na reforma de ensino primário e normal em andamento. Ao referir-se às diferenças entre o estudante americano e o brasileiro, Lúcio dos Santos afirma que essa diferença implica que tal *mentalidade não pode ser tratada do mesmo modo*. Em seguida, envia "seu recado" a propósito da escola ativa, preconizada na Reforma Campos:

> A mesma observação, é claro, aplica-se à criança. [...] É veso de **certos reformadores** acoimarem de retrógrados, os que lhes não acompanham os erros e exageros. Só, porém, a vaidade, que obscurece o espírito e cega o bom senso, não distingue entre os reacionários impenitentes e os **conservadores esclarecidos** (p. 136; grifos meus).

Por que falar da criança numa obra específica sobre a universidade? Acredito que Lúcio José dos Santos não tenha deixado passar a oportunidade de dar uma resposta a *certo reformador*, ele que se considerava um *conservador esclarecido* e tinha sido o mentor da reforma de ensino anterior, substituída pela reforma encetada por Francisco Campos.

Por fim, uma última pergunta: – Sobre o que o livro silencia? Quanto a isso, chama atenção a questão do financiamento da viagem (ou das viagens). Quem pagou por ela, quanto custou? Não se trata, entretanto, de um total silêncio: entre os agradecimentos, Lúcio dos Santos destaca a liberação de exercício na Escola de Minas de Ouro Preto, no intervalo de 20 de janeiro a 17 de abril, por parte de Vianna do Castello, que o colocou a serviço do Ministério da justiça, nesse período.

UNIVERSIDADE MODERNA E MODERNIDADE PEDAGÓGICA

Ao descrever a universidade alemã, Lúcio dos Santos registra o "conceito" de universidade *moderna*: ... *um estabelecimento de ensino tendo por fim* [...] *fornecer uma cultura científica geral e especial à mocidade, encaminhá-la para as pesquisas científicas e prepará-la para as profissões que exigem uma formação universitária* (SANTOS, 1930, p. 19).

Ou seja, diferentemente das universidades medievais que foram se especializando em áreas do conhecimento, a partir de sua origem nas escolas diocesanas e nas corporações de ofício,[9] e da forma de organização do Estado em que a universidade é instalada - se república ou monarquia - a *moderna* universidade europeia se caracteriza por aglutinar tanto o *ensino formal* (teórico) quanto o *ensino material* (prático). A "radicalização" desse modelo estaria na universidade americana. Assim é que essa universidade pode *definir-se do seguinte modo*:

> É uma instituição de ensino superior e de pesquisas científicas, tanto no terreno especulativo como no prático... Ao lado do ensino, como é este feito nas escolas técnicas, encontram-se os institutos de investigação científica e o estudo das Letras, da Filosofia e mesmo da Teologia... O campo de estudos universitários alarga-se cada dia, podendo-se dizer que nenhum assunto digno de estudo é considerado indigno na universidade (SANTOS, 1930, p. 120).

Ou seja, a universidade adjetivada como *moderna* centra suas marcas no modo como se organiza, na sua estrutura, na diversificação dos níveis de formação que oferece e, acima de tudo, nos fins a que se destina e que podem ser deduzidos das funções que lhe são atribuídas.

Se as palavras *moderno/moderna* estão explícitas no relato de Lúcio dos Santos, o termo *modernidade* não tem seu registro. Nesse sentido, João Antonio de Paula (2000) faz a mesma constatação em seu trabalho sobre as *raízes da modernidade em Minas Gerais*. Segundo ele, apesar de *a palavra moderno estar em curso no contexto histórico-geográfico de seu estudo, interessava-lhe mostrar que mesmo que os coevos não o nomeassem, a realidade de Minas Gerais nos séculos XVII e XIX era marcada pela modernidade* (PAULA, 2000, p. 22).

Isso posto, o que então pode ser acolhido no âmbito da *modernidade* adjetivada como *pedagógica*? Trago aqui o que tem me parecido constituir-se no "expoente" dessa *modernidade*: o método de ensino. Ao abordar o tema do *método de ensino americano*, Lúcio dos Santos apresenta/comenta a respeito de cinco métodos: *a preleção, o ditado, o manual (text book), o método ativo e o preceptorial method*. Para cada

[9] Santos, 1930, p. 5-13; Sotelo, 1987, p. 47-50.

um deles refere-se à dinâmica que os constitui, às condições de sua aplicabilidade, às críticas quanto a sua aplicação (desvantagens), seus aspectos positivos, o modo como é empregado nos Estados Unidos e no Brasil (quanto aos métodos afins, como no da *preleção*, por exemplo). Entretanto, apesar de aglutinar os métodos nesses cinco tipos, durante sua explicação faz referências a outros modos de ensino que poderiam ser acionados em articulação com cada tipo. Assim, no método da *preleção o professor vai expondo e explicando aos alunos a matéria, segundo o programa estabelecido* (SANTOS, 1930, p. 126). Entretanto, o sucesso desse método depende do professor, do seu conhecimento da matéria, da sua capacidade de manter o interesse dos alunos. Na universidade americana, esse método é denominado de *conferência*... realizada em *grandes anfiteatros* e pode ser articulado a trabalhos *práticos, exercícios, projetos*... que então, passam a ser realizados em grupos menores de 20 alunos. Já o *ditado* – largamente utilizado entre nós – pelo qual o professor dita a matéria a ser ensinada no dia, foi/é justificado no tempo em que/e quando o acesso ao livro fosse/seja difícil para o aluno. O uso do *ditado integral da lição constitui processo condenável*, mas pode ser aceitável quando o professor apresenta apenas um *esquema ou sinopse* de sua aula que o aluno completa com seus próprios registros. Para o terceiro método, o *manual*, Lúcio José dos Santos destina seu mais longo comentário. Haveria duas *variantes* desse método. Numa, o professor explica a matéria e indica *aos alunos o manual ou manuais em que devam acompanhar as lições*. Na outra, o professor *adota determinado manual, marca a lição e interroga os alunos sobre a matéria. É a esse manual que os americanos chamam de 'text-book'*. Como ele deve conter a matéria a ser ensinada pelo professor, o *manual* não pode ser um livro qualquer. Por isso, nos Estados Unidos, *o text-book é obra do professor*. Para o autor, esse é um método que apresenta mais vantagens que os anteriores: *permite realizar melhor o ensino, de acordo com o plano adotado; metodiza o trabalho dos alunos; garante, portanto, mais homogeneidade e mais sequência no ensino de cada disciplina*. Porém, a maior vantagem consistiria em limitar o estudo de certo assunto numa única obra. No quarto método, o *ativo*, a matéria e a relação de livros que a contém são indicadas com antecedência para os alunos que, no dia da aula, *explanam o assunto, resolvem questões, trocam impressões, etc*. Lúcio dos Santos não vê desvantagem nesse método no qual *o estudante nada perde da sua espontaneidade e pode desenvolver largamente a sua individualidade*. Por fim, o *preceptorial method* (que Lúcio dos Santos também denomina de *ensino por grupos*). Também quanto a esse método, o *Missão Universitária nos Estados Unidos* não traz registrada nenhuma crítica. Ao término de sua exposição, Lúcio dos Santos conclui que o "bom" método não é aquele que, ao instruir, enche *de conhecimentos o espírito, conhecimentos já feitos e acabados por outrem* [...] mas aquele que desenvolve *as aptidões, de modo a tornar* alguém *capaz de alcançar e realizar por si mesmo aquilo que constitui o objeto do ensino* (SANTOS, 1930, p. 133).

É possível agrupar esse conjunto de métodos em três subgrupos. No primeiro, estariam a preleção e o ditado; no segundo, o método ativo e o método tutorial; no terceiro, o manual. Quanto ao primeiro, podemos afirmar que estamos diante de uma permanência com relação à denominação dos métodos e sua concepção. A modernidade estaria nas novas possibilidades aventadas para cada um, a partir das críticas a eles dirigidas e das perspectivas apontadas no que diz respeito a um novo jeito de ser professor e de ser aluno. Quanto ao segundo grupo, os métodos seriam uma "consequência" dos conhecimentos pedagógicos construídos a partir das ciências humanas constituídas no final do século XIX (com destaque para a psicologia e a sociologia) e da percepção do papel ativo do aluno no seu próprio processo de aprendizagem. Penso que a ausência de críticas não sinalizaria para um endosso irrestrito às proposições de tais métodos, senão que ainda não haviam sido submetidos ao "teste" da experiência. Por fim, o manual estaria "transitando" entre esses dois agrupamentos anteriores: ora poderia ser remetido à *sebenta*, e então teríamos uma permanência, ora poderia ser considerado como aglutinador do trabalho em grupo. Além disso, ao trazer o manual para o segundo grupo de métodos, é possível constatar uma contradição nas posições de Lúcio José dos Santos quanto ao tema: o "elogio" que faz às vantagens do livro único como um *ponto de apoio mental* para o estudante, entre outros, se desfaz quando destaca a necessidade da oferta de uma variedade de livros, disponíveis para o aluno realizar, a contento, seus estudos a partir do método ativo e tutorial.

CONSIDERAÇÕES FINAIS

Aos professores e alunos das quatro faculdades que constituíram a *Universidade de Minas Gerais* em seus primórdios, principalmente aos que assumiram atribuições especiais na administração – com destaque para os membros do Conselho Universitário – estava posto o desafio de materializar o que a lei deu existência jurídica. Mas, se a universidade era recém-criada, as escolas que a compunham já tinham uma história, já tinham sedimentado posições, experiências, memória. É possível supor que tentativas de "manobras" para fazer prevalecer tanto experiências institucionais quanto pessoais, tenham provocado tensões, descrédito quanto ao sucesso do empreendimento, quanto às realizações futuras. A *missão universitária* de Lúcio José dos Santos pode ter sido uma "saída": buscar em outro país o *tipo ideal* de universidade a partir da qual a nova universidade poderia construir suas balizas. Não há dúvida de que o "modelo" situado no *horizonte de expectativas* tinha uma adjetivação: universidade moderna. Entretanto, se a América do Norte, nesse momento, representou essa aspiração, se em seus relatos, Lúcio dos Santos destaca tanto a dimensão *moderna* dos fins, quanto à *modernidade pedagógica* das práticas colocadas *em movimento* na constituição da universidade norte-americana, não é difícil imaginar a "acolhida" de suas sugestões/proposições por parte de seus pares. Provavelmente, assim como constatamos na análise dos métodos de ensino, a materialização da primeira universidade mineira tenha sido marcada pela coexistência de aspectos arcaicos/medievais e modernos, sem que isso se constituísse num problema para aqueles que "concretaram" os alicerces dessa construção.

REFERÊNCIAS

CEZAR, Temístocles. Entre antigos e modernos: a escrita da história em Chateaubriand. Ensaio sobre historiografia e relatos de viagem. *Almanack Brasiliense*, São Paulo, n. 11, p. 26-33, maio 2010.

COLECÇÃO das Leis e Decretos do Estado de Minas Geraes. 1925. Bello Horizonte: Imprensa Official de Minas, 1926.

COMISSÃO... A escola de Minas: 1876/1966. Ouro Preto: Oficinas Gráficas da Escola Federal de Ouro Preto, 1966.

CONSELHO Universitário da Universidade de Minas Geraes. Atas. Livro 1.

DIRECTORIA DO SERVIÇO DE SESSÕES (Org.). *Annaes da Camara dos Deputados (Anno de 1927)*. Bello Horizonte: Imprensa Official de Minas, 1928.

LOPES, Francisco. *A escola de Minas*. Ouro Preto: Livraria Mineira, 1931.

LOVE, Joseph L.; BARICKMAN, Bert J. Elites regionais. In: HEINZ, Flávio M. (Org.). *Por outra história das elites*. Rio de Janeiro: FGV, 2006.

MELO, Cleide M. Maciel de. *A infância em disputa*: escolarização e socialização na reforma de ensino primário em Minas Gerais – 1927. 2010. Tese (Doutorado em Educação) – Faculdade de Educação, UFMG, São Paulo, 2010.

MELO, Cleide M. Maciel de. Missão Universitária: relatos de viagem de Lúcio José dos Santos – Brasil/Minas Gerais/1930. In: HERNÁNDEZ DÍAZ, José María (Coord.). *Formación de élites y educación superior en Iberoamérica (ss. XVI – XXI)*. Salamanca, Espanha: Hergar Ediciones Antema, 2012. v. 1, p. 575-581.

MONTEIRO, Norma de Góis (Coord.). *Dicionário biográfico de Minas Gerais*: período republicano 1889/1991. Belo Horizonte: Assembléia Legislativa do Estado de Minas Gerais, 1994. v. 2.

MORAES, Eduardo R. Affonso de. *História da Universidade Federal de Minas Gerais*. Belo Horizonte: Imprensa da UFMG, 1972. v. 1.

MOURÃO, Paulo Krüger Corrêa. *O ensino em Minas Gerais no tempo da República (1889-1930)*. Centro Regional de Pesquisas Educacionais, 1962.

PAULA, João Antonio de. *Raízes da modernidade em Minas Gerais*. Belo Horizonte: Autêntica, 2000.

SANTOS, Lucio José dos. *Missão Universitaria nos Estados Unidos*. Bello Horizonte: Imprensa Official de Minas Geraes, 1930.

SILVA, Maria Beatriz Nizza da. *A cultura luso-brasileira*: da reforma da universidade à independência do Brasil. Lisboa: Editorial Estampa, 1999.

SILVEIRA, Victor (Org.). *Minas Geraes em 1925*. Bello Horizonte: Imprensa Official, 1926.

SOTELO, Ignacio. Universitad y política. In: LERENA, Carlos (Ed.). *Educación y sociologia em España (Seleção de textos)*. Madrid: Ediciones Akal, 1987. p. 43-61.

"O presente de carregar o fardo cheio do passado": a trajetória de Aurélio Pires

Luísa Marques de Paula

EPÍGRAFE

Em 1939 o livro *Homens e factos de meu tempo* era publicado no Brasil pela Editora Brasiliana. Tratava-se da autobiografia póstuma de Aurélio Pires, falecido dois anos antes em fevereiro de 1937.

Pedro Nava, reconhecido poeta mineiro e aluno de Aurélio na Faculdade Livre de Medicina de Minas Gerais, abre o livro com seu poema "Mestre Aurélio entre as rosas". Um trecho, entre os muitos versos que falam da vida de Pires, das lembranças de sua infância em Diamantina e da juventude em Ouro Preto, chama a atenção:

> Mestre Aurélio passa sózinho entre as rosas acompanhado de três sombras deliciosas.
> Só seus olhos vêem estas sombras porque estão cansados do presente.
> Mestre Aurélio está cansado do presente de carregar o fardo cheio do passado... (NAVA, 1939, p. 16)

Afinal, o que poderia significar aos olhos sensíveis do poeta "o presente de carregar o fardo cheio do passado"? Por que esse homem assim se mostrava ao seu aluno que o chamava de Mestre? Quem foi Aurélio Pires e por que ele pode nos interessar?

INTRODUÇÃO

Este texto, fruto de minha iniciação científica, tem como objetivo apresentar a figura do mineiro Aurélio Pires e os resultados até então obtidos pelo esforço de pesquisa que o toma como objeto. Além disso, busca minuciar algumas das problematizações teórico-metodológicas que fizeram e fazem parte do estudo de tal figura pública, com destaque para a problematização do conceito de intelectual e para a discussão sobre o âmbito do moderno e da modernidade.

Dessa forma, dei atenção especial à apresentação das fontes, sendo elas tomadas também como objetos que acabam por inserir a pesquisa na discussão sobre a construção de si, por meio da escrita autobiográfica e do arquivamento pessoal. Tais eixos trabalham, portanto, para a construção de um trabalho em interfaces que visa contribuir para a área de História da Educação.

AURÉLIO PIRES, MESTRE AURÉLIO

Aurélio Egydio dos Santos Pires nasceu na cidade do Serro em Minas Gerais no ano de 1862, sendo filho do magistrado Aurélio A. Pires de Figueiredo Camargo e de Maria Josephina dos Santos Pires. Seu familiar mais famoso foi o irmão Antonio Olyntho dos Santos Pires, que entre vários cargos ocupou o de primeiro Presidente do Estado mineiro assim que se deu a República no Brasil.

Aurélio, ao contrário do irmão, não exerceu ou sequer concorreu a nenhum cargo político, concentrando-se na carreira docente, tendo sido reitor do Ginásio Mineiro em Belo Horizonte, diretor e professor na Escola Normal Oficial e integrante do corpo docente da Faculdade Livre de Medicina, ambos também na capital.

Foi no exercício desses cargos docentes que recebeu a alcunha de "Mestre Aurélio", sendo dessa forma referido em diversos textos, discursos e poemas que o citavam, assim como Pedro Nava o faz no poema "Mestre Aurélio entre as rosas".

Além disso, Pires exerceu por pouco tempo seu diploma de farmacêutico e ocupou cargos públicos no Estado de Minas Gerais, como diretor do Arquivo Público Mineiro, e o de diretor da seção do Ministério da Viação e Obras Públicas, este no Rio de Janeiro.

Um detalhe que merece relevância é a própria formação de Aurélio Pires. Em sua autobiografia, Aurélio conta sobre o sonho de ser médico, que não pôde ser concretizado. À época de sua juventude havia apenas duas faculdades de medicina no Brasil, uma na Bahia e outra no Rio de Janeiro.

Sendo assim, Aurélio partiu em março de 1882 para o Rio de Janeiro a fim de estudar medicina na capital fluminense. Porém, devido às péssimas condições nas quais vivia, teve de abandonar seus estudos em outubro de 1884.

Frustrado com a tentativa malograda de formação, mas ainda interessado pela área, Aurélio ingressou na Faculdade de Farmácia de Ouro Preto em 1892, tendo recebido o grau de farmacêutico em 1894, sendo, inclusive, orador da turma.

Desses breves fatos da trajetória acadêmica de Pires advêm outros dois interessantes acontecimentos. O primeiro é a sua empreitada a favor da criação da Faculdade Livre de Medicina de Minas Gerais.

Aurélio Pires, ao lado de diversos políticos, discentes e jornalistas mineiros, engajou-se fortemente na causa da fundação de tal instituição, usando, por sua vez, as páginas de diversos periódicos para rebater argumentos contrários a esse projeto. Enfim, quando se deu a fundação da Faculdade, Aurélio já morava no Rio de Janeiro e não pôde participar diretamente dos preparativos e cerimônias. Todavia, sua importância para a viabilização da instituição foi rememorada tanto pelos seus pares na época quanto pelos atuais diretores da Faculdade, que no ano do seu centenário, em 2011, homenagearam Pires criando um projeto para incluir seu nome entre os fundadores da Faculdade.

O segundo fato é a maneira como Aurélio Pires lidou com sua formação como farmacêutico, que pouco exerceu efetivamente (Aurélio teve uma farmácia em Belo Horizonte por um ano e escreveu manuais químicos, além disso, ocupou a cadeira de Farmacologia na Faculdade Livre de Medicina).

Apesar de sempre fazer o esforço de tentar vangloriar as qualidades da formação em Farmácia, Aurélio tendia a deixar transparecer em suas crônicas alguns determinados incômodos que o fato de ser farmacêutico trazia diante de seus pares nos jornais, afinal, tal profissão não gozava de grande *status* perante a sociedade da época.

Em crônica publicada no jornal *O Norte*, de Belo Horizonte, de 25 de junho de 1901, Aurélio expõe a seguinte crítica:

> Ha dias, um moço de talento, mas desprovido de criterio, querendo amesquinhar um supposto adversario em materia litteraria, atirou-lhe, das columnas do Diario de Minas, como um baldão, o epitheto de critico de pilulas.
>
> Eu quizera que o joven chronista me informasse desde quando foi declarado o repudio entre a profissão de pharmaceutico e a cultura das lettras;

> desejara que me expuzesse os motivos desconhecidos, pelos quaes os dedos que enrolam pilulas estão, por esse facto, inhibidos de empunhar uma penna ou tanger uma lyra [...]. (O NORTE, 1901)

A crônica segue com a defesa da possibilidade de os farmacêuticos fazerem parte do mundo das letras, lugar por eles devidamente conquistado. Em outras ocasiões Aurélio voltou a explicitar seu desconforto com o preconceito de determinados jornalistas perante os ditos botânicos.

Desses comentários eu tiro a hipótese de que a forma de escrita adotada por Pires nos primeiros anos como cronista e que aos poucos vai sendo abandonada, relaciona-se diretamente com a defesa feita por ele de que homens com formações similares à dele possuíam alto grau de erudição e falavam de um lugar de legitimidade já estabelecido. Isso porque a escrita de Pires segue uma lógica quase matemática de finalização das crônicas com citações em latim, francês ou inglês, que aparentavam ter o intuito de dar propriedade a toda argumentação exposta no corpo do texto.

Voltando à sistematização biográfica de Aurélio Pires, resta dizer mais detalhadamente da sua atuação como jornalista.[1]

Aurélio faz sua estreia no jornalismo no ano de 1878, ao publicar uma crônica no periódico republicano *A Mocidade*, na época dirigido por seu irmão Antonio Olyntho, falando sobre a criação da Escola Normal em Diamantina. A partir daí Aurélio segue escrevendo constantemente para diversos jornais, majoritariamente mineiros e cariocas, tratando de assuntos variados.

Aurélio costumava trabalhar como correspondente, relatando as novidades políticas e cotidianas das cidades em que morou, respectivamente, Ouro Preto, Belo Horizonte e Rio de Janeiro. Alguns assuntos sempre se mostraram mais recorrentes, sendo a instrução pública o principal deles. Ele discutia os projetos e aplicação de leis; associava a instrução a um ideal republicano de civilidade e progresso; era por vezes moderno no discurso, citando o poder da ciência e fazendo apologia ao valor que a Escola de Minas de Ouro Preto poderia adquirir num Estado que sempre guardou muitos bens minerais; e por vezes tradicionalista, quando sugeria um ideal de professor "rigoroso" e "virtuoso" à moda antiga.

---

[1] Quanto ao termo "jornalista", não encontrei problemas em utilizá-lo, tendo em vista que Pires faz uso deliberado da palavra desde 1890, segundo as fontes até agora levantadas.

Pode-se inferir que, no que diz respeito à instrução pública, Aurélio era moderno no que pretendia obter como frutos, mas era tradicional na maneira de obtê-los, isso logicamente relacionado à sua formação em seminários, por exemplo. Mais à frente no texto, pretendo apontar como a sua faceta moderna se dá de forma peculiar e ligada mais a um fazer.

Por fim, Aurélio Pires morre no ano de 1937, na cidade do Rio de Janeiro, após enfrentar problemas de saúde acarretados pela idade avançada.

UM INTELECTUAL ENTRE OS HOMENS DE SEU TEMPO?

Concebendo Aurélio Pires como uma figura pública, com acesso à palavra escrita por meio dos periódicos e a grupos específicos dirigidos pela dita elite pensante, formada pelos homens de letras da época, proponho uma primeira aproximação de Aurélio ao conceito de "intelectual". Isso porque o estudo intensivo do que se pode chamar "intelectual" se apresenta como um meio frutífero para chegar ao entendimento de uma época e seu contexto de debates, alianças e disputas entre os diversos atores, o que legitima tal esforço teórico.

No que se refere a essa pesquisa em particular, resolvi trabalhar o conceito de intelectual discutido atualmente pela historiografia francesa dentro da área de História Política, porém, sem desconsiderar a contribuição que a história cultural traz ao debate do tema. Pois, como aponta Sirinelli, esse é "um campo autônomo que, longe de se fechar sobre si mesmo, é um campo aberto, situado no cruzamento das histórias política, social e cultural" (SIRINELLI, 2003, p. 232).

Como referencial teórico, utilizei alguns textos do próprio Jean François Sirinelli, assim como de Ângela de Castro Gomes, Adauto Novaes e Marilena Chauí. Optei também por me pautar no histórico debate sobre o papel dos intelectuais, travado por Jean Paul Sartre e Meleau-Ponty em meados do século XX.

François Sirinelli, em texto traduzido para o português em 2003, problematiza o campo da história dos intelectuais buscando situar o recente interesse por parte da historiografia atual por esse grupo específico, que para o historiador francês encontra-se em crise num momento de fortalecimento da direita política e também de transformação das mídias e seus respectivos vetores de comunicação e propagação de ideais.

Tratando dos intelectuais, Sirinelli argumenta que estes sempre foram um grupo social de contornos vagos. Todavia, expõe alguns caminhos para estudá-los. Para ele, é indissociável o estudo dos intelectuais da questão do poder, qual seja, "teriam esses intelectuais, em uma determinada data, influído no acontecimento?" (SIRINELLI, 2003, p. 235).

Além disso, é necessária a compreensão de como as ideias chegam aos intelectuais e por que uma ideologia torna-se dominante numa determinada data (SIRINELLI, 2003, p. 236). O que, porém, considero mais importante na discussão proposta por Sirinelli é o apontamento quanto às estruturas de sociabilidade, à construção de redes entre os intelectuais e de lugares que eles compartilham, como as redações dos jornais. Esse é um dos aspectos trabalhados em minha pesquisa sobre Aurélio Pires.

Quanto à aproximação de Pires do conceito de "intelectual", é necessário apontar que tanto o conceito quanto as próprias áreas de "História dos Intelectuais" e "História Intelectual" são compreendidos dentro de um vasto campo de discussões.

Como aponta Carlos Altamirano:

> É sabido que a história intelectual se pratica de muitos modos e que não há, dentro de seu âmbito, uma linguagem teórica ou maneiras de proceder que funcionem como modelos obrigatórios nem para analisar seus objetos, nem para interpretá-los – nem ainda para definir, sem referência a uma problemática, as quais objetos conceder primazia[2] (ALTAMIRANO, 2005, p. 13).

Dessa forma, pautada por esse vasto rol de escolhas teóricas, optei, nesse momento da pesquisa, por utilizar a referência de Sirinelli, que aponta que as discussões sobre o conceito "podem desembocar em duas acepções do intelectual, uma ampla e sociocultural, englobando os criadores e os 'mediadores' culturais, a outra mais estreita, baseada na noção de engajamento" (SIRINELLI, 2003, p. 242).

Nesse primeiro movimento de discussão do conceito relacionado ao objeto, preferi aproximar Pires da noção de intelectual engajado, de acordo, principalmente, com o pensamento sartriano.

Marilena Chauí, em texto publicado em 2006 na obra *O silêncio dos intelectuais*, organizada por Adauto Novaes, ensina que Sartre, em intenso debate com Merleau-Ponty, aponta o intelectual engajado como aquele em constante vigília, que opina sobre os assuntos que tem como relevantes e busca sempre intervir neles.

---

[2] Tradução do espanhol feita por mim.

Era para isso que Aurélio Pires usava sua pena, como ele mesmo diz no seguinte trecho:

> E' esta a ultima carta que dirijo aos bons, aos benevolos leitores d'O Pharol, neste anno que se encerra depois de amanhã.
> Durante os doze mezes que o compuzeram, quantas vezes tive ensejo de molhar a penna no fel da indignação para lhes denunciar factos que a todos nós contristavam, filhos da época que atravessamos, cheia de incertezas, de vacillações e de imprevistos! (O PHAROL, 1891)

Nessa crônica, que continua após esse fragmento, Aurélio Pires ainda diz do dever do jornalista de falar ao povo com imparcialidade e de denunciar os problemas do "terreno sáfaro e ingrato da politica cujo nivel tem baixado á depressão contristadora em que se acha o caracter nacional" (O PHAROL, 1891).

Quanto aos temas mais abordados nesse viés por Aurélio Pires estão a instrução pública e os debates políticos. Aurélio comentava a criação de leis, a sua aplicação, dava opinião quanto a projetos e, mais esporadicamente, lançava suas ideias de maneira mais direta.

É importante ressaltar, também, que todo debate educacional no qual Aurélio esteve envolvido dizia respeito a uma espécie de compromisso assumido com a República. Dessa forma, pode-se dizer que mesmo longe dos cargos políticos Pires foi figura presente nos embates pelos diferentes projetos destinados a conceber o novo sistema de poder que era inaugurado no Brasil.

Ainda sobre sua posição como intelectual, é importantíssimo abordar a noção de "rede de sociabilidades". Ângela de Castro Gomes afirma que "a participação numa rede de contatos é que demarca a específica inserção de um intelectual num mundo cultural" e que para produzir é necessário ao intelectual estar imerso em um circuito de sociabilidade (GOMES, 2004, p. 51).

E é justamente nessas redes, nas quais o intelectual se insere, que são difundidas ideias e projetos, e onde se dão alianças e rivalidades. São os atores que circulam por entre suas teias que compartilham de um determinado repertório, que de acordo com Ângela Alonso na obra *Ideias em movimento*, sobre a chamada geração de 1870, "funciona como uma caixa de ferramentas às quais os agentes recorrem seletivamente" de acordo com a necessidade apresentada. Essa "caixa" por sua vez fornece "um conjunto de recursos intelectuais disponíveis numa dada sociedade em um certo tempo" (ALONSO, 2002, p. 39-40).

Daí a noção de não só um vocabulário compartilhado, mas também de ideias e expressões que parecem se repetir entre determinados atores de uma mesma época. Nesse sentido, Aurélio Pires não se distancia dos demais ditos intelectuais republicanos, a maioria mineiros, com os quais mantinha contato. Para ele a instrução pública era o caminho para a construção de uma nação fundada nos preceitos de civilização e progresso.

Da mesma forma, ele também via, por exemplo, o jornal como meio educador que deveria cumprir o seu dever de instruir.

Nessa expectativa de compreensão de um grupo de intelectuais vasto e de determinada importância para a história política e educacional mineira, e também das ideias que circulavam por esses meios alocados em jornais, faculdades e nos congressos, que se deu o presente trabalho a respeito da figura de Aurélio Pires, figura que se mostra agente histórico em diversos processos dados desde antes da instauração da República no Brasil até a década de 30 do século XX. Processos esses ligados principalmente à área educacional, tendo como exemplo a própria fundação da Faculdade Livre de Medicina de Minas Gerais.

Logo, é possível colocar Aurélio Pires como meio de acesso para o estudo de uma geração, seus ideais, suas alianças e disputas. Sendo que, nesta pesquisa, ele é também entendido como uma possível porta para pensar a história da educação em Minas Gerais.

SEUS ESCRITOS E SUAS MEMÓRIAS: TRAÇOS DA MODERNIDADE

De janeiro a fevereiro de 1891, Aurélio Pires traduziu e publicou o texto "Meus ódios" de Émile Zola para o jornal republicano *O Movimento*. É possível dizer que tanto a sugestão do tipo de leitura praticada por Pires quanto o próprio conteúdo do texto traduzido levam a discussões importantes.

Muitos nomes são comuns nas citações e traduções feitas por Aurélio. Personalidades como Anatole France, Pierre Lati, Ramalho Ortigão e o próprio Émile Zola eram presenças marcantes, todos formando um rol de intelectuais que Aurélio não só lia, mas pretendia fazer circular entre seu grupo de leitores.

Uma tarefa interessante é articular a presença de republicanos portugueses ou intelectuais franceses de conhecida envergadura entre as referências aurelianas, com o conteúdo das falas, dos textos traduzidos, entendendo a legitimidade que Aurélio buscava ao citar cada um deles em suas argumentações sobre política, instrução para o progresso e até sobre o tempo que ele vivia.

Voltando ao texto de Émile Zola citado anteriormente, que serve como exemplo para isso, um trecho merece destaque, qual seja:

> Estamos no seculo em que os caminhos de ferro e o telegrapho electrico nos arrebatam, em corpo e alma, ao infinito e ao absoluto, nesse epoca irrequieta e grave, em que no espirito humano se opera a gestação de uma verdade nova, e ainda ha homens nullos e tolos que negam o presente, entorpecidos no lamaçal estreito e nauseabundo de sua banalidade! (O MOVIMENTO, 1891)

E foram muitas as ocasiões nas quais o próprio Aurélio se referiu dessa forma ao tratar de sua época. Em crônica publicada no dia 26 de junho de 1890 no jornal *O Pharol* sobre a promulgação da constituição da República Brasileira e como ela foi recebida pelo povo – de acordo com Aurélio, "com frieza glacial" –, ele escreve o seguinte:

> Tantos acontecimentos a se attropellarem, tantos factos a succederem-se numa celeridade tão vertiginosa, tanta cousa em tão pouco tempo, – eis os motivos da desconfiança e da frieza com que o povo cruza os braços deante do véo que occulta o dia d'amanhã. (O PHAROL, 1890)

É interessante notar o olhar negativo que Aurélio lança sobre a forma como o tempo se conduzia, e que hoje concebemos como a do tempo moderno. Institivamente, e até pela impossibilidade de fugir da própria conjuntura na qual está inserido, também há vezes em que Aurélio enxerga as características modernas como positivas, principalmente quando trata da ciência. Exemplo disso é o elogio que faz quanto à implementação de uma diretoria de estatística em Ouro Preto, na época capital do Estado de Minas Gerais.

> Sciencia eminentemente pratica, porque a sua linguagem é a dos algarismos, e porque se basêa em termos numericos, a Estatisca [*sic*], na phrase de Morean de Jounès, tem o caracter de precisão e de certeza das sciencias exactas [...]. Em nossos dias, ella tem sido objecto de constantes estudos por parte dos governos mais adiantados das nações cultas (O MOVIMENTO, 1890).

Lendo as crônicas que Aurélio Pires publicou durante décadas, é possível ter um panorama intrigante sobre a relação desse homem com seu tempo, as instituições e ideias em voga, a maneira como os acontecimentos se sucediam bem em frente aos seus olhos.

A voz de Aurélio reflete um tempo de paradoxo e contradição.

Marshall Berman na obra *Tudo que é sólido desmancha no ar*, publicada primeiramente em 1982, define o ser moderno:

> É ser ao mesmo tempo revolucionário e conservador, aberto a novas possibilidades de experiência e aventura, aterrorizado pelo abismo niilista ao qual tantas das aventuras modernas conduzem, na expectativa de criar e conservar algo real, ainda quando tudo em volta se desfaz (BERMAN, 1987, p. 13-14).

Mais à frente, Berman também diz sobre a vida moderna e o sentido da modernidade: "a vida moderna consiste em assinalar que o sentido da modernidade é surpreendentemente vago, difícil de determinar" (BERMAN, 1987, p. 130).

Essas duas citações servem para pensar o ser Aurélio Pires e sua relação paradoxal com o tempo moderno, sendo este mesmo indeterminado. Já foi falado nesse texto como, no que diz respeito à instrução pública, Pires a concebia de maneira a dar frutos que podem, facilmente, ser associados à logica moderna (progresso, civilização, livre pensamento), mas a forma de execução (o estereótipo construído por ele do professor) tendia a ser tradicional.

Aurélio viveu, assim como todos os homens de seu tempo, as aventuras da modernidade e do tempo que seguia ininterrupto e sentiu o gozo e o mal-estar por isso causado. Foi nesse limiar entre experiências tão diversas e sentimentos tão contrastantes que Pires desenvolveu uma de suas características mais peculiares e sintomáticas, a característica de depositário de memórias.

Até o momento, neste texto, pouco me aprofundei na questão das fontes utilizadas, deixando apenas subentendidos alguns suportes, como as páginas de jornais nas quais as crônicas de Pires foram publicadas e a sua autobiografia.

Todavia, um dos traços mais marcantes dessa pesquisa foi a forma como ela se desenvolveu baseada no contato direto com as fontes, sendo as principais contidas no arquivo pessoal de Aurélio Pires, sob guarda do Arquivo Público Mineiro, e que no decorrer do trabalho passou a ser também objeto de estudo.

Nesta pesquisa me propus a trabalhar com o citado arquivo pessoal de Aurélio Pires, sua produção literária, com destaque para a autobiografia *Homens e factos de meu tempo* e documentos ligados a sua trajetória profissional, como relatórios da época como diretor do Arquivo Público Mineiro.

Quanto ao arquivo pessoal de Pires, este foi o primeiro passo na pesquisa e também o primeiro contato com o objeto. Esse fundo, de origem privada, é composto por cinco séries guardadas em três caixas que conservam a organização original. Ainda não se sabe por qual meio este acervo chegou aos domínios do Arquivo Público Mineiro, local que Aurélio dirigiu interinamente entre os anos de 1927 e 1930.

Entre algumas poucas fotografias e fragmentos de crônicas, estão ao todo oito cadernos organizados por Aurélio Pires e feitos para guardarem memórias.[3] Com datações distanciadas – os dois primeiros são marcados com a data referente a 1916, e os demais com datação contínua até 1936 –, tais cadernos sugerem um intenso e sistemático cuidado de arquivamento executado por Pires.

São nos dois primeiros cadernos, pertencentes à série 01, "RECORTES DE JORNAIS: crônicas literárias, artigos sobre política e poemas" que se pode ter contato com as crônicas publicadas por Aurélio Pires ao longo de sua vida e que hoje são usadas como fonte, de acordo com a problematização já explicitada nos parágrafos anteriores.

O Caderno 01 guarda as crônicas publicadas entre 1878 e 1897, e o Caderno 02 entre 1899 e 1916. O próprio Aurélio deixa claro, em introduções escritas a mão nos cadernos, que ali não se concentrava toda a sua produção, citando até o que estaria faltando, como indica este trecho:

> Este caderno no 1, à excepção do primeiro artigo d'A Mocidade, sobre Escola Normal, o qual foi escripto em Diamantina, contém o que escrevi durante minha residencia em Ouro Preto. Faltam aqui meus escriptos de collaboração na Idéa Nova, de Diamantina (1875-1881), no Treze de Maio, de Ouro Preto (1888) e no Atheneu, orgão dos alunnos do 3o anno de Escola de Pharmacia de Ouro Preto (1893-1894) (PIRES, 1916, s/p. APM, Fundo AP).

[3] Sobre o conteúdo dos oitos cadernos: Cadernos 01 e 02: recortes de jornais das crônicas publicadas por Aurélio Pires; Cadernos 03 e 04: recortes de publicações de outros autores sobre assuntos históricos; Caderno 05: recortes de jornais que falam sobre o Movimento Republicano, Aurélio Pires e outros intelectuais; Caderno 06: compilações de documentos referentes a Antonio Olyntho S. Pires; Caderno 07: compilação de documentos referentes ao Arquivo Público Mineiro e à obra de Pires *Compendio de Pharmacia Galenica*; Caderno 08: rascunhos de discursos.

Nessa introdução ele ainda nos diz do que se perdeu na memória e também no pensamento da época, o que não se conseguiu fixar no papel:

> Relendo muitos desses artigos, ficô admirado de como as idéas e os pensamentos vão amarellecendo e vão-se desbotando como o papel em que foram lançados e a tinta com que foram escriptos.
> O que aqui fica, nestas paginas descoradas pelo tempo, não é tudo quanto tenho pensado, durante a época a que ellas se referem. Ha ainda, muita, muita cousa, que a gente pensa e sente e que não sabe ou não pode exprimir (PIRES, 1916, s/p. APM, Fundo AP).

Sabe-se que tais recortes de jornais não conseguem conservar todas as ideias ou preservá-las da ação do tempo sobre as mentes. Mais ainda, tem-se consciência do processo de seleção efetuado por Pires e da intencionalidade de cada papel colado e cada papel descartado.

Pierre Nora afirma em seu texto "Entre Memória e História – A problemática dos lugares", que:

> [...] nenhuma época foi tão voluntariosamente produtora de arquivos como a nossa, não somente pelo volume que a sociedade moderna espontaneamente produz, não somente pelos meios técnicos de reprodução e de conservação de que dispõe, mas pela superstição e pelo respeito ao vestígio (NORA, 1993, p. 15).

Reconheço assim, um traço moderno no arquivamento executado por Pires, o qual se pode justificar não apenas por um apego ao passado, mas pela necessidade de distanciamento no tempo, de escapar de seu "fluxo incessante e imprevisível" (MARQUES, 2003, p. 150).

Revela-se um desejo de se perpetuar no passado, de lhe dar sentido, "ao se arquivar, o escritor manifesta o desejo de vencer o tempo, permanecendo na memória de um povo ou de um país" (MARQUES, 2003, p. 150). Portanto, pode-se concluir que esse arquivamento de si não é ingênuo, ele pretende passar uma determinada imagem. Por isso o exercício minucioso de escolha e de descarte.

Tem-se aí a questão da "intencionalidade" que é associada com maior facilidade aos arquivos pessoais, justamente por estes serem submetidos às vontades de arquivamento de um indivíduo, ao contrário dos arquivos públicos, que carregam a perspectiva da funcionalidade.[4] Mas é necessário deixar claro que um arquivo pode guardar diferentes tempos e intencionalidades, por isso o dever de analisá-lo além dos elementos individuais, como um todo.

O processo de arquivamento de si pode e deve ser entendido como um exercício de narrativa proposto pelo indivíduo que o faz. Dessa forma, assemelha-se ao exercício biográfico, como afirma Reinaldo Marques: "escrever um diário ou guardar papéis equivale a escrever uma autobiografia, práticas que se inserem no âmbito daquelas que, segundo Foucault, revelam uma preocupação com o sujeito" (MARQUES, 2003, p. 146-147).

Falei sobre o arquivamento de si e agora irei tratar da escrita de si. Para isso utilizo como fonte a autobiografia de Aurélio Pires, "Homens e factos de meu tempo".

Além da narrativa de vida feita por Aurélio, o livro traz a contribuição do poeta Pedro Nava e a transcrição de discursos sobre Aurélio Pires proferidos por Affonso Arinos de Mello Franco e Mello Teixeira.

É uma autobiografia focada menos em assuntos pessoais do que públicos, narrando mais sobre a vida estudantil e as profissões exercidas, com alguns trechos que trazem detalhes familiares. Um diferencial é a forma escolhida para ser dada à narrativa: Aurélio Pires conta sua história por meio da história dos outros. Exemplo é quando fala dos anos escolares. Após uma breve introdução de como havia sido a experiência e o que o havia levado até aquele lugar, Aurélio começa uma longa retórica sobre seus professores e colegas. Isso perpassa todo o livro e também justifica em parte o seu título.

É como se no momento que destinou para contar de sua vida, da maneira como lembrava, ele se escondesse atrás dos outros. Ou, em contrapartida, pode-se interpretar essa característica como exemplo forte da influência que sua rede de sociabilidades teve sobre sua própria compreensão de si. É como se ele se mostrasse por meio de seus pares.

---

[4] Parto aqui da conceituação de arquivos pessoais tradicional do campo arquivístico, de acordo com Bellotto que os designa nos seguintes termos: "A conceituação de arquivos pessoais está embutida na própria definição geral de arquivos privados, que se afirma tratar-se de papéis produzidos/recebidos por entidades ou pessoas físicas de direito privado. O que se pode aqui especificar é que, sendo papéis ligados à vida, à obra e às atividades de uma pessoa, não são documentos funcionais e administrativos no sentido que possuem os de gestão de uma casa comercial ou de um sindicato laboral. São papéis ligados à vida familiar, civil, profissional, e à produção política e/ou intelectual, científica, artística de estadistas, políticos, artistas, literatos, cientistas, etc." (BELLOTTO, 2004, p. 256).

Hipóteses à parte, que ainda devem ser mais bem problematizadas nesse último ponto, o exercício autobiográfico nos revela mais uma vez a preocupação de Aurélio Pires em guardar seu passado, e de analisá-lo para entendê-lo, para se entender como ator da própria vida e agente da história.

O esforço de escrita de si é discutido na historiografia por diversos autores. Bourdieu nos fala de uma ilusão biográfica, enquanto Foucault de uma morte pela escrita. Analisando as fontes referentes a Aurélio, pode-se inferir sobre uma necessidade latente de perpetuar-se e de construir uma determinada imagem. É preciso se dar a ler pelo livro e se dar à curiosidade e à pesquisa pelo arquivo.

A escrita de si, nesse sentido, é a busca de coerência entre o discurso e a ação, é ao mesmo tempo a necessidade hermenêutica de ressignificação. Esquematicamente, a história de vida quando transformada em relato, em expressões de si no tempo, leva à autocompreensão e a uma formação. Gaston Pineau diz ainda sobre "formar vidas singulares e comunicá-las socialmente" (PINEAU, 2006, p. 47).

Para concluir, pode-se dizer que todo esse exercício executado por Aurélio Pires aponta para uma expressão moderna que coloca em perspectiva o pessoal e o social, o privado e o público. Além, claro, de uma subjetivação, uma tentativa de compreensão e de vigília de si que se dá a ver.

Esta pesquisa acaba por tentar evidenciar o moderno por meio do fazer autobiográfico e arquivístico executado por Pires, sendo também parte de uma construção de um tipo idealizado de intelectual republicano, tanto aos olhos do próprio Aurélio como os de seus pares.

CONCLUSÃO

Para finalizar retomo o trecho do poema de Pedro Nava citado em sua epígrafe.

Nas palavras de Pedro Nava, é possível conceber Aurélio como ele se mostrava aos que o viam: um depositório do passado, um homem sempre repleto de imagens, de memórias, de sombras. Um homem que assim se construiu como figura pública, com base nas escolhas pensadas entre a memória e o esquecimento, entre o que se pretendia ser e o que se almejava esconder.

O que tentei fazer neste artigo foi apresentar a figura de Aurélio Pires. Professor, funcionário do Estado, farmacêutico, jornalista. Acredito que os papéis por ele ocupados durante a vida não se desvencilham e juntos compõem tal personagem. Mais do que isso, aliados à problematização historiográfica e às discussões teórico-

-metodológicas, tentamos conceber esse homem entendido como intelectual como chave para o estudo de seu tempo, seus pares, aliados e inimigos, e as ideias que compuseram um ambiente específico nas primeiras décadas do Brasil republicano, qual seja, o da instrução pública.

O debate em relação ao moderno e à modernidade serviram para inserir de maneira ainda mais segura Aurélio numa conjuntura política e cultural específica e carregada de embates. Além disso, foi o norte para a compreensão do Aurélio Pires guardião da memória, do "Mestre Aurélio entre as rosas".

REFERÊNCIAS

ALONSO, Ângela. *Ideias em movimento*: a geração de 1870 na crise Brasil-Império. São Paulo: Paz e Terra, 2002. 392 p.

ALTAMIRANO, Carlos. *Para um programa de Historia Intelectual y otros ensayos*. Buenos Aires: Siglo XXI, 2005.

APM. *Guia de fundos e coleções*. Fundo Aurélio Pires.

BELLOTTO, Heloisa Liberalli. *Arquivos permanentes*: tratamento documental. 2. ed. Rio de Janeiro: FGV, 2004. 320 p.

BERMAN, Marshall. *Tudo que é sólido desmancha no ar*: a aventura da modernidade. 4. ed. São Paulo: Companhia das Letras, 1987. 360 p.

BOURDIEU, Pierre. A ilusão biográfica. In: FERREIRA, Marieta; AMADO, Janaina. *Usos e abusos da história oral*. 8. ed. Rio de Janeiro: FGV, 2006. p. 183-191.

CHAUÍ, Marilena. Intelectual engajado: uma figura em extinção? In: NOVAES, Adauto (Org.). *O silêncio dos intelectuais*. São Paulo: Companhia das Letras, 2006. p. 19-43.

FOUCAULT, Michel. *O que é um autor?*. 6. ed. Nova Veja: Passagens, 2006. 160 p.

GOMES, Ângela de Castro (Org.). *Escrita de si, escrita da História*. Rio de Janeiro: FGV, 2004. 378 p.

MARQUES, Reinaldo. O arquivamento do escritor. In: SOUZA, Eneida Maria de; MIRANDA, Wander Melo. *Arquivos literários*. São Paulo: Ateliê Editorial, 2003. p. 141-156.

NAVA, Pedro. Mestre Aurélio entre as rosas. In: PIRES, Aurélio. *Homens e factos de meu tempo*. Rio de Janeiro: Brasiliana, 1939. p. 16.

NORA, Pierre. Entre memória e história: a problemática dos lugares. *Projeto História*: Revista do Programa de Pós-graduados em História e do Departamento de História da PUC-SP, São Paulo, n. 10, p. 7-28, dez. 1993.

PINEAU, Gaston. As histórias de vida como artes formadoras da existência. In: SOUZA, Elizeu Clementino. ABRAHÃO, Maria Helena Barreto. *Tempos, narrativas e ficções*: a invenção de si. Porto Alegre: EDIPUCRS, 2006. p. 41-60.

PIRES, Aurelio. *De Ouro Preto*: Assumpto único – Boas festas! O PHAROL. Juiz de Fora, 29 dez. 1891. In: APM. *Guia de fundos e coleções*. Fundo Aurélio Pires.

PIRES, Aurelio. *Homens e factos de meu tempo*. Rio de Janeiro: Brasiliana, 1939. 331 p.

REVISTA DO ARQUIVO PÚBLICO MINEIRO. Belo Horizonte, APM, ano XLV, n. 2, jul./dez. 2009.

SIRINELLI, Jean François. Os intelectuais. In: REMOND, Réné. *Por uma história política*. 2. ed. Rio de Janeiro: FGV, 2003. p. 231-261.

Primitivo Moacyr e as ações parlamentares em prol da educação brasileira

Rosana Areal de Carvalho

Este trabalho surgiu na confluência de dois movimentos de pesquisa. O primeiro iniciou-se com a história de uma instituição, o Grupo Escolar de Mariana (MG), e os sujeitos envolvidos com a instalação e os primeiros anos de funcionamento. O segundo movimento diz respeito a uma pesquisa que busca identificar a recepção e apropriação da obra de Primitivo Moacyr no campo da história da educação.

A primeira publicação deste autor data de 1916 e reúne os debates parlamentares relacionados com a educação que tiveram lugar na Câmara de Deputados entre 1891 e 1914. Tal período é crucial para os estudos sobre a criação e instalação dos grupos escolares no Brasil, sendo estes o modelo adotado pelos republicanos para uma escola moderna,[1] cuja missão era moldar o novo cidadão, o cidadão republicano – trabalhador e cônscio de seus novos direitos e deveres políticos.

O ponto de interseção desses estudos, portanto, se localiza entre o final do século XIX e as primeiras décadas do século XX, num contexto em que a educação era tida como a panaceia para os problemas nacionais, ou melhor, para um país que

[1] Entende-se escola moderna como a forma escolar associada ao método intuitivo, às classes seriadas, a um espaço físico especialmente planejado, racionalização do trabalho docente, mobiliário e material didático apropriados. Tal escola estaria representada nos discursos republicanos desde a década de 70 do século XIX e consolidou-se no grupo escolar, em tempos e níveis distintos ao longo do território nacional.

se queria nacional. Nesse sentido, a educação emergia nos discursos, incluindo o político parlamentar, como a única ferramenta capaz de garantir o progresso contínuo, o desenvolvimento e a civilização: quesitos imprescindíveis para a elevação do Brasil aos olhos do mundo.

Assim, algumas questões foram surgindo desse encontro, em especial: os republicanos se referiam a que escola? Como esta escola estava representada nos debates parlamentares?

UMA ESCOLA MODERNA

O projeto dos republicanos em torno da educação começou a ser delineado ainda na década de 70 do século XIX, no Brasil, quando o debate em prol de uma mudança de regime político ganhou praças e ruas, ou ainda, jornais e palanques. A legislação de 1881, que instituía ser alfabetizado como critério para votar, restringiu, substancialmente, a participação política, e tal restrição foi mantida na Constituição Republicana de 1891, alterando a demanda pela instrução. Ou seja, por uma escola que atendesse as camadas populares e que superasse, em número e grau, a instrução imperial, conforme defendiam muitos republicanos.

Ressalto esse interesse por uma nova escola: uma instituição pública que assumisse a responsabilidade pela educação, antes diluída entre o espaço doméstico e o espaço religioso. Mais ainda, uma escola que albergasse as camadas populares; outra bandarilha que a distinguiria da escola imperial.

Ainda antes da virada do século, no Estado de São Paulo, experiências de escolarização levaram à configuração do grupo escolar. Estudos já consagrados na historiografia da educação brasileira apontam as afinidades e contradições desta forma escolar – o grupo, ou seja, a reunião de várias escolas – com os fins almejados pelos republicanos. O espaço escolar, as festas cívicas, o currículo, o conteúdo, os critérios de seleção de professores, a inspeção escolar, a reunião de docentes e alunos num mesmo espaço físico possibilitando colocar em prática uma educação racional e homogênea, porque passível de fiscalização: tudo conspirava em favor dos ideais do novo regime que se impunha.

Em Minas Gerais, o vislumbre de uma alternativa que impulsionasse a educação local se deu por intermédio do inspetor escolar Estevam de Oliveira. A convite de Delfim Moreira, secretário do Interior e Justiça, este inspetor foi enviado a São Paulo e Rio de Janeiro para observar *in loco* o fenômeno do grupo escolar. A partir dessa observação, o inspetor elaborou um parecer pormenorizado a respeito das vantagens e desvantagens dessa inovação, analisando a possibilidade da implantação desse modelo em Minas Gerais.

Em setembro de 1906, João Pinheiro, presidente do Estado, inaugurou a instalação dos grupos escolares e da Escola Normal Modelo. Tal reforma, complementada com a Reforma Bueno Brandão, de 1911, foram categóricas nos quesitos inspeção e fiscalização, requisito básico para uma educação sob o controle do Estado.

Muito se tem discutido sobre a legislação como fonte, seus limites e alcances, e como foi, num determinado momento, a referência central para a produção historiográfica. Por não ser pertinente tal debate ao trabalho que aqui me proponho, atenho-me apenas a uma particularidade do livro de Primitivo Moacyr, de 1916: o autor não discorre ou compila a legislação, mas expõe os debates parlamentares que resultaram, ou não, em legislações educacionais.

Por meio desses debates podemos acompanhar os dilemas, conflitos e tensões, bem como concepções de educação carreadas pelos parlamentares. Entendendo-os como porta-vozes de grupos sociais componentes de uma nação em construção, podemos avaliar as possibilidades e os constrangimentos inerentes ao espaço que medeia os projetos e a realidade. Acrescente-se a isso as convicções políticas, as peculiaridades regionais e as alianças cujos tempos de existência são distintos.

É certo que Primitivo Moacyr fez recortes a partir de determinados critérios, os quais não estão explícitos no livro. Para um primeiro apontamento acerca desses critérios, seriam necessárias outras operações: confrontar os discursos selecionados por Moacyr e os Anais da Câmara, conhecer a rede social à qual estava vinculado, entre outras. Entretanto, o propósito deste artigo é elencar alguns limites do processo de instituição da escola primária nas primeiras décadas republicanas.

"SUBSÍDIOS" DE PRIMITIVO MOACYR PARA A HISTÓRIA DA EDUCAÇÃO BRASILEIRA

Na historiografia da educação brasileira, os livros de Primitivo Moacyr já ocuparam o *status* de fonte e, atualmente, ocupam, em maior medida, a categoria de documento. Porém, considerando a magnitude do seu trabalho, ainda estamos nas primeiras passadas nessa vertente exploratória. Para quem escreveu? Por que se debruçou no campo educacional? Por que tão longo espaço de tempo entre o primeiro livro e os demais? Foi um trabalho encomendado, como dizem alguns?

Primitivo Moacyr nasceu em Salvador (BA), ao final dos anos 60 do século XIX. Consta que ficou órfão ainda criança. Não se tem informação acerca de onde teria cursado as primeiras letras, mas, de acordo com Venâncio Filho, formou-se no magistério ainda adolescente (VENANCIO FILHO, 1943, p. 95). Deslocou-se então para Lençóis (BA), onde exerceu a função de professor de escola elementar. Não conseguindo retornar à capital, mudou-se para Recife, onde ocupou o cargo de inspetor no Liceu Pernambucano. Provavelmente aí teve o primeiro contato com os estudos superiores, cujo interesse o levou para o Rio de Janeiro, onde se bacharelou em Direito pela Faculdade de Direito Livre do Rio de Janeiro.

Ingressou na Câmara dos Deputados, em maio de 1898, como redator de debates e aí permaneceu até julho de 1933, quando se aposentou. Esteve à frente de um volumoso trabalho que reuniu os debates parlamentares em temas relevantes para a sociedade brasileira na Série Documentos Parlamentares, incluindo vários volumes sobre a instrução pública, publicados em 1918.

Decorrente dessa familiarização com os debates parlamentares, Moacyr publicou seu primeiro livro em 1916 – *O ensino público no Congresso Nacional: breve notícia*. Entre 1936 e 1942, publicou mais 15 volumes sobre a educação brasileira, cobrindo o período imperial e republicano:

- *A instrução e o Império: subsídios para a história da educação no Brasil* (3 volumes), publicados entre 1936 e 1938, pela Companhia Editora Nacional, na Coleção Biblioteca Pedagógica Brasileira, Série 5, Brasiliana, dirigida por Fernando de Azevedo.
- *A instrução e as províncias: subsídios para a história da educação no Brasil* (3 volumes), na mesma coleção da publicação anterior.
- *A instrução e a República* (7 volumes), publicados entre 1941 e 1942, sob indicação do Instituto Nacional de Estudos Pedagógicos, pela Imprensa Oficial.
- *A instrução pública no Estado de São Paulo: primeiras décadas republicanas* (2 volumes), 1942, pela Companhia Editora Nacional.

Como pesquisador participou de dois eventos de história nacional promovidos pelo Instituto Histórico e Geográfico Brasileiro (IHGB) com os trabalhos: *Ensino comum e as primeiras tentativas de sua nacionalização na Província de São Pedro do RS 1835-1889* (1940) e *Instrução primária e secundária no Município da Corte na Regência e Maioridade* (1942).

O ENSINO PÚBLICO NO CONGRESSO NACIONAL

O ensino público no Congresso Nacional: breve notícia, de acordo com alguns estudiosos, foi impresso pela Tipografia do Jornal do Commércio.[2] Este livro é o menos citado pelos pesquisadores, provavelmente decorrente de uma edição limitada e pequena circulação. Tal possibilidade foi inspirada pela informação de Hallewell sobre a Tipografia do Jornal do Comércio:

> Em 1916, tinha doze linotipos e três monotipos empregados exclusivamente na produção do jornal. A marca Tipografia do "Jornal do Commercio" de Rodrigues e Cia. aparece com muita frequência, de 1890 em diante, em inúmeros livros, mas estes eram impressos, em sua maioria, por conta dos autores (HALLEWELL, 2005, p. 150).

É presumível que a condição financeira de Moacyr não era avantajada de forma a comportar uma edição volumosa, vindo a comprometer a divulgação do trabalho.

Não há apresentação, nem prefácio, ou mesmo introdução, assim como também nenhuma referência às fontes ou qualquer outro documento, exceto a informação que consta do próprio título: *no* Congresso Nacional e, em alguns excertos, ao afirmar que este ou aquele discurso não consta nos Anais da Câmara. Porém, à guisa de apresentação, podemos tomar os primeiros parágrafos:

> A opinião pública é talvez injusta quando acusa o Congresso de desapreço às coisas de ensino público. A sua operosidade, no caso, tem sido copiosa. Em vinte e quatro anos de regime republicano cerca de oitenta projetos – de parte as anuais e quase clandestinas disposições orçamentárias – foram oferecidos ao estudo da legislatura. Tão boa vontade só encontra parelhas nas mercês e favores às classes armadas e ao funcionalismo civil. É verdade que nestes projetos bem poucos são os que não subordinam os interesses dos corpos docentes e discentes aos interesses da nação; bem poucos, raríssimos, os que trouxeram um programa de educação integral, um esforço para cultura, um pensamento superior do futuro de nossa nacionalidade[3] (MOACYR, 1916, p. 5).

[2] Não há referência a isso na edição que tenho e desconheço a existência de outras edições.

[3] Nesta e nas demais citações faço uso de grafia atualizada.

Moacyr discorre sobre a educação brasileira nos níveis primário, secundário, profissionalizante, superior; sobre as reformas de ensino, como a Reforma Rivadávia Corrêa, de 1911, e aos debates em torno da criação de um Ministério da Instrução Pública. Sua escrita histórica acompanha os critérios perpetrados pelo IHGB, prevalecendo a descrição científica do fato, com restrita análise. No entanto, Moacyr não deixa de estar presente nos comentários acerca deste ou daquele projeto, encaminhamento, ou mesmo nas marcas de leitura, como o uso de itálico. Quando não, a escolha dos temas e dos parlamentares aos quais dá voz são também indícios dessa presença.

O livro, de 206 páginas, está assim dividido: Desoficialização; Regime Universitário; Cursos Jurídicos; Ensino Médico; Curso Politécnico; Escolas Agrícolas e Comerciais; Ensino Secundário; Ainda o Ensino Secundário; Curso Integral – Projeto Tavares de Lyra; Criação do Ministério de Instrução Pública; A Instrução Primária – Acordos e subvenções; Instrução Popular – Escolas Normais; Código de ensino – A situação constitucional dos institutos de ensino dos estados – Fiscalização; Reforma Rivadávia; ainda a Reforma Rivadávia.

A escolha do tema que abre o livro não me parece desprovida de sentido ou aleatória: os debates em torno da desoficialização do ensino estiveram na pauta por anos a fio. E também não é por acaso que Moacyr termina seus registros com a Reforma Rivadávia, ou seja, a reforma que intentou implantar a liberdade de ensino no Brasil. Adianto que por detrás da desoficialização do ensino estava em curso a discussão em torno do federalismo brasileiro: em que medida era possível adequar o federalismo à realidade brasileira?

Conforme destaquei, Primitivo Moacyr não faz uma compilação de leis, mas transcreve trechos dos debates parlamentares em torno de propostas e projetos que, nem sempre, foram efetivados. Esses debates revelam facetas ricas das posições dos parlamentares, do jogo político e do espaço que a educação ocupava nas ações desses parlamentares.

A presença do autor ao longo do texto ocorre, por vezes, por meio de uma sutil ironia, reafirmando a crítica apresentada nos primeiros parágrafos do livro. Se entre a legislação e a realidade permeia uma distância, outro tanto existe entre a posição dos parlamentares e a aprovação de uma emenda ou projeto e a execução destes. Entre o discurso e a prática, como sabemos, existe uma grande diferença.

"A BOA SEMENTE NÃO SE PERDEU"

A confluência das duas pesquisas às quais fiz referência no início deste texto se encontra, especialmente, nos itens que Moacyr trata da instrução primária. Sobre "A instrução primária – Acordos e subvenções", a primeira "fala" trazida à tona é de José Bonifácio,[4] em 1912, tecendo uma crítica ao governo republicano pelo desinteresse para com a instrução primária revelado no desconhecimento das realidades educacionais de cada Estado. O trecho ao qual faz referência consta do relatório elaborado pelo parlamentar sobre um projeto proposto por Augusto de Lima, deputado por Minas Gerais. O projeto solicitava auxílio pecuniário federal para o desenvolvimento do ensino primário em diversos estados da federação.

Outros projetos são trazidos à baila em busca do auxílio federal para a causa educativa nos estados. Porém, tais projetos faziam emergir um debate delicado: em que medida um governo federativo poderia intervir nos negócios dos membros dessa federação? Tal debate já estava posto desde os anos 70 do século XIX. Quanto aos assuntos educacionais, de um lado estavam os positivistas que defendiam a não intervenção do Estado, postulando por um ensino livre. Certo é que o "ensino livre" englobava várias modalidades, nem sempre muito claras. Do outro lado estavam aqueles que, sensibilizados pela causa educacional republicana e pelas realidades regionais, entendiam não haver outra solução senão a participação financeira do governo federal.

Ainda sobre a instrução primária, Moacyr atribui a Passos de Miranda, deputado gaúcho, a primazia do projeto que indicava a nomeação de delegados estaduais para acertarem com o governo federal um sistema público de educação nacional, em 1904. Passos de Miranda considerava que apenas uma reforma ampla, de conjunto, seria eficaz para atender às demandas da educação nacional. Conforme o deputado:

> reforma digna desse nome há de acometê-lo em todo o seu conjunto procurando sistematizá-lo, dando-lhe uma ideia sólida e proveitosa, e por Ela seguindo, como por meio seguro e conducente, até chegar ao fim e aos ideais a que a pátria visar (MOACYR, 1916, p. 146).

[4] José Bonifácio de Andrada e Silva (1871-1954), deputado por Minas Gerais, faz parte da terceira geração dos Andradas, sendo o terceiro com este nome.

No entanto, a proposta de Passos de Miranda não recebeu a devida atenção:

> A Câmara, toda atenta, no momento, para os projetos do Sr. Manoel Fulgêncio, de adiamento do regime de madureza, e para as tentativas de implantação de um regime universitário no país de analfabetos, não escutou o apelo do Sr. Passos de Miranda (MOACYR, 1916, p. 146).

O segundo tema apresentado por Moacyr foi "Regime universitário", mas conforme indica Cardoso (2002, p. 918) sua predileção parece posta na instrução primária. Suas ponderações tomaram sempre o sentido de priorizar o ensino elementar, inclusive justificando, para tanto, a inércia do Congresso acerca da educação universitária.

> Não é da natureza desta exposição sumaria da atividade parlamentar nas cousas de ensino, o comentário. O silencio, porém, com que o Congresso, pelo órgão de suas comissões, tem recebido as varias tentativas da implantação do regime universitário, prova que antes de cuidarmos na transplantação de instituições que "por um conjunto de circunstâncias e fatos, de regras e ideias, imutáveis e intransportáveis a outro qualquer país", cuidássemos na difusão da instrução primaria e profissional (MOACYR, 1916, p. 26).

Outro parlamentar referenciado por Moacyr foi Barbosa Lima,[5] que apresentou uma emenda ao orçamento do Interior para a criação de cem escolas primárias destinadas ao ensino de língua portuguesa nas áreas colonizadas dos estados da Região Sul. Ao se referir a ele Moacyr ressalta: "A boa semente não se perdeu" (MOACYR, 1916, p. 146).

Trazendo à tona mais uma manifestação de José Bonifácio, agora versando sobre o ensino primário leigo, gratuito e obrigatório, acrescido das escolas técnicas e profissionais elementares, informa que o Congresso havia adotado a emenda de uma subvenção anual para os estados, cuja ação deveria ser precedida por um acordo entre as partes. Encerra a fala do congressista assim: "Pequeno parêntese: o Executivo não

---

[5] Alexandre Barbosa Lima (1862-1931) era pernambucano e governou seu Estado natal entre 1892 e 1896. Ao deixar o governo, representou o Estado na Câmara Federal. Entre 1900 e 1906 ocupou uma vaga como deputado pelo Rio Grande do Sul, e entre 1906 e 1911 como deputado pelo Distrito Federal.

procurou ou não foi solicitado pelos governos locais para cumprimento do dispositivo orçamentário!..." (MOACYR, 1916, p. 147).

Manuel Bonfim,[6] deputado pelo Rio de Janeiro, também foi escolhido por Primitivo Moacyr para dar visibilidade ao debate sobre os acordos e subvenções para a instrução primária. Este deputado, em 1907, fez uma proposta semelhante às anteriores: que o governo federal auxiliasse, financeiramente, as províncias. Segundo Moacyr: "Não nos consta que o pedido do deputado carioca tivesse sido atendido pela Legislatura que dois anos depois concedia ao Ministro Rivadavia Corrêa largas facilidades para... *reformar* o ensino secundário e superior" (MOACYR, 1916, p. 147, grifo do autor).

Outros trechos poderiam ser indicados como exemplos da tensão entre um "modelo" positivista, federalista e o clamor dos representantes estaduais acerca da realidade de suas regiões. Pelos aportes do autor, o dilema estaria configurado na forma de intervenção do Governo Federal sem ferir o princípio do federalismo. Era predominante a posição a favor da subvenção financeira para provimento da instrução primária. Mas, como isso poderia ser feito? Com efeito, por vezes era autorizada a despesa no orçamento, sem que ela fosse executada: "...mais uma vez o Congresso adotou e o Governo não executou" (MOACYR, 1916, p. 148).

É nesse ponto que expõe o projeto de Augusto de Lima (MG), de 1912. Considerando a criação de escolas nos estados por parte do governo federal como uma intervenção que feria os princípios republicanos, propunha o auxílio da União por meio da subvenção anual de 20% do valor que cada Estado precisasse despender com a instrução primária. A fiscalização seria feita pelos delegados nomeados pelo governo mediante relatórios sobre as condições pedagógicas e discriminação das despesas.

O deputado Felix Pacheco,[7] também da Comissão de Finanças, manifestou seu apoio ao projeto de Augusto de Lima, afirmando que o sucesso da democracia estava atrelado à educação: "Sem esse cuidado elementar, a nossa democracia será sempre uma ficção..." (MOACYR, 1916, p. 149).

Entra em cena, novamente, José Bonifácio, pela Comissão de Instrução, historiando a disseminação do ensino primário e as discussões acerca das soluções

[6] Até onde pude encontrar, Manuel Bonfim teve uma curta vida parlamentar, atuando apenas durante o ano de 1907.

[7] José Félix Alves Pacheco (1879-1935), deputado federal pelo Piauí entre 1909 e 1921.

possíveis aos regimes federativos sobre a intervenção do governo federal nesse campo. Do trecho da fala desse parlamentar, Primitivo destaca com grifo: "*defesa nacional contra a ignorância*". O parlamentar apresentava uma solução possível: a subvenção do governo federal estaria na rubrica "vencimentos" de professores.

Para Felix Pacheco, a comissão, que em anos anteriores já havia aprovado projetos ou emendas semelhantes, não iria reprovar agora, mas considerava que a efetividade da medida estaria atrelada a um diagnóstico do ensino primário nos estados, incluindo as despesas com o professorado. E mais, o regime de cota (subvenção federal aos estados) deveria funcionar de forma a estimular o investimento estadual, sendo proporcional a este: a um maior investimento, maior subvenção federal. Haveria que cuidar para que a lei não fosse fraudada e solicitava a "audiência da Comissão Especial, nomeada a pedido do Sr. Octavio Mangabeira, em Julho de 1912". O objetivo da comissão era "proceder a um inquérito a que fossem admitidas as opiniões dos competentes, concluindo pela organização de um projeto dando solução ao problema do ensino popular no Brasil" (MOACYR, 1916, p. 151).

Portanto, a começar pela proposta de Passos de Miranda, em 1904, passando por Manuel Bonfim, em 1907, e Augusto de Lima, em 1912, podemos observar que os pedidos de auxílio pecuniário ao governo federal para o desenvolvimento do ensino primário nos estados da federação se repetiam sem, contudo, encontrarem uma solução.

Nesse momento já estava claro o mote corrente nos debates parlamentares: a difícil conciliação entre o federalismo propugnado pela Constituição brasileira, ideal almejado por muitos republicanos, e a realidade brasileira, muito especialmente no campo da instrução pública, que demandava um Estado forte – executivo e financeiramente. Essas características nem sempre podiam ser encontradas nos governos estaduais, faltos de recursos e, infelizmente, faltos também da vontade política necessária para empreender ações efetivas em prol da instrução pública. Ou seja, podemos visualizar nos debates parlamentares a diversidade de projetos de Brasil que percorriam a extensão territorial, quiçá expressões das variações da própria ideia de República que grassava pelos estados da federação.

Para a década de 1910, as críticas ao governo republicano se intensificam, como a de José Bonifácio, em 1912. Concomitantemente, outros projetos chegam ao Legislativo, como o de Barbosa Lima, em defesa da língua nacional, fator fundamental para a formação de uma identidade nacional, item importante da pauta dos republicanos.

"DEFESA NACIONAL CONTRA A IGNORÂNCIA"

A propósito do modelo federalista adotado pelo Brasil após a Proclamação da República, em 15 de Novembro de 1889, temos uma rica produção historiográfica. A começar por José Murilo de Carvalho que no texto "República, federalismo, democracia" tece importantes reflexões acerca da defesa da descentralização, experiência iniciada ainda no Ato Adicional de 1834. O federalismo veio consagrar e manter essa descentralização, fundamental para a unidade brasileira. Para muitos republicanos, e mesmo republicanos de última hora, como Rui Barbosa, e monarquistas, como Tavares Bastos, a centralização do poder daria ensejo a rebeliões separatistas, enquanto que com a descentralização, assim como vinha sendo praticada durante boa parte do século XIX, e com bons resultados, a unidade nacional estaria garantida.

Ocorre que a multiplicidade de tendências entre os republicanos implicava num entendimento nem sempre rigoroso do significado de descentralização, de autonomia política, de federalismo etc. Ou seja, não havia uma unidade de concepção de federalismo entre os intelectuais. Não cabe nos limites deste texto confrontar tais concepções com os agrupamentos políticos que se fizeram representar no Congresso Nacional, mas são possíveis alguns apontamentos no quesito educação.

Sabemos que a instrução primária estava a cargo das assembleias provinciais desde 1834 e esse cenário não se alterou com a Constituição de 1891 que, por sinal, nem tratou desse nível de instrução, ficando subentendida uma continuidade. Acrescente-se a isso a liberdade de ensino como parte do programa republicano radical, mais exatamente entre os positivistas.

Também no âmbito da história da educação, o período da Primeira República é muito caro, menos pela transição política, mas pelo que representou em torno do processo de escolarização no Brasil. As promessas feitas pelos republicanos quanto a uma escola moderna e popular, concretizada, parcialmente, no modelo do grupo escolar tem sido largamente investigada.

Veiga (2011), no texto intitulado "A escola e a República: o estadual e o nacional nas políticas educacionais", utiliza um eixo de análise que reflete a tensão que destaquei no trabalho de Moacyr: entre o federalismo e as necessidades estaduais. Para Veiga, o projeto republicano de educação abarca, ao mesmo tempo, as experiências acumuladas durante o período imperial e a perspectiva de projetos estaduais de educação, especialmente no nível primário. Isso porque um projeto de educação nacional confrontava com a defesa do federalismo, regime que aliado à democracia eram pilares imprescindíveis para colocar o Brasil no circuito das nações modernas.

Como herança do período imperial, existiam projetos estaduais para a instrução primária. Dada a variedade destes, incluindo recursos financeiros e políticos, o modelo federalista poderia não ser o mais eficaz para a formação de um cidadão nacional. Por exemplo: a implantação dos grupos escolares que, apesar do entendimento quanto à modernidade que tal organização trazia para a instrução pública primária, ficou sujeita às condições particulares a cada Estado.

Da bagagem trazida do Império, o governo mineiro sabia muito bem quanto custava a instrução pública. Não havia orçamento suficiente que atendesse a despesa com o professorado, por maior que fosse o investimento, as escolas, em geral, se apresentavam em péssimas condições. Não por acaso, a implantação dos grupos escolares foi antecedida por rearranjos administrativos que visavam reorganizar o Estado do ponto de vista econômico.[8]

A defesa pela elaboração de um sistema nacional de educação atrelada a uma intervenção do governo da União não tardou a se fazer presente entre os parlamentares. Não por acaso, José Bonifácio e Augusto de Lima, deputados mineiros, eram favoráveis à intervenção do governo federal na sustentação da escola pública. Para José Bonifácio, a subvenção federal na disseminação das escolas se configuraria numa "defesa nacional contra a ignorância" (MOACYR, 1916, p. 149).

Porém, o debate se colocava entre os republicanos liberais, que criticavam o monopólio do ensino pelo Estado – o mesmo José Bonifácio entendia que o Estado também poderia subvencionar as escolas particulares em alguma medida; e os republicanos positivistas, que sentenciavam o ensino oficial em defesa do ensino livre. Também em alguma medida, liberais e positivistas se uniam, pois, em geral, ensino livre tinha o mesmo sentido de ensino particular. Daí, outra cisão que vai se formando: entre aqueles que defendiam o ensino público e os que ocuparam as fileiras em defesa do ensino livre.

Por um lado, se ao longo do processo republicano, os problemas da educação foram classificados como problemas nacionais, as políticas educacionais do século XX se deram na clivagem entre o ensino público e o particular. Por outro lado, a luta por uma escola pública inaugurada pelos republicanos amealhou a atenção de muitos intelectuais, políticos, educadores e tantos outros ao longo do século XX, vindo a

---

[8] Ver Machado (2010), que faz uma interessante digressão mostrando a Reforma Joao Pinheiro, de 1906, como o ápice de inúmeras medidas tomadas nos governos anteriores.

refluir, curiosamente, com a expansão do ensino universitário sem, contudo, ter sido alcançado o objetivo.

Ainda segundo Veiga, a perspectiva de que as ações nacionais em favor da instrução primária poderiam gerar dividendos aos poderes locais serenou os ânimos e foi conformando, ou melhor, entrelaçando o governo federal aos governos estaduais. Tal processo teve início naqueles debates explicitados por Moacyr, demostrando que uma solução intermediária precisava ser encontrada.

Entre muitos parlamentares difundia-se a visão de que o sucesso da democracia estava atrelado à educação, como foi a posição de Felix Pacheco ao manifestar seu apoio ao projeto de Augusto de Lima: "Sem esse cuidado elementar, a nossa democracia será sempre uma ficção..." (MOACYR, 1916, p. 149).

Muitos reveses, lutas, disputas e confrontos foram necessários. É assim que justifica Moacyr o encontro delongado de uma solução, de caráter nacional, que viesse minimizar a penúria instalada no campo da instrução primária pública. A exemplo do projeto do deputado Thomaz Delfino, em 1913, que instituía o serviço de estatística da instrução no Brasil e da proposta de Monteiro de Souza (AM) para a criação da Repartição Geral do Ensino Público e Educação Nacional, tantas outras não foram objeto da atenção dos deputados. O ano de 1914 foi particular nesse sentido, de acordo com Moacyr:

> Todas estas medidas ficaram sem andamento na Câmara. A época, aliás, era pouco propicia a tão nobres cogitações. No Congresso e na Administração os espíritos estavam todos trabalhados pelos espetáculos sanguinosos das oligarquias em luta e sucessões violentas de governos locais. Era, portanto, natural que tão generosas iniciativas se estiolassem em tal ambiente... (MOACYR, 1916, p. 152).

Encerrando o livro, Moacyr assim se expressa:

> E com este terminamos: modesto subsídio aos homens de boa vontade na solução, dentro de nossa tradição e ensinamento alheio, do problema de nosso aparelhamento econômico e, mais, de integração nacional (MOACYR, 1916, p. 206).

Por mais que o governo republicano buscasse, então, diferenciar a escola por eles concebida da escola dos tempos imperiais, é certo que as experiências obtidas ao longo do século XIX, que viu avançar o processo de escolarização no Brasil, contribuiu para a implementação da escola republicana, muito especialmente os grupos escolares. Tal fato pode ser observado no tocante à organização escolar, fiscalização, métodos de ensino, estrutura física, entre outros aspectos.

Porém, não deixa de estar conformada num contexto diferenciado a proposta em torno da escola, da missão dessa escola e da extensão da instrução pública às camadas populares. Esse contexto associa, claramente, a escola como instrumento fundamental para a modernização do País. Sem educação não seria possível a construção de uma nação progressista, civilizada, instruída. Era na escola que a população brasileira aprenderia a se conduzir nesse novo horizonte de progresso e democracia. Era na escola que as camadas populares aprenderiam hábitos de higiene, as primeiras letras e operações matemáticas – fundamentais para maior qualidade nos postos de produção e para exercer o direito de voto; e, mais importante ainda, seria na escola que aprenderiam a se comportar como cidadãos.

Confrontando esse cenário com a realidade mineira, é possível entender que as reformas republicanas educacionais, começando pela Reforma Afonso Pena, de 1892, passando pela Reforma João Pinheiro (1906) e Bueno Brandão (1911), expressavam os mesmos ideais que estão postos no debate no Congresso Nacional. Atuando conforme a independência federativa defendida à época, estudos recentes (MACHADO, 2010) mostram que a efetividade da Reforma de 1906 que instalou os grupos escolares sustentou-se numa reorganização administrativa e financeira do Estado.

Das exposições feitas por Primitivo Moacyr depreende-se que uma dificuldade reinante na expansão da instrução primária estava nas condições econômicas das unidades federativas. Em Minas Gerais a situação não foi diferente, daí a reorganização econômica promovida pelos primeiros governos republicanos, que culminaram no governo Francisco Sales. Isso também não quer dizer que a implantação dos grupos escolares correspondeu a uma realidade estável no território estadual. A insuficiência de verbas, por exemplo, levou os legisladores a tratarem com cuidado da Caixa Escolar (CARVALHO; BERNARDO, 2011), vendo nesta instituição a possibilidade de minorar as dificuldades de frequência dos alunos oriundos das camadas populares.

Assim, o modelo federalista norte-americano proposto para a república brasileira aos poucos foi se ajustando à nossa própria realidade. No quesito educação, tal modelo se mostrou inadequado, visto que as desigualdades econômicas e políticas entre os estados federados poderiam comprometer o princípio da nacionalidade e da unidade.

Num mesmo tom, pois, foram se afinando o governo federal e os poderes estaduais, convergindo numa política educacional de âmbito nacional, minimamente concretizada durante o governo Vargas, com a criação do Ministério da Educação e Saúde, cujo primeiro ministro foi Francisco Campos, um mineiro. Mas não por acaso, também, a revolução de 1930 recolocou os marcos da República que interessava.

REFERÊNCIAS

CARDOSO, Tereza M. R. F. L. Primitivo Moacyr. In: FÁVERO, M. de Lourdes de A.; BRITTO, Jader de M. (Org.). *Dicionário dos educadores no Brasil.* Rio de Janeiro: Ed. UFRJ; Brasília: INEP, 2002. p. 916-20.

CARVALHO, J. Murilo. República, democracia e federalismo. *Varia Historia*, Belo Horizonte, v. 27, n. 45, p. 141-157, jan./jun. 2011.

CARVALHO, Rosana A.; BERNARDO, Fabiana O. Caixa escolar: instituto inestimável para execução do projeto da educação primária. *Educação em Foco*, Juiz de Fora, v. 16/2, p. 141-158, 2011.

HALLEWELL, Lawrence. *O livro no Brasil.* 2. ed. rev. ampl. São Paulo: EDUSP, 2005.

MACHADO, Raphael R. *O Programa de Ensino Primário Mineiro de 1906 como reflexo das experiências dos políticos republicanos.* Monografia (Bacharelado) – Universidade Federal de Ouro Preto, Mariana, dez. 2010.

MOACYR, Primitivo. *O ensino público no Congresso Nacional*: breve notícia. Rio de Janeiro, 1916.

VEIGA, Cynthia G. A escola e a República: o estadual e o nacional nas políticas educacionais. *Rev. bras. hist. educ.*, Campinas-SP, v. 11, n. 1 (25), p. 143-178, jan./abr. 2011.

VENANCIO FILHO, Francisco. Primitivo Moacyr e a história da educação. *Cultura Política*, Rio de Janeiro, n. 24, p. 94-97, 1943.

Doutor em Ciências Sociais e Jurídicas: traços da cultura jurídica nas teses/dissertações da Academia de Direito de São Paulo (1850-89)

Ilka Miglio de Mesquita

INTRODUÇÃO

Para a construção da narrativa histórica que nos propomos, percorremos caminhos e adentramos nas Ciências Sociais e Jurídicas, talvez com a pretensão de perder-nos e reencontrar-nos nas certezas e racionalidades que moveram o século XIX, essencialmente na Academia de Direito de São Paulo. Tomando como objeto de estudo as teses/dissertações produzidas e defendidas pelos bacharéis em direito da Academia de São Paulo[1] no período de 1850 a 1889, objetivamos neste texto identificar as referências teóricas nessas produções que podem indicar circunscrições da cultura jurídica formada no espaço acadêmico. Temos a intenção de compreender como esses saberes produzidos permite-nos perceber traços intelectuais do jurista brasileiro, que por sua vez exerceram cargos políticos importantes no Estado Imperial.

---

[1] Este estudo faz parte do projeto do estágio pós-doutoral, como bolsista do CNPq, desenvolvido na Faculdade de Educação da Universidade Federal de Minas Gerais. Faz parte também do projeto em desenvolvimento, financiado pelo MCTI/CNPq/MEC/CAPES Nº 07/2011, que tem como objeto de investigação as teses produzidas pelos bacharéis formados na Academia de Direito de São Paulo no século XIX, visando investigar as referências intelectuais que os estudantes de Direito buscaram para construir sua retórica e o que formam esses sujeitos como políticos.

A partir da investigação iniciada no estágio pós-doutoral sobre as teses produzidas pelos bacharéis formados na Academia de Direito de São Paulo no século XIX, tendo como referência a educação, o escravismo e a questão racial nesses trabalhos, percebemos que a formação da cultura jurídica acadêmica se deu no entrelaçamento de correntes do pensamento jurídico, caracterizando peculiaridades no caso brasileiro. Se por um lado o direito brasileiro se organizou tomando a tradição jurídica portuguesa com base nas Ordenações Filipinas[2], por outro ancorou nos pressupostos do jusnaturalismo[3] racionalista, afastando, de certa forma, do modelo dessas Ordenações. É difícil descrever o caso brasileiro sem referenciar o modelo português que, por sua vez, na reforma da Universidade de Coimbra (1772) constituiu uma abertura ao racionalismo iluminista. Assim sendo, os brasileiros remanescentes de Coimbra herdaram uma cultura jurídica com base nas ideias do reformismo ilustrado luso, amalgamado ao liberalismo que se desenvolveu no Brasil ao longo do século XIX. Carlos Guilherme Mota, referindo-se aos estudos de Raimundo Faoro, concluiu que o Liberalismo desenvolvido no Brasil foi constituído por uma ideologia do Estado *para* a sociedade civil e não como fora pensado, como uma ideologia *da* sociedade civil. (MOTA, 2006, p. 28, grifo nosso)

Para compreender a cultura jurídica acadêmica é preciso ater-se à organização da estrutura curricular, às referências teóricas desenvolvidas no curso, às diversas reformas de ensino, como também ao conjunto de princípios políticos, sociais e culturais que permearam a Academia de Direito de São Paulo no século XIX. A formação da cultura jurídica acadêmica pode, portanto, revelar particularidades do processo de profissionalização dos bacharéis/doutores. Nesse sentido, entendemos que a cultura jurídica acadêmica pode indiciar a configuração de uma *intelligentsia* brasileira, ou seja, o profissional em Direito que, por sua vez, atuou na organização de leis e/ou exerceu cargos burocráticos e políticos no século XIX. O processo de profissionalização, tomando como base o ecletismo filosófico das diversas disciplinas do

---

[2] As *Ordenações Filipinas*, código legal português, foram promulgadas em 1603 por Filipe II, época da unificação ibérica, e ficaram em vigência até 1830.

[3] Corrente de pensamento jurídico que defende a existência do direito natural, isto é pela consciência pré-existente na mente do ser humano que permite discernir o correto do incorreto, o bem do mal, o justo do injusto. Nesse sentido, o direito natural embasa as regras jurídicas do Estado como uma razão justificadora. Historicamente a doutrina foi construída a partir dos pressupostos iluministas, da Teoria do Contrato Social, de Hobbes e Locke, em que o Estado tem o direito de legislar, de estabelecer regras jurídicas.

currículo e da ação extracurricular dos estudantes, pela organização de associações acadêmicas, jornalismo literário e político; participação nas artes do teatro, da poesia e da literatura; articulações político partidárias; entre outras, pode delinear traços de formação intelectual nos bacharéis oitocentistas. De acordo com Adorno (1988), em os *Aprendizes do poder*, a formação do bacharel em Direito seguiu a tendência liberal e o Estado erigiu-se pelas bases de um estado de magistrados, parlamentares e funcionários de formação profissional jurídica (ADORNO, 1988, p. 78).

Assim, os bacharéis/doutores puderam expressar ideais universais alimentados ora pela visão de mundo do iluminismo ou discursos de modernidade, ora por tradições herdadas. Partimos do pressuposto que os doutores em Ciências Jurídicas e Sociais, na ocupação do espaço político no Brasil oitocentista, trouxeram para dentro do espaço público expressões e opiniões orientadas pela cultura jurídica formada no espaço acadêmico. Esforçamo-nos, portanto, em pensar a cultura jurídica para compreender como esta se constituiu em um tempo e espaço específico – a Academia de Direito de São Paulo.

O PROCESSO DE FORMAÇÃO DA CULTURA JURÍDICA: DOS ESTATUTOS DO VISCONDE DE CACHOEIRA

A criação dos cursos de Direito em São Paulo e Olinda (transferida para Recife em 1854), pela publicação da Lei Imperial de 11 de agosto de 1827, diz respeito à consciência das elites dirigentes do jovem Estado Nacional sobre a necessidade de formar quadros administrativos. Era preciso formar profissionais que pudessem operar "a máquina administrativa e jurídico-política do novo Estado americano", pela demanda de "um novo tipo de profissional lidador da 'res publica'" (MOTA, 2006, p. 14).

Nos debates da Assembleia Constituinte de 1823 e da Câmara dos Deputados e do Senado, entre 1826 e 1827 é possível perceber que houve, para além das divergências, o consenso da importância das Academias de Direito como instituições formadoras de profissionais capazes de colaborar na implantação do projeto de Estado Nacional. Os estudos de Bastos (1977) sobre a formação dos currículos jurídicos do Brasil trazem conclusões sobre a história da instalação dos cursos jurídicos no Brasil, mostrando que se tratou de uma "história das conciliações que se deram entre as 'elites imperiais' e determinadas frações das 'elites civis'" (BASTOS, 1977, p. 22). Cabe observar que Aurélio Wander Bastos faz uma distinção entre as elites na Assembleia Geral, sendo as elites imperiais representadas pelos viscondes de Cairu, Cachoeira e São Leopoldo, Clemente Pereira, Marco Antonio de Souza. As elites civis tinham como representantes: Lino Coutinho, Bernardo Pereira de Vasconcelos, Teixeira de Gouveia, Montezuma, Custódio Dias, Batista Pereira, entre outros (BRASIL, 1977; MOTA, 2006).

Tendo em vista a criação dos Cursos de Direito, foi decisiva a opinião dos representantes daquele momento "em formar elites para manter em funcionamento o Estado herdado e implantar o novo Estado, e não propriamente para articular e mobilizar a sociedade civil" (MOTA, 2006, p. 135). Coube, portanto, a um membro da elite imperial na Assembleia Geral, o Visconde de Cachoeira, o projeto de regulamento ou os estatutos para os cursos jurídicos.

Dos Estatutos do Visconde de Cachoeira, como regulamentação dos Cursos Jurídicos de São Paulo e Olinda, lê-se:

> Tendo-se decretado que houvesse, nesta Corte, um curso jurídico para nele se ensinarem as doutrinas de Jurisprudência em geral, a fim de se cultivar este ramo de instrução pública, e se *formarem homens hábeis para serem um dia sábios Magistrados*, e peritos Advogados, de que tanto se carece; e outros que possam vir a ser *dignos Deputados, e Senadores*, e *aptos para ocuparem os lugares diplomáticos, e mais empregos do Estado*, por se deverem compreender nos estudos do referido Curso Jurídico *os princípios elementares de Direito Natural, Público, das Gentes, Comercial, Político e Diplomático*, é de forçosa, e evidente necessidade [...] (1977, p. 587, grifo nosso).

Cinco anos era o tempo para formar o jurisconsulto brasileiro, sendo que o curso foi composto por nove cadeiras onde seriam ensinados o Direito Natural, o Direito Público, a Análise da constituição do Império, o Direito das Gentes e Diplomacia, o Direito Pátrio, Civil, Criminal e Público Eclesiástico, a Teoria do Processo Criminal, o Direito Mercantil e Marítimo, a Teoria e Prática do Processo adotado pelas Leis do Império, a Economia Política.

Os Estatutos do Visconde de Cachoeira traz o currículo do curso detalhado para a organização dos programas de cada disciplina, incluindo os métodos, planos e tempo de estudos, matérias, indicação de autores e textos que deveriam ser trabalhados na organização das aulas e na transmissão dos conhecimentos. Para cada ano de estudo e suas respectivas disciplinas e conteúdos foram assinalados autores e textos como: Grócio, Pufeendórfio, Wôlfio, Tomásio, referências para o resumo histórico do Direito Romano; Heinécio, Felice, Burlamáqui, Wolfio e Cardoso, para os estudos do Direito Natural e de Fortuna; os livros modernos de Brie e Perrault; um resumo do Direito Romano: das *Institutas*, do *Digesto*, do *Código*, das *novelas* pelo Compêdio de Waldeck; Watel, Heinécio e Felice para o Direito das Gentes Universal e Pactício; o compêndio de Azuni, as obras doutrinais de Boucher, Peuchet, Lampredi, Hubner, Galiani, *Código das Presas* para o Direito Marítimo; o compêndio de Pascoal José de Melo para o Direito Pátrio; Strikio e Bohemero; Filangieri, Beccaria, Bentham, Pastoret, Bernarde, Brissot para o Direito Criminal mais filosófico; para a constituição do Império, as doutrinas de Filangieri, Cottu, Saint-Aignan e Aragão; para Economia Política os autores J. B. Say, Smith, Malthus, Ricardo, Sismondi, Godwen, Storch, Ganilh e outros; além dos estudos do Código Francês de Comércio (BRASIL, 1977).

O que ensinar de Direito? O currículo adotado alinhou-se aos Estatutos da Universidade de Coimbra, Pós-Reforma Pombalina, ajustando a ambivalência entre o jusnaturalismo e a tradição das Ordenações Filipinas. O Direito Natural abre os estudos jurídicos, com suas bases filosóficas, tornando-se central como sustentação para as demais disciplinas do currículo. Segundo os Estatutos de Cachoeira [...], o Direito Natural é pura luz da razão, permitindo ao jurista, "por boa e luminosa lógica", a interpretação e aplicação das leis civis, sendo "estudo primordial o em que mais devem de ser instruídos os que se destinam ao estudo da jurisprudência" (BRASIL, 1977, p. 597). Fundamentado pelos princípios da ciência, o Direito Natural formou a base do Direito moderno e da formação da cultura jurídica da Academia de Direito de São Paulo.

O Direito Público, a Análise da constituição do Império, o Direito das Gentes e Diplomacia, o Direito Pátrio e a Teoria e Prática do Processo adotado pelas Leis do Império garantiriam a formação dos homens públicos, isto é, de políticos ou legisladores com capacidade para entender o Estado imperial no que diz respeito às suas dimensões políticas e administrativas. A análise do currículo pôde revelar também as pretensões imperiais de formação dos dirigentes nacionais, deixando, talvez, à margem a formação do bacharel para advogar outras causas.

Percebemos que a ambivalência evidenciada na análise curricular pode ser explicada pela sua estrutura ou organização disciplinar, a qual procurava formar "uma elite intelectual aberta à modernidade" no dizer de Adorno (1988, p. 95), ou seja, a "formarem homens hábeis para serem um dia sábios Magistrados, e peritos Advogados, de que tanto se carece; e outros que possam vir a ser dignos Deputados, e Senadores, e aptos para ocuparem os lugares diplomáticos, e mais empregos do

Estado", segundo os Estatutos do Visconde de Cachoeira. Por outro lado, o currículo trazia, em sua prescrição, o Direito Público Eclesiástico que poderia, segundo Adorno (1988, p. 96), "ponderar as relações entre Igreja e Estado". O Visconde de Cachoeira, pelos Estatutos, considerou a validade desse estudo, com certa restrição, por ser conveniente os "princípios elementares de Direito Público, Eclesiástico, Universal, e próprio da sua Nação", pois no caso brasileiro seria necessário apenas em uma cadeira, "cujo Professor com luminosa e apurada crítica e discernimento assinale as extremas dos poderes civil e eclesiástico" (BRASIL, 1977, p. 593). Assim sendo, a ambivalência esteve presente a partir do amálgama do Direito moderno com o tradicional e seus desdobramentos na constituição da cultura jurídica, embasada pela herança dos Estatutos da Universidade de Coimbra.

Para inovar sem, contudo, romper com a tradição de Coimbra, o Visconde de Cachoeira confrontou os dois currículos, tecendo críticas a disciplinas e doutrinas jurídicas – "Jurisprudência casuística de arestos, sem jamais possuírem os princípios, e luzes desta ciência" (BRASIL, 1977, p. 588). Ao mesmo tempo, busca referência na Universidade de Coimbra, justificando na organização dos seus novos Estatutos (de 1772), que vieram, de certo modo, iluminar os estudos da Jurisprudência pelos quais garantiu a erudição, o melhoramento e o progresso da ciência. Contudo, para Cachoeira, essas mudanças e visão trouxeram resultados obtidos diante da formação de "grandes mestres, dignos e sábios magistrados, e habilíssimos homens de estado, que aos nossos olhos têm ilustrado e bem servido a Pátria" (1977, p. 588-9).

O Visconde de Cachoeira faz críticas ao Direito Romano estudado em Coimbra por sua demasiada erudição e muita profusão dada a essa ciência jurídica que, a exemplo das Universidades da Alemanha, muito pouco se estudou da Jurisprudência Pátria (1977, p. 589). No entanto, justifica princípios do estudo por ser base para a história da jurisprudência:

> [...] o estudo do Direito Romano seja uma parte importante da Jurisprudência Civil, não só porque tem sido este o direito de quase todas as nações modernas, mas principalmente porque nele se acha um grande fundo do direito da razão, pelo muito que os jurisconsultos romanos discorreram ajudados da Filosofia Moral; tanto assim que deste copioso manancial tiraram Tomásio, Grócio, e Pufendórfio o que depois chamaram Direito Natural [...] (1977, p. 590).

Assim, ressaltou sua importância pelas "*Institutas* do Direito Romano"[4] como base do Direito Natural, Público e das Gentes e para organização de códigos civis que se serviram as nações modernas. Evidenciando ainda a fragilidade dos Estatutos de Coimbra, apontou para a pouca importância que deram às disciplinas de Direito Marítimo, Comercial, Criminal e de Economia Política, como também a falta de estudos mais profundos de Direito Pátrio. Para Cachoeira, não se podia seguir inteiramente os exemplos de Coimbra, pois teria deixado o Direito Pátrio sobrecarregado de sutilezas e ambiguidades, que muito pouco serviu para formar homens de Estado.

A experiência de Coimbra ou lições do saber poderia apontar para a organização de métodos de estudos mais regulares e simples, que viessem cortar o desnecessário e incluir cadeiras disciplinares com fortes vínculos com a Jurisprudência em geral, com a finalidade de formar "jurisconsultos brasileiros, enriquecidos de doutrinas luminosas, e ao mesmo tempo úteis" (BRASIL, 1977, p. 592). Assim, justificou a organização dos cursos jurídicos no Brasil com base nos Estatutos de Coimbra, sendo possível fazer as devidas alterações para a realidade brasileira.

Percebemos, portanto, que Cachoeira, a partir de suas justificativas embasadas nos estudos da Jurisprudência de Coimbra, preocupou-se em organizar os Estatutos para o Curso Jurídico do Brasil, carregados de ambiguidades nas matrizes de pensamento, difundidas nas diversas disciplinas acadêmicas. No entanto, o princípio da cultura jurídica era formar a *intelligentsia*, ou seja, os homens de Estado.

FORMAÇÃO DO DOUTOR EM CIÊNCIAS SOCIAIS E JURÍDICAS: A CULTURA JURÍDICA NAS TESES/DISSERTAÇÕES

No equilíbrio da razão e da justiça, o julgamento que se procede pelo rito de passagem para adquirir o título de doutor, invoca-se, talvez, a Têmis – deusa dos juramentos – perante os julgadores, professores doutores em Direito da Academia de São Paulo. Para mais um e importante exercício de retórica, os jovens bacharéis, depois de competente formatura, apresentavam suas teses para a Congregação no intuito de serem aprovadas por todos os Professores da Faculdade, defendidas e serem agraciados pelo grau de doutor.

---

[4] Disciplina curricular sem configurar uma cadeira. A cadeira específica para o Direito Romano somente foi aderida ao currículo na Reforma de 1854.

Nos cinco anos de estudos, os estudantes de Ciências Jurídicas e Sociais deveriam passar por exames os quais previam arguições de pontos escolhidos entre as doutrinas de todas as cadeiras, constituindo-se de teses mais importantes. Para a prática do gosto pela escrita e o progresso do conhecimento, os estudantes do quinto ano deveriam produzir dissertações em Português que seriam conferidas pelos examinadores e seguidas de suas devidas argumentações. Para Vampré os exames eram rigorosos e "O ponto tirado na véspera, permitia atos mais brilhantes, e as dissertações no quinto ano revestiam as últimas provas de extraordinária importância" (1977, p. 35).

Entre aqueles estudantes do quinto ano, após receber o grau de bacharel e se fosse de merecimento, poderiam então produzir e defender teses. Os Estatutos do Visconde de Cachoeira, que passaram a regular os Cursos de Ciências Jurídicas e Sociais já previam a defesa de teses e a consequente titulação de doutor. Em seu capítulo XIII – Do grau de Doutor lê-se:

> 1º. Se algum estudante jurista quiser tomar o grau de Doutor, depois de feita a competente formatura, e tendo merecido a aprovação *nemine discrepante*, circunstância esta essencial, defenderá publicamente várias teses escolhidas entre as matérias que aprendeu no Curso Jurídico, as quais serão primeiro apresentadas em Congregação, e deverão ser aprovadas por todos os Professores. O Diretor e os Lentes em geral assistirão a este ato, e argumentarão em qualquer das teses que escolherem. Depois disto, assentando a Faculdade, pelo juízo que fizer do ato, que o estudante merece a graduação de Doutor, lhe será conferida sem mais outro exame, pelo Lente que se reputar o primeiro, lavrando-se disto o competente termo em livro separado, e se passará a respectiva carta.
> 2º. As cartas, tanto dos Doutores como dos Bacharéis formados, serão passadas em nome do Diretor, e por ele assinadas, e levarão um selo próprio, que lhe será posto por ordem do Professor, que houver dado o grau. (BRASIL, 1977, p. 618)

Spencer Vampré, autor de *Memórias para a história da Academia de São Paulo*, obra datada de 1924, chama-nos a atenção para o fato de que muitos alunos não se submetiam ao rito de passagem para aquisição do título "que veio perder o prestígio pela raridade com que se confere" (1977, p. 35). Para esse autor:

> Fora preferível que a maior parte dos formandos nas Faculdades de Direito, à semelhança do que acontece nas de Medicina defendessem teses, e

> fossem realmente doutores, a atribuir-se prodigamente este tratamento até aos menos rábulas, como hoje ocorre (VAMPRÉ, 1977, p. 35).

Os estudantes de Medicina pela Faculdade de Medicina do Rio de Janeiro (FMRJ) "eram obrigados a defender ao término do curso superior para terem direito à obtenção do título de doutor". Assim, todos os formandos pelo ritual da defesa, no momento de passagem, revestido pela qualidade de acadêmico, apresentando-se diante das autoridades e em sessão pública para validar as competências adquiridas dos anos de estudo (GONDRA, 2004, p. 108). É importante aqui estabelecer a distinção entre a obtenção do título de doutor em Medicina e Direito. Enquanto os médicos deveriam validar o título de doutor pela apresentação e defesa de tese, os bacharéis em Direito somente poderiam apresentar teses se fossem aprovados previamente pela congregação, sob análise de sua vida acadêmica, portanto com aprovação *nemine discrepante*.

Tornar-se doutor em Ciências Jurídicas e Sociais nos oitocentos não significou uma prática como na Medicina para a atuação do ofício, mas uma escolha feita por poucos que foram aprovados pela condição posta ou optaram pelo rito de passagem no sentido de exercer a docência universitária, já que o doutoramento tratava-se de exigência *sine qua non* para o ingresso na carreira. Para Adorno (1988), em *Os aprendizes do poder*, a baixa frequência com que se distribuía a titulação e entre aqueles que optaram pela docência universitária pode ser relacionada a um certo desprestígio da carreira de professor no ensino superior de Direito (ADORNO, 1988, p. 137-138).

É possível ainda afirmar, pelas análises das memórias da Academia de Direito de São Paulo, que entre aqueles que optaram pelo doutoramento o fizeram pelo significado que trazia a titulação para outras atividades intelectuais e políticas no Império, tendo em vista a carreira profissional de muitos deles que se notabilizaram na vida pública como presidentes de província, ministros, conselheiros, deputados, senadores. Destacaram-se também como intelectuais ligados tanto ao jornalismo, à literatura, ou à própria docência na Academia de Direito de São Paulo.

Segundo Adorno (1988):

> Revestidas de circunspecção, as defesas de teses tinham menos o objetivo de avaliar os progressos verificados na ciência do Direito. O efeito ideológico produzido por essa cerimônia institucional residia em fazer reconhecer, tanto a estudantes quanto a professores, sua filiação comum a uma comunidade que se arvorava quadro dirigente dos destinos intelectuais e políticos da sociedade (1988, p. 146).

Evidenciamos em *A Academia de São Paulo: tradições e reminiscências* de Almeida Nogueira que no período de 1831 a 1889 formaram 2.642 bacharéis, sendo que deste número apenas 109 formaram-se doutores e destes 36 foram professores da Faculdade de Direito de São Paulo (1977, livro 3, p. 143-148). Percebe-se que o doutoramento não se restringe à docência no ensino superior.

O primeiro a receber o título de doutor de borla e capelo, em 1833, foi Manuel Dias de Toledo, bacharel pertencente à turma de 1828. Manuel Dias de Toledo foi lente da Academia de Direito de São Paulo durante o período de 1834 a 1870 e produziu *Lições acadêmicas sobre artigos do Código Civil* e *Anotações aos elementos do Processo Civil do tenente-coronel Toledo Rendon*, embora fosse lente titular da cadeira de Direito Criminal. Para Adorno (1988), esta questão da incipiente divisão de trabalho para com o processo de produção de conhecimento pode ser explicada pelo pouco interesse dos doutores/professores em se dedicarem à atividade didático-intelectual, ou seja, é certo que não foram grandes doutrinadores jurídicos. Por outro lado, a Academia de Direito de São Paulo fora o "celeiro de parcela expressiva da inteligência brasileira e dos principais dirigentes políticos dessa sociedade" (ADORNO, 1988, p. 134- 135).

Por sua vez, até a segunda metade do século XIX "não houve propriamente um ambiente intelectual adequado para a formação de uma cultura jurídica nacional sólida e que pudesse afirmar com vigor uma tipicidade que a distinguisse da herança portuguesa" (2008, p. 268). Porém, a partir da década de 1850, contexto marcado pela consolidação do Império, a cultura jurídica sofrera mudanças, oscilando entre a tradição de Coimbra e mudanças nas matrizes teóricas, como as da Escola Francesa e Alemã. Pode, contudo, indicar o modo de pensar, bem como a produção de saberes acadêmico e uma possível relação com a vida pública. Os referenciais teóricos presentes nas teses/dissertações podem explicar o papel social e político exercido pelo jurista no Brasil Imperial. Fonseca (2008), em *Vias da modernização jurídica brasileira: a cultura jurídica e os perfis dos juristas brasileiros do século XIX*, mostra-nos que "A década de 1850, inicialmente marcada principalmente pela proibição do tráfico de escravos (lei 4 de setembro de 1850) [...]", pode "apresentar também um novo contexto da cultura jurídica brasileira" (FONSECA, 2008, p. 269).

Foi a partir da leitura sobre as produções das teses/dissertações dos bacharéis que nos proporcionou discernir duas gerações durante a segunda metade do século XIX, possibilitando-nos perceber traços da cultura jurídica que se formara. Em primeiro lugar, a divisão temporal está entre a geração de 1850-60 e, por conseguinte, a geração de 1870-80. De fato, algumas das nossas fontes estão incompletas, mas isso não impediu o desenvolvimento da análise, na tentativa de desvendar traços de uma cultura jurídica acadêmica de ciências sociais e jurídicas de São Paulo. Esta incompletude apareceu nas dissertações e nos referenciais teóricos. Contudo, as teses/dissertações pertencem ao tempo e à condição histórica em que foram produzidas.

É importante neste momento destacar a autoria das produções acadêmicas da Academia de Direito de São Paulo da segunda metade do século XIX. As teses/dissertações encontradas das décadas de 1850-60 foram as de Hygino Alvares de Abreu e Silva (58), João Batista Pereira (58), Tito Augusto Pereira Matos (58), Aureliano Candido Tavares Bastos (59), João Carlos Oliva Maya (59) e Luiz Joaquim Duque Estrada (59). Nas décadas de 1860-70 foram encontradas as de Emilio Valentin Barros (62), João Jacinto Gonçalves Andrade (65), Emydgio Joaquim dos santos (67), Ezequiel de Paula Ramos (67), Antonio Ferreira França (69), Carlos Leôncio da Silva Carvalho (69) e José Rubino de Oliveira (69).

Em 1858, Hygino Alvares de Abreu e Silva produziu o estudo sobre a Lei nº 601 de 18 de setembro de 1850 (*Lei de Terras*). Esta dissertação traz a reflexão sobre uma das primeiras leis de reforma agrária, depois do Brasil de 1822, cujo decreto abolia o regime de sesmarias. O autor analisa a relação entre prática, teoria e metodologia para alcançar um resultado satisfatório ao estudo que se pretendeu realizar, fazendo alusão a Benjamin Franklin: "Não há assunto por mais vasto que seja, diz *Franklin*, que não possa ser exposto em um quarto de hora" (1858, p. 4). Ele faz referências indiretas a historiadores, escritores do Direito Público Universal, economistas das escolas modernas do socialismo, sobre o direito de propriedade. Contudo, é importante destacar que o autor, nas entrelinhas de sua dissertação, não apenas admite que a "escravidão é um escândalo da humanidade", mas também condena Aristóteles, Platão e Cícero, uma vez que estes filósofos consideravam a escravidão uma consequência da natureza humana.

Por sua vez, o objeto das reflexões de Hygino Alvares de Abreu e Silva são os conceitos de *posse de terras devolutas* e *terras apropriadas*, sob a referência dos artigos 2º, 4º e 5º da Lei n. 601 de 18 de setembro de 1850 – a Lei de Terras. Assim, faz referência a esta lei associada aos dados da economia política brasileira. Nesta situação o autor examina não apenas a paralisação das lavouras e a substituição da mão de obra escrava pelo europeu, mas também a mão de obra dos capitães do tráfico. Diante deste espelho, segundo o autor, era necessário colonizar as terras desconhecidas. Outro aspecto importante é a citação indireta dos economistas e da sua crença geral: "o braço livre é preferível ao braço escravo".

No ano de 1859, Aureliano Candido Bastos faz citações de Baston, Proudhon, A. Smith, Jean Bodin, o Senador Ferraz, para fazer uma abordagem sobre a questão dos impostos. Outro bacharel, João Carlos de Oliva Maya, em 1859, busca sustentação para sua dissertação em Montesquieu, Bousset, Devoti, Mello Freire, Borges Carneiro, mas ao mesmo tempo utiliza Santo Agostinho e São Cipriano. Em 1859, Luiz Joaquim Duque Estrada Teixeira produziu uma dissertação intitulada *Pena de multa*, com todas as questões teóricas e práticas a quem pode lograr os art. 55, 56 e 57 do Código Criminal.

A outra fase da cultura acadêmica paulistana inicia-se das teses/dissertações elaboradas desde a década de 1870 até o final da década 1880: José Luiz Almeida Nogueira (72), José Pereira Terra (72), Victorino Caetano Brito (72), Genuino Firmino Vidal Capistrano (74), João E. Sayão de Bulhões de Carvalho (75), Julio Cesar Moraes de Carneiro (75), Augusto Gurgel (78), João Mendes de Almeida Júnior (79), José Antonio Pereira de Magalhães Castro (80), Jesuíno Ubaldo Cardoso de Mello (87).

É necessário notar que alguns teóricos dos Estatutos do Visconde de Cachoeira permaneceram no currículo e na programação até a década de 1870 do curso de Direito de São Paulo. Houve possibilidades dos referenciais teóricos presentes nos Estatutos permanecerem até o final dos anos 1880. Entretanto, é importante enfatizar o que as fontes nos possibilitaram detectar até 1870. Por um lado, os teóricos que permaneceram na grade curricular do Estatuto de Cachoeira foram Smith, Heinécio, Bentham, Pascoal, J. B. Say e Strikys. Não se pode esquecer que o Código Francês faz parte desta seleta permanência nas programações do Curso de Direito da cidade paulistana. Contudo, é possível visualizar novos traços de uma cultura acadêmica de São Paulo a partir das fundamentações teóricas como Descartes, Montesquieu, Rousseau, Proudhon, Comte, Spencer e Savigny.

Sobre as teses/dissertações do final da década de 50 e de algumas produções acadêmica dos anos 60 do séc. XIX é possível considerar que as bases disciplinares e as fundamentações teóricas que mais estruturavam aquelas teses/dissertações foram Direito Natural, Economia Política, Direito Civil e Romano, Direito Público, Comercial e Criminal, Direito Eclesiástico, Constituição do Império e o Código Penal. Por outro lado, a geração de 1870-80 prevaleceu disciplinas de Constituição do Império, Direito Natural e Romano, Direito Administrativo, Código Penal e Direito Comercial, Direito Eclesiástico e Economia Política. O que se percebe nas teses/dissertações desta geração é o recrudescimento das bases disciplinares como o Direito Pátrio e Romano, Economia Política, Direito Administrativo e Comercial, Direito Civil, Processo Criminal e Penal e, sobretudo, o Direito Eclesiástico.

As teses/dissertações da geração de 1870-80 representaram, assim como as bases disciplinares, uma ambivalência reflexiva evidenciada nos próprios textos dissertativos. O primeiro exemplo é a dissertação de José Pereira Terra que analisa a Lei de nº 631 de 18 de setembro de 1851, cujo decerto simboliza sentenças para certos tipos de crimes militares. O segundo exemplo é o de Genuino Firmino Vidal Capistrano que aborda o domínio da ação administrativa e de jurisdição na desapropriação por utilidade geral ou municipal da Corte. O bacharel José Antonio Pereira Magalhães Castro examina espécies de alienação mental, cuja reflexão é embasada não apenas nas disciplinas do Curso de Direito como também em ciências psicopatológicas. Por fim, Jesuíno Ubaldo Cardoso de Mello especula em sua dissertação sobre a desapropriação por utilidade pública, cuja descrição está essencialmente sob o Direito Natural. Logo, a cultura jurídica acadêmica dessa geração está sitiada em várias dimensões de raciocínios opostos, mas ao mesmo tempo interligados por um mesmo Curso de Ciências Sociais e Jurídicas.

Por sua vez, Fonseca (2008) adverte que há uma "indigesta mistura de autores 'contemporâneos' e racionalistas com autores antigos ligados a um jusnaturalismo teológico, com prevalência clara para esta última" (FONSECA, 2008, p. 272). Porém, este mesmo autor diz que a partir dos anos de 1860 surge a necessidade do elemento científico na atividade do jurista,

> [...] na medida em que novas elaborações que vão tomando forma nos anos 60 e se desenvolvem de maneira mais clara a partir dos anos 70 do século XIX denotam que as referências teóricas do jurista parecem ir se deslocando em direção à busca de um parâmetro científico racional, que vai se afastando, em forte tom polêmico, das teorias anteriores embebidas de uma interpretação teológica de lei natural (FONSECA, 2008, p. 277).

De acordo com esse mesmo autor, confrontando com a tese desenvolvida por Adorno em *Os aprendizes do poder*, não havia uma dualidade entre o saber jurídico *stricto sensu* e o não jurídico, desenvolvido nos saberes da retórica e das letras. Ambos saberes compuseram uma unidade, na medida em que as escolas de direito e a cultura jurídica brasileira do século XIX tinha

> [...] significados que comportavam a um só tempo as suas fortes cargas simbólicas e também os efetivos conteúdos e discursos que elas colocavam em circulação, fossem eles efetivos ou anacrônicos, retrógrados ou

> modernizantes, jusnaturalistas escolásticos ou positivistas determinantes, retóricos ou "científicos" (FONSECA, 2008, p. 293).

A cultura jurídica brasileira do império, para o autor, pode ser compreendida em três ângulos de um mesmo cristal. Primeiro, trata-se de verificar o modo como o saber do direito circulou; segundo, como o saber jurídico dialogou com os diferentes componentes culturais; e em terceiro, como esse saber estabeleceu "sua relação com as estruturas sociais, econômicas e políticas" no Brasil imperial (FONSECA, 2008, p. 293). Portanto, diante das fontes providas de significações e de possibilidades para um estudo histórico acerca de traços da cultura jurídica, é possível afirmar que a Academia de São Paulo, durante o século XIX, configurou não apenas uma espécie de cultura como também projetou para a sociedade os homens de Estado. Não se pode esquecer que os cursos de Ciências Sociais e Jurídica em São Paulo e Recife foram construídos para formar intelectuais, a fim de atender a manutenção da engrenagem dos aparelhos administrativos do incipiente Estado Monárquico. É impossível negar que a gestação da cultura jurídica foi embrionada por efeitos ideológicos nas décadas de 1850 e 1880 do século XIX. O pensamento jurídico da geração de 1850-60 de São Paulo esteve imerso nas reflexões escolásticas e evolucionistas. A partir dos anos 1870 a consciência sociojurídica desdobra-se para um campo de raciocínio positivista-evolucionista de base racional. Assim, o processo de gestação da *intelligentsia* dos bacharéis e doutores, na Academia de São Paulo da segunda metade do séc. XIX, se deu à luz de uma cultura jurídica ambígua entre a tradição de Coimbra e os desdobramentos das ciências sociais e jurídicas da modernidade.

REFERÊNCIAS

ADORNO, Sergio. *Os aprendizes do poder*. Rio de Janeiro: Paz e Terra, 1988.

ALONSO, Ângela. *Ideias em movimento*: a geração de 1870 na crise do Brasil Império. São Paulo: Paz e Terra, 2002.

BASTOS, Aurélio Wander Chaves (coord). O Estado e Formação dos Currículos Jurídicos no Brasil. In: Os Cursos Jurídicos e as Elites Políticas Brasileiras. Brasília: Câmara dos Deputados e Rio de Janeiro: Fundação Casa de Rui Barbosa, 1977.

BOBBIO, N. *Os intelectuais e o poder*. Dúvidas e opções dos homens de cultura na sociedade contemporânea. São Paulo: UNESP, 1997.

BRASIL. Congresso. Câmara dos Deputados. Centro de Documentação e Informação. *Criação dos cursos jurídicos no Brasil*. Brasília; Rio de Janeiro: Fundação Casa de Rui Barbosa, 1977.

COELHO, Edmundo Campos. *As profissões imperiais*: medicina engenharia e advocacia no Rio de Janeiro – 1822-1930. Rio de Janeiro: Record, 1999.

FARIA FILHO, Luciano Mendes de. Os projetos de Brasis e a questão da instrução no nascimento do Império. In: VAGO, Tarcísio Mauro *et al.* (Org.). *Intelectuais e Escola Pública no Brasil*: séculos XIX e XX. Belo Horizonte: Mazza Edições, 2009.

FARIA FILHO, Luciano Mendes de; XAVIER, Maria do Carmo. *Moderno, modernidade, modernização*: a educação nos projetos de Brasil – séc. XIX e XX. Belo Horizonte: CNPq; GEPHE/FAE/UFMG, 2009.

FONSECA, Ricardo Marcelo. Vias da modernização jurídica brasileira: a cultura jurídica e os perfis dos juristas brasileiros do século XIX. *Revista Brasileira de Estudos Políticos*, n. 98, p. 257-293, jul./dez. 2008.

GONDRA, José. *Artes de civilizar*: medicina, higiene, educação escolar, na Corte Imperial. Rio de Janeiro: EDUERJ, 2004.

MOTA, Carlos Guilherme (Coord.). *Os juristas na formação do estado-nação brasileiro*: século XVI a 1850. São Paulo: Quartier Latin, 2006. p. 22-148. (Coleção Juristas Brasileiros).

MOTA, Carlos Guilherme; FERREIRA, Gabriela Nunes Ferreira (Coord.). *Os juristas na formação do estado-nação brasileiro*: 1850 a 1930. São Paulo: Saraiva, 2010.

NOGUEIRA, José Luís Almeida. *A academia de São Paulo*: tradições e reminiscências. São Paulo: Saraiva, 1977. v. 1-4.

REALE, Ebe. *Faculdade de Direito do Largo São Francisco*. 2. ed. São Paulo: Saraiva, 1997.

VAMPRÉ, Spencer. *Memórias para a História da Academia de São Paulo*. Brasília: INL, Conselho Federal de Cultura, 1977. v. 1-2.

O congresso agrícola, comercial e industrial de 1903 e os debates sobre o conhecimento e o ensino

Carolina Mostaro Neves da Silva

Em 1903, representantes das elites produtoras mineiras se reuniram em Belo Horizonte, no *Congresso Agrícola, Comercial e Industrial*, visando debater soluções para a crise financeira vivenciada pelo Estado de Minas Gerais, desde os últimos anos do século XIX.[1] Conforme notícia publicada no jornal *Minas Gerais*,[2] o evento foi

[1] Neste trabalho, os autores dos artigos publicados no jornal *Minas Gerais* e os participantes do Congresso de 1903 são designados como elites produtoras mineiras. A utilização dessa expressão implica reconhecer que não há consenso em relação ao que se entende pelo termo "elite", a quem ele se refere e o que caracterizaria. Heinz (2006, p. 7) delimita o significado do termo, ao apontar que a "noção de elite, pouco clara e seguidamente criticada por sua imprecisão, diz respeito acima de tudo à percepção social que os diferentes atores têm acerca das condições desiguais dadas aos indivíduos no desempenho de seus papéis sociais e políticos". Falar das elites seria, então, tratar de indivíduos ou grupos que se arrogam o direito de discutir, negociar e dirigir questões que dizem respeito à coletividade, na medida em que desfrutam de poderes e privilégios que não são estendidos igualmente a todo o conjunto social. Para evitar a compreensão de que aqueles que constituem as elites produtoras mineiras formam um grupo homogêneo, foi feita a opção pelo emprego da expressão no plural.

[2] Impresso oficial do Estado de Minas Gerais que acompanhou a organização e a realização do congresso, publicando artigos sobre as diversas atividades econômicas existentes no Estado. A maior parte desses artigos foi escrita por pessoas diretamente envolvidas com as atividades sobre as quais escreveram. Além desses, o jornal *Minas Gerais* publicou artigos de outros jornais do Estado, as atas das reuniões da comissão organizadora do congresso e as atas do congresso. Esse material constitui o *corpus* documental deste artigo, que traz os primeiros exercícios de análise da pesquisa de doutorado que venho desenvolvendo no Programa de Pós-Graduação em Educação da Universidade de São Paulo, sob orientação da Profa. Dra. Marta Maria

proposto com o objetivo de "congregar [...] os representantes dos diversos ramos da nossa atividade, com o fim de conhecer as necessidades de cada indústria, ouvir as suas reclamações e tomar providências precisas, que venham acelerar o desenvolvimento econômico do Estado" (MINAS GERAIS, 1903, n. 10).

Desde a segunda metade da década de 1890, haviam ocorrido sucessivas quedas no preço do café, principal produto do Estado de Minas Gerais, o que foi a causa maior da crise econômica. Segundo Wirth (1982, p. 82-83),

> a partir de 1896, as imensas lavouras de café provocaram um excesso de oferta na demanda mundial. Os mineiros culpavam os paulistas por plantarem demais em terras virgens da fronteira. Com razão, também ligavam os preços em declínio às manipulações de intermediários estrangeiros, que especulavam com os estoques depositados no exterior. Debatia-se intensamente no estado e no país o que fazer a respeito da superprodução.

A organização desse congresso emergia em meio a ações intervencionistas por parte das elites mineiras, preocupadas com a situação financeira de Minas Gerais. Para Dulci (1999, p. 38), tais preocupações tinham como pano de fundo um diagnóstico pessimista da realidade econômica e social do Estado, "a qual seria assinalada por estagnação e mesmo decadência econômica e demográfica (mas com implicações previsíveis no campo político) e, além disto, por acentuada desarticulação interna". Juntamente com a noção de atraso, em relação ao avanço econômico de São Paulo, essas ideias mobilizaram as elites, fazendo da recuperação econômica de Minas um tema importante nos primeiros anos do século XX.

Diante do diagnóstico de crise, fazer progredir a economia representava o caminho principal para a concretização de uma sociedade moderna, posto que se associavam as dificuldades econômicas à falta de preparo para o trabalho e ao uso de processos antigos, "rudimentares". Segundo publicação do jornal *A Irradiação*, do Alto do Rio Doce, reproduzida no *Minas Gerais*, "o saber e a experiência" seriam os "únicos fatores do progresso, de mãos dadas para resolverem todos os problemas sociais", por isso recomendava-se encarar "a questão do ponto de vista prático

Chagas de Carvalho. Em estágio posterior da pesquisa, as informações do *Minas Gerais* serão confrontadas com as existentes no Arquivo Público Mineiro e em outros jornais do Estado, como o *Comércio de Minas*.

e científico" para superar "os males que nos embaraçam o progresso e nos ameaçam destruir tudo quanto temos construído com perseverança". Encarar a questão econômica "do ponto de vista prático e científico" seria, segundo o jornal, condição para a recuperação da economia mineira (MINAS GERAIS, 1903, n. 46). Nesse aspecto, *A Irradiação* parecia fazer eco ao intuito explicitado pelo presidente do Estado, Francisco Sales, ao propor o Congresso e convocar a Comissão Fundamental responsável por organizá-lo.

A indicação dos nomes que comporiam essa Comissão expressava o intuito de promover um debate entre pessoas diretamente envolvidas com as principais atividades produtivas do Estado. João Pinheiro da Silva, já bastante conhecido na cena pública principalmente por sua atuação no movimento republicano, foi escolhido para presidir a Comissão. Essa ocasião marcou seu retorno à vida pública, que havia abandonado em meados da década de 1890. Durante o período em que esteve afastado da política, João Pinheiro dedicou-se à produção de cerâmica, instalando uma indústria na cidade de Caeté. Ao lado de João Pinheiro na "Comissão Fundamental" estavam seis comissários ligados aos principais setores produtivos do Estado, conforme afirma Melo Franco (1955, p. 330):

> Monteiro de Andrade, depois banqueiro respeitado, o inglês George Chalmers (das minas de morro velho e profundo conhecedor de mineração); Inácio Burlamaqui, comerciante; Francisco Mascarenhas, fabricante de tecidos; Carlos Sá Fortes, criador na Mantiqueira e João Ribeiro, banqueiro e economista, futuro ministro da Fazenda na interinidade de Delfim Moreira.

Em artigo do *Jornal do Comércio*, da cidade de Juiz de Fora, republicado no *Minas Gerais* (1903, n. 6), ressaltava-se o "preparo técnico" dos membros dessa comissão. No mesmo texto, Monteiro de Andrade foi definido como um "espírito cultivado, de poderosa faculdade assimiladora", que enriquecia "seu cabedal de instrução variada no estudo comparativo que há logrado fazer nas diversas viagens aos estados vizinhos e ao continente europeu". Para o jornal, Monteiro de Andrade seria "um homem moderno, instruído e prático", indicando que os saberes adquiridos em viagens e estudos de pouco serviriam aos propósitos de avanço econômico se não fossem acompanhados pelo conhecimento do meio e das atividades em que poderiam ser aplicados. Por isso, além de instruído, o homem deveria ser prático, o que lhe possibilitaria converter os saberes adquiridos por meio de estudos, viagens e também da experiência em medidas úteis e aplicáveis. O mesmo perfil foi atribuído a Sá Fortes, médico, criador de gado e produtor de laticínios, cujos estudos sobre a indústria pastoril teriam orientado a aplicação de técnicas para o melhoramento da raça bovina em suas fazendas.

> De inteligência vigorosa, empreendedor ativo, o dr. Sá Fortes prestará, como nenhum outro, aos seus patrícios o concurso da sua proficiência e notória experiência, e Minas muito lucrará se adotar algumas ideias do programa já traçado pela sua pena, em artigos interessantíssimos concernentes à indústria pastoril, em que é ele, indiscutivelmente o *primus inter pares* (MINAS GERAIS, 1903, n. 6).

Assim, marcou-se, nos momentos iniciais de organização do Congresso, uma questão que atravessará todo debate por ele suscitado: a de que não seria no interior de gabinetes, por meio de reflexões puramente teóricas, que se resolveria o problema econômico do Estado de Minas Gerais. Conforme expressou a Comissão Fundamental, o problema deveria ser "posto, o quanto possível, e dentro da exiguidade de nossas forças, por maneira completa, devendo ser apresentadas, ao lado das explanações teóricas, soluções práticas que possam ter imediata aplicação" (MINAS GERAIS, 1903, n. 20).

Numa sociedade marcada pela forte presença de bacharéis em cargos públicos, sobretudo na burocracia estatal e na imprensa, elaborando diagnósticos e soluções para os problemas que afligiam o país, a organização do congresso chamava para o debate outro segmento das elites brasileiras. Um segmento que parece não sustentar nos diplomas acadêmicos a legitimidade de sua participação no debate sobre os problemas econômicos e sociais de Minas Gerais. Embora muitos possuíssem diplomas, inclusive o de bacharel, a legitimidade para o debate repousaria em suas experiências na condução de atividades econômicas, bem como nos estudos que realizaram em decorrência e em benefício dessas atividades.

Mendonça (1997, p. 83-84), em estudo sobre o ruralismo brasileiro na República Velha, aponta que nos discursos dos ruralistas, sobretudo daqueles formados em engenharia e agronomia, a prática aparece como um critério de verdade, em torno do qual se constrói uma oposição entre "políticos e homens de ação". Esses homens de ação atribuiriam a si mesmos "o monopólio do discurso autorizado posto que oriundo do conhecimento aplicado". Ademais, atribuíam às "classes políticas", marcadas pelo bacharelismo, a responsabilidade por todos os problemas da agricultura brasileira.

Segundo Castro (1995, p. 55), "a cultura associada à importância do título de bacharel foi introduzida no Brasil já no século XVI pelos jesuítas", mas floresceu e predominou no século XIX. No Brasil escravocrata, o trabalho técnico e manual era visto com grande desprezo pelos proprietários rurais que, diante da oportunidade, optavam pela formação de seus herdeiros como bacharéis. Avesso à ciência experimental, o bacharelismo acabava reforçando a repulsa ao trabalho técnico e produtivo. Desse modo, ao longo do século XIX, o diploma de bacharel foi o mais procurado pelos membros da elite, por considerarem que o título lhes conferiria maior *status* social. Em seu trabalho sobre as elites políticas regionais de São Paulo, Minas Gerais e Pernambuco, entre 1889 e 1930, Love e Barickman (2006, p. 79) indicam que 70% de seus membros cursavam faculdades de direito, enquanto 8% frequentavam medicina, outros 8% engenharia e 2% seguiam a formação militar.

Essa hegemonia dos bacharéis recebeu críticas de outros segmentos das elites, sobretudo a partir do final do século XIX. O grupo de militares formado na Escola Militar do Rio de Janeiro foi um dos que entoaram o discurso contra o bacharelismo, fundamentando-se no ideal de valorização da ciência pela ciência. Embora o trabalho de Castro (1995, p. 55) indique que o estilo bacharelesco também predominava na Escola Militar, onde não havia "estudos práticos e experimentos científicos significativos", ele aponta a intenção dos militares em se distinguirem dos bacharéis, ainda que retoricamente, pela valorização da ciência e da experiência. No mesmo período, os engenheiros buscavam igualmente legitimar-se como uma elite dotada de competência técnica "capaz de responder a uma perspectiva de modernização" do país (ALVES, 1996, p. 65). Segundo Alves (1996, p. 67), a formação de engenheiros "implicava a criação de um sistema que pudesse estabelecer hierarquias de saberes" e que "introduzisse na cena intelectual outros atores que não os bacharéis e os literatos". Do mesmo modo, segundo Bontempi Jr. e Silva (2012, p. 447-448), os primeiros anuários da Escola Politécnica de São Paulo

> [...] afirmam, nos discursos de diretores, professores e alunos, que o objetivo dessa "escola técnica" seria formar o "homem prático" e não o "doutor da ciência". Nas palavras do professor Álvaro de Menezes, profissionais que pudessem "eficazmente reagir contra o atual estado de dependência agrícola e industrial, e portanto financeira e econômica, em que jaz a nossa Pátria", por meio de ações como a construção de estradas de ferros, obras públicas e trabalhos de saneamento urbano.

Esse tipo de afirmação acerca da importância do engenheiro dotado de conhecimentos científicos também aparece em artigos publicados no *Minas Gerais* para o Congresso de 1903. Esses artigos dão destaque às competências do engenheiro, enfatizando tarefas que poderia executar em benefício do progresso agrícola e industrial. Em artigo escrito por Frederico Augusto Álvares da Silva é destacada a "falta do engenheiro que aconselhe o melhor processo de produção, a máquina mais apropriada, moderna e econômica", o que constituiria um dos entraves para o avanço econômico do país. Essa demanda por engenheiros foi acompanhada de propostas para incentivar a formação de quadros das elites na referida especialidade. "Para provocar a preferência dos nossos patrícios por esta especialidade Engenharia Industrial", Álvares da Silva sugeriu a instituição de prêmios de viagem, "conferidos àqueles mineiros que, seguindo este curso, obtiverem em todas as cadeiras aprovações plenas" (MINAS GERAIS, 1903, n. 74).

Em seus estudos sobre a mineração, George Chalmers, um dos membros da Comissão Fundamental do Congresso, destaca a importância do engenheiro formado na Escola de Minas, capaz de "levantar a planta dos rios de aparência mais animadora", de "dizer com razoável segurança que porcentagem desse ouro poder-se-á extrair e mostrar o capital necessário às despesas de exploração, etc." (MINAS GERAIS, 1903, n. 83). Tarefas que para leigos pareceriam impossíveis, segundo Chalmers, não passariam de um trabalho simples e direto para engenheiros habilitados. Por isso, propôs que o governo nomeasse uma comissão de engenheiros de minas para atuar nas regiões mineradoras do Estado.

Os dois artigos indicam uma demanda pela formação de um segmento da elite dotado de competência técnica e/ou científica, o que deveria ocorrer preferencialmente em Escolas Superiores de Engenharia. Os engenheiros seriam os profissionais munidos da competência necessária para conduzir a modernização econômica do Estado, o que introduz nos projetos dessas elites uma perspectiva antibacharelesca, indício de divergências entre projetos de difusão do ensino formulados por essas elites e projetos que saíram, por exemplo, de egressos das Faculdades de Direito. Para Mendonça (1997, p. 92), construía-se nesse período "a diversificação dos canais de formação dos segmentos dominantes", logo, é de se esperar que essa diversificação se manifeste em diferentes projetos.

Embora apresentem diferenças significativas com relação à forma de difusão do conhecimento necessário para o melhor desempenho das atividades produtivas, os projetos dos produtores mineiros para a recuperação econômica do Estado indicam que o conhecimento almejado e considerado legítimo deveria ser aquele passível de ser aplicado, baseado em estudos e nas mais avançadas descobertas científicas, mas também sustentado na experiência acumulada e no conhecimento do meio. Os portadores desse tipo de conhecimento teriam a capacidade de traçar as soluções para os problemas da economia mineira, entre outras coisas, definindo os saberes necessários à formação dos trabalhadores.[3]

A importância do engenheiro na produção do avanço econômico mineiro é apenas um dos aspectos da formação profissional levantados nos debates em torno do Congresso de 1903. Para além da atuação dos engenheiros, o trabalho de operários e lavradores deveria atender às demandas de racionalização e aumento da produtividade. Por isso, a falta de preparo técnico dos trabalhadores foi considerada como outro obstáculo para o desenvolvimento econômico do Estado.

Mendonça (1997, p. 97) encontra uma perspectiva paradoxal na intenção modernizadora de alguns grupos ruralistas, que "prescrevia os limites dentro dos quais o processo de mudança deveria ocorrer". No Congresso de 1903, esses limites também estão presentes, uma vez que a difusão do conhecimento científico e técnico se hierarquiza conforme a diferenciação social. Inácio Burlamaqui, presidente da Associação Comercial de Belo Horizonte, é um dos que defendem essa posição, apontando que, para o operário, lavrador e trabalhador do comércio, "o ensino todo prático" deveria se "limitar ao estudo do que for necessário para o exercício inteligente da profissão [...], nada de programas espetaculosos, nada de multiplicidade de disciplinas" (MINAS GERAIS, 1903, n. 106).

Modestino Moreira, morador de Santa Luzia do Rio das Velhas, escrevendo sobre a atividade agrícola mineira, afirma que "tudo é rudimentar, o solo é mal preparado; não há seleção de sementes". Ele destaca que os engenhos de açúcar chegavam a perder mais de dez por cento da produção do caldo da cana e que "quase ninguém tem noções científicas sobre a fermentação e as nossas fornalhas, bem como os nossos alambiques deixam tudo a desejar". Para o autor do texto, ainda que as condições financeiras não permitissem "a criação de escolas agrícolas, campos de demonstração etc., que aliás mal já provaram entre nós", seria "uma necessidade indiscutível efetuar-se uma reforma completa no nosso empírico sistema agrícola". Modestino

[3] O desenvolvimento da pesquisa vem apontando a necessidade de inventariar os significados atribuídos nesses projetos às palavras "ciência", "técnica" e "experiência".

Moreira sugere "a divisão do Estado em zonas agrícolas, ficando cada uma delas sob a inspeção de uma pessoa de provada competência técnica, conhecedora do meio em que tiver de agir e, sobretudo, prática" (MINAS GERAIS, 1903, n. 99).

Cândido Eloy, ex-deputado estadual e major residente em Ouro Preto, assim resumiu a questão da necessidade de instrução para o trabalho:

> À lavoura e à indústria segue-se o comércio, que é a compra e a venda dos produtos respectivos. Está claro, portanto, sr. redator, que quanto maiores forem o progresso, a vida, o florescimento e a fortuna daqueles ramos da atividade humana tanto maiores serão os deste, isto é, tanto mais progredirem a lavoura e a indústria, tanto mais progredirá o comércio. Sobrepujando-os, porém, ultrapassando-os, estão os artistas e os operários, que precisam se educar e se formar para serem os colaboradores dos empreendimentos dessas três classes sociais, às quais são eles absolutamente necessários (MINAS GERAIS, 1903, n. 22).

Eloy lembra "a urgente necessidade da criação e organização dos institutos profissionais ou liceus de artes e ofícios em algumas cidades do Estado", reconhecida com a aprovação, em 1896, da lei que "Organiza o ensino profissional primário" no Estado(MINAS GERAIS, 1903, n. 22).. A referida lei, elaborada pelo jurista Mendes Pimentel, estabelecia a criação de Institutos de Educandos Artífices em diferentes regiões de Minas Gerais para a formação de operários e contramestres. O ensino "seria gratuito e 'destinado especialmente às classes desfavorecidas', nomeadamente a meninos que para ingressar nos institutos deveriam ter idades entre nove e treze anos" (SILVA, 2010, p. 114). Esses institutos ofereceriam a aprendizagem de ofícios, mas também o ensino elementar, indicando a necessidade de ministrar saberes que ultrapassassem o âmbito técnico. Embora lembrada por Eloy, a proposta de ensino trazida pela Lei nº 203/1896 é bastante distinta daquelas sugeridas no contexto do Congresso Agrícola, Comercial e Industrial de 1903.

Na documentação analisada, diferentemente de Mendes Pimentel, os membros das elites produtoras mineiras não associaram a formação profissional ao ensino elementar. O ensino que elevaria a qualidade da mão de obra e que pretendiam oferecer aos trabalhadores, visando ao progresso da economia mineira, seria composto principalmente de saberes práticos, ou seja, de informações e conhecimentos que os trabalhadores pudessem aplicar para o melhor desempenho das atividades produtivas. Em diversas propostas fica evidente que o alvo da "urgente" formação não seria a criança, mas o adulto trabalhador, ainda que reconhecessem a necessidade de preparação para o trabalho desde a infância, principalmente incutindo hábitos e disciplina condizente com o que seria exigido no "mundo do trabalho". Por isso, muitas propostas tendem a ser bastante específicas, apontando um leque de informações necessárias para uma determinada atividade, como na fala de Monteiro de Andrade (MINAS GERAIS, 1903, n. 87), ao discutir o problema da cafeicultura mineira.

Para o cafeicultor, não seria "próprio de homens inteligentes deixar andar os seus negócios à mercê das circunstâncias naturais". Era preciso buscar, no que "a observação e a ciência mostram como mais certos", proteção contra "os efeitos desastrosos a que estão sujeitos os indivíduos ou sociedades". Monteiro de Andrade afirma que os solos mineiros já teriam perdido a fertilidade disponível nos momentos iniciais da cafeicultura e, portanto, sua produtividade dependeria da aplicação de fertilizantes específicos "adotados em todos os países e só ignorados de nós, lavradores brasileiros". Assim, a exploração agrícola estaria limitada por depender de lavradores "desprovidos dos mais rudimentares preceitos agrícolas". A solução para tal problema viria com a "agricultura cientificamente exercida", o que dependeria da organização do ensino profissional agrícola, "primeiramente sob o ponto de vista prático, para que possa dar logo os primeiros resultados, vindo em seguida a forma superior, quando for de noção corrente entre os agricultores, a aplicação dos processos mecânicos da cultura" (MINAS GERAIS, 1903, n. 87).

O estudo de Théophilo Ribeiro sobre a sericultura sugere às escolas normais prepararem os professores para "inocular na criança com os rudimentos do alfabeto, os princípios básicos da indústria, pelo ensino teórico e a prática, durante seu tirocínio escolar, das respectivas culturas". Para Ribeiro, este seria o modo mais "fácil e eficaz" de "introduzir hábitos em nossa população". Baseando-se nesse princípio, Théophilo Ribeiro afirma ter tentado, em 1890, introduzir na Escola Normal de Ouro Preto a disciplina de "cultivo prático e teórico da bombyx mori [bicho da seda]", pois acreditava que "fazer a criança amar a cultura do utilíssimo inseto, seria levar o homem a, mais tarde, aproveitar-se das vantagens econômicas que se não regateia a quem lhes pede" (MINAS GERAIS, 1903, n. 89).

Frederico Augusto Álvares da Silva, que se apresenta como "industrial", "fabricante de algodões", propõe a criação de uma escola para mestres, anexa ao Ginásio. O programa de ensino adotado nessa escola "não merece[ria], decerto, o qualificativo de aparatoso: português, aritmética, álgebra, geometria, mecânica, tão desenvolvidamente quanto comportem os conhecimentos adquiridos, elementos de física, química e desenho de máquina". Depois de concluir o curso, os operários voltariam "para suas fábricas ou oficinas e aí completariam, praticamente, a sua educação". Segundo Frederico, o industrial sempre preferirá "o empregado de curso, desde que ele não aspire desde logo o título de 'doutor' pelo simples fato de ter o curso, e se sujeite a ocupar, provisoriamente, posições menos elevadas que as de mestre" (MINAS GERAIS, 1903, n. 74). A proposta de Frederico mostra que, embora a instrução dos operários fosse vista como uma necessidade, temia-se que os trabalhadores instruídos não se submetessem à realização de tarefas aquém de sua competência e formação. Considerando a restrita oferta da instrução primária e o reduzido número de letrados no período, compreende-se que o operário instruído poderia almejar melhores postos de trabalho e remuneração. Evitando esse tipo de problema, os produtores mineiros defendiam prioritariamente um ensino prático, voltado à atividade já desenvolvida pelo trabalhador.

Embora apresentem propostas distintas de formação do trabalhador, Théophilo Ribeiro, Frederico Augusto e Monteiro de Andrade, como muitos dos envolvidos com o Congresso de 1903, apontaram como problema a ignorância dos trabalhadores. Desse modo, fica evidente que a questão do ensino ultrapassava os limites da disciplinarização da mão de obra, vertendo-se sobre outro aspecto que parece fundamental para as elites produtoras mineiras naquele contexto de crise: a necessidade de tornar o trabalhador mais produtivo. Assim, eles pareciam acreditar que a recuperação econômica, que passaria pela modernização das atividades produtivas, demandava a revisão dos impostos e do crédito, a diversificação do sistema produtivo etc., mas não se concretizaria sem a difusão e a produção de saberes técnicos e práticos que melhorassem o aproveitamento da mão de obra. O mestre hábil deveria saber utilizar o maquinário mais moderno para facilitar e baratear a produção; o lavrador precisaria aplicar os princípios básicos para manter uma boa produtividade. Melhorar e ampliar a produção por meio de processos mais organizados e racionalizados consistia em fazer Minas Gerais avançar em direção ao progresso. Desse modo, a adaptação das atividades produtivas aos procedimentos científicos e descobertas técnicas significava adequar a economia mineira à modernidade do século, assegurando riqueza para o Estado.

Para os envolvidos no Congresso de 1903, a organização da mão de obra demandaria do Estado uma ação regulamentadora das relações de trabalho, que garantisse a oferta de trabalhadores. João Luiz Alves destacou que não seria "tanto a falta de braços, como a falta de lei reguladora do trabalho, principalmente agrícola, que causa à indústria e à agricultura essa série de contratempos que provêm do arbítrio das relações entre o proprietário e o trabalhador". Para ele, era preciso estabelecer leis "definindo as obrigações recíprocas e assegurando os direitos de uma e outra parte, fixe preceitos de fácil execução". Contudo, a demandada lei reguladora do trabalho não passaria de letra morta se não fosse acompanhada de "uma repressão da vadiagem (principalmente rural) enérgica, pronta e certa" (MINAS GERAIS, 1903, n. 71).

Na mesma direção, Sá Fortes, ao escrever sobre a colonização, conclui que conviria ao Estado criar, além de leis de repressão severa à vadiagem, a "obrigatoriedade do trabalho para todos os homens válidos e sem ocupação", fazendo trabalhar "braços nacionais desocupados que, ao invés de empunharem os instrumentos da lavoura, vivem carregando armas de fogo, facas e cacetes" (MINAS GERAIS, 1903, n. 92). Ainda que apontem a educação como um meio para combater a ociosidade e disciplinar para o trabalho, os produtores mineiros demonstram acreditar mais na eficácia de uma legislação punitiva como solução para esse tipo de problema.

Após a abolição, conforme Chalhoub (2001, p. 48), foi necessária uma "mudança radical no conceito de trabalho", que passou a receber uma valorização positiva, articulada a conceitos como o de ordem e progresso. "O trabalho se erige, então, no princípio regulador da sociedade, e aos poucos se reveste de uma roupagem dignificadora e civilizadora". Na condição de livres e assalariados, os trabalhadores deveriam assimilar esta visão positiva do trabalho, o que demandou um severo controle. Esse controle social dos trabalhadores "compreende todas as esferas da vida, todas as situações possíveis do cotidiano, pois o controle se exerce desde a tentativa de disciplinarização rígida do tempo e do espaço do trabalho até o problema da normatização das relações pessoais ou familiares" (CHALHOUB, 2001, p. 51).

De acordo com Mendonça (1997, p. 84), "o trabalhador do campo seria objeto de propostas que oscilariam entre dois extremos: a repressão explícita e a educação". Lanna (1988) caminha em direção semelhante ao identificar na argumentação repressiva dos cafeicultores mineiros o intuito de disciplinar a mão de obra, e na defesa do ensino agrícola a possibilidade de aproveitar o trabalho dos ex-escravos. Embora ainda não tenha sido possível levantar diferenças entre projetos para a formação do trabalhador do campo e da cidade, os textos do Congresso de 1903 indicam que o par "repressão e educação" também esteve presente nesses projetos. Para as elites produtoras mineiras, parecia pouco provável o sucesso de qualquer projeto de recuperação econômica que não passasse por medidas de repressão à vadiagem, à ociosidade.

Sobre esse aspecto, é preciso considerar as mudanças nas relações de trabalho impostas pelo fim da escravidão. Conforme Lanna (1988), preocupações com a formação da mão de obra crescem na medida em que os produtores agrícolas, principalmente os cafeicultores, veem-se diante do iminente colapso do regime escravista. Já no Congresso Agrícola de 1878, realizado no Rio de Janeiro, haviam sido discutidos projetos de transição para o trabalho livre. Na ocasião, os cafeicultores paulistas defenderam um projeto de promoção da imigração como forma de suprir a demanda por mão de obra na lavoura cafeeira, enquanto que os representantes de Minas, Rio de Janeiro e Espírito Santo mostravam-se mais preocupados com a efetivação de medidas que possibilitassem "o aproveitamento do trabalhador nacional[4] e o desenvolvimento de instituições de ensino que permitissem tanto a melhoria da qualidade da mão-de-obra quanto a incorporação de novas técnicas que propiciassem maior rendimento das culturas" (LANNA, 1988, p. 57-58).[5]

Às vésperas da Lei Áurea, os produtores mineiros eram majoritariamente dependentes do trabalho escravo. Mesmo na Zona da Mata, região do Estado que teria recebido o maior número de imigrantes, a organização do trabalho livre se dava pelo "aproveitamento da mão de obra interna", e pouco teria sido feito pela introdução de imigrantes em suas fazendas cafeeiras. "Concretamente, a política imigrantista em Minas Gerais resultou em uma tímida política de colonização ou de alocação de mão de obra qualificada basicamente para as cidades e centros fabris" (LANNA, 1988, p. 78). Desse modo, superar o atraso econômico demandaria organizar e melhorar a qualidade da mão de obra existente no Estado.

Essas questões continuavam preocupando os produtores mineiros que se reuniram no Congresso de 1903. Além do estabelecimento de leis garantidoras da oferta de trabalhadores, eles apontaram a necessidade de elevar a qualidade da mão de obra, tornando-os mais produtivos e disciplinados. Para tanto, foram elaboradas diversas propostas visando à formação do trabalhador. Foram sugeridas medidas,

---

[4] Apesar das divergências em torno da utilização do trabalhador nacional, as concepções apresentadas pelos congressistas em 1878 tinham como aspecto comum a atribuição de qualidades negativas ao trabalhador nacional, representado como pouco afeito ao trabalho, vagabundo e indisciplinado, evidenciando a crença de que ingênuos e libertos não estariam aptos para as relações de trabalho livre.

[5] Mendonça (1997, p. 86) afirma que, "se para a reprodução da cafeicultura paulista o contínuo fluxo de imigrantes, pelo menos até inícios da Primeira Guerra Mundial, era suficientemente amplo para gerar certo descaso quanto à incorporação de nacionais, o mesmo não ocorria nos demais setores agrícolas".

como a criação do cargo de inspetores ambulantes, de escolas profissionais, fazendas modelo, campos práticos etc. Tais propostas, embora diferentes na forma, tinham como princípio fundamental a necessidade de aumentar a produtividade do trabalhador, ao torná-lo capaz de utilizar técnicas avançadas, recorrendo a conhecimentos específicos acerca das atividades desenvolvidas.

REFERÊNCIAS

ALVES, Isidoro Maria da S. Modelo Politécnico, produção de saberes e a formação do campo científico no Brasil. In: HAMBUGER, Amélia I.; DANTES, Maria Amélia M.; PATY, Michel; PETITJEAN, Patrick (Org.). *A ciência nas relações Brasil-França (1850-1950)*. São Paulo: Edusp, 1996. p. 49-64.

BONTEMPI JR., Bruno; SILVA, Carolina Mostaro N. da. Tradições em conflito: filósofos e politécnicos na criação da Universidade de São Paulo. In: DÍAZ, José María H. (Coord.). *Formación de élites y educación superior en Iberoamérica (ss. XVI-XXI)*. Salamanca: Hergar, 2012. v. 1, p. 445-452.

CASTRO, Celso. *Os militares e a República*: um estudo sobre cultura e ação política. Rio de Janeiro: Jorge Zahar Editor, 1995.

CHALHOUB, Sidney. *Trabalho, lar e botequim*: o cotidiano dos trabalhadores no Rio de Janeiro da *belle époque*. 2. ed. Campinas: UNICAMP, 2001.

DULCI, Octavio Soares. *Política e recuperação econômica em Minas Gerais*. Belo Horizonte: Ed. UFMG, 1999.

MELO FRANCO, Afonso Arinos de. *Um estadista da República*: Afrânio de Melo Franco e seu tempo. Rio de Janeiro: J. Olympio, 1955. v. 1. 456p.

HEINZ, Flávio M. *Por outra história das elites*. Rio de Janeiro: FGV, 2006. 224 p.

LANNA, Ana Lúcia. *A transformação do trabalho*: a passagem para o trabalho livre na Zona da Mata Mineira, 1870-1920. Campinas: Ed. Unicamp, 1988.

LOVE, Joseph L.; BARICKMAN, Bert J. Elites regionais. In: HEINZ, Flávio M. (Org.). *Por outra história das elites*. Rio de Janeiro: FGV, 2006. p. 77-98.

MENDONÇA, Sonia R. A vocação eminentemente agrícola do Brasil: a ordem a serviço do progresso. In: O RURALISMO brasileiro (1888-1931). São Paulo: Hucitec, 1997. p. 83-111.

SILVA, Carolina Mostaro Neves da. *Combatendo a ignorância, garantido a ordem pública e o progresso da nação*: ideias e ações educacionais de Francisco Mendes Pimentel (Minas Gerais, 1890-1910). 2010. Dissertação (Mestrado em Educação) – Faculdade de Educação, Universidade Federal de Minas Gerais, Belo Horizonte, 2010.

WIRTH, John. *O fiel da balança*: Minas Gerais na federação brasileira (1889-1937). Rio de Janeiro: Paz e Terra, 1982.

JORNAIS

MINAS GERAIS. Belo Horizonte, n. 6, 07-08 jan. 1903.

MINAS GERAIS. Belo Horizonte, n. 10, 12-13 jan. 1903.

MINAS GERAIS. Belo Horizonte, n. 20, 24 jan. 1903.

MINAS GERAIS. Belo Horizonte, n. 22, 26-27 jan. 1903.

MINAS GERAIS. Belo Horizonte, n. 46, 23-24 fev. 1903.

MINAS GERAIS. Belo Horizonte, n. 71, 26 mar. 1903.

MINAS GERAIS. Belo Horizonte, n. 74, 29 mar. 1903.

MINAS GERAIS. Belo Horizonte, n. 83, 09 abr. 1903.

MINAS GERAIS. Belo Horizonte, n. 87, 16 abr. 1903.

MINAS GERAIS. Belo Horizonte, n. 89, 18 abr. 1903.

MINAS GERAIS. Belo Horizonte, n. 92, 22-23 abr. 1903.

MINAS GERAIS. Belo Horizonte, n. 99, 30 abr. 1903.

MINAS GERAIS. Belo Horizonte, n. 106, 08 maio 1903.

O jovem dos Clubes 4-S como elemento difusor da modernização das práticas agrícolas em Minas Gerais nas décadas de 1950 e 1960

Leonardo Ribeiro Gomes

A organização de clubes de jovens rurais denominados Clubes 4-S (Saber, Sentir, Saúde, Servir), a partir de 1952, foi uma das principais ações desenvolvidas pelo Extensionismo Rural em Minas Gerais. Tal termo refere-se ao conjunto de ações desenvolvidas pelos extensionistas da Associação de Crédito e Assistência Rural de Minas Gerais (ACAR-MG). Estas ações visavam à modernização das práticas agrícolas, bem como à melhoria da qualidade de vida da população residente nas áreas rurais do Estado. A ACAR-MG foi a instituição responsável pela implantação do Serviço de Extensão Rural em Minas Gerais. Foi criada em 06 de dezembro de 1948 por meio do convênio entre a Associação Internacional Americana (AIA) e o Governo do Estado. A partir de 1949, os integrantes da ACAR-MG partiram para diversos municípios do Estado, imbuídos daquilo que consideravam como sendo uma missão redentora dos problemas enfrentados pelas populações rurais, seja em termos dos baixos índices de produtividade, seja em termos da qualidade de vida dos homens e mulheres dessas áreas.

A escrita deste artigo é fruto do esforço de pesquisa para a elaboração da dissertação que desenvolvo intitulada *Progredir sempre: os jovens rurais mineiros nos Clubes 4-S (Saber, Sentir, Saúde, Servir) - 1952-1974*. Para esta pesquisa, tenho consultado parte do acervo do Centro de Documentação e Pesquisa em Extensão Rural localizado em Belo Horizonte, na sede da Empresa de Assistência Técnica e Extensão Rural de Minas Gerais (EMATER-MG), instituição que sucedeu a ACAR-MG a partir de meados da década de 1970. O referido Centro de Documentação mantém sob sua guarda um acervo sobre as principais práticas extensionistas adotadas no Estado desde a fundação da ACAR-MG, composto de fotografias, relatórios, revistas, programas, manuais, folhetos, jornais, textos mimeografados, entre outros.[1]

A organização e a formação dos Clubes 4-S mantêm estreita relação com o debate sobre Educação Rural das décadas de 1940 e 1950, envoltas na discussão sobre o desenvolvimento e a modernização econômica preconizadas para áreas consideradas subdesenvolvidas. Tratando do tema do Desenvolvimentismo,[2] abordado por Cardoso (1978), Xavier (2003, p. 489) afirma que

> a expectativa dos governantes era colocar o sistema escolar à serviço do desenvolvimento da indústria e dos setores de serviços, cobrindo as duas pontas requeridas pelo desenvolvimento econômico: ampliar a oferta de mão-de-obra qualificada e formar quadros técnicos competentes para gerir a economia do país.

A Extensão Rural manteve estreita relação com esses objetivos, mesmo que atuando para além dos muros das escolas. Pelo discurso oficial extensionista, os próprios profissionais da ACAR-MG e os jovens formados na mentalidade modernizadora, via Clubes 4-S, seriam estes quadros técnicos qualificados, para gerirem a produção e um novo estilo de vida no meio rural mineiro.

Segundo Pinho (2011, p. 390) houve três momentos distintos de debate acerca da educação rural no Brasil. O primeiro momento ocorrera entre fins do século XIX e início do XX. Nesse período o objetivo era desenvolver o ensino agrário a grupos específicos, como ex-escravos, negros e pobres. O segundo momento teria sido a partir da década de 1920 com as propostas que visavam valorizar a escola primária localizada no meio rural. Já o terceiro momento ocorreu a partir de fins da década de 1940. Pretendia-se a implementação de uma educação diferenciada para as escolas primárias rurais com a preocupação de se formar professoras em instituições localizadas nas próprias zonas rurais.

---

[1] Sobre o acervo do Centro de Documentação consultar: Gomes (2012; 2011).

[2] Miriam Limoeiro Cardoso aborda o desenvolvimentismo como a estratégia adotada durante o Governo de Juscelino Kubitschek, que visava superar o subdesenvolvimento do País por meio da arrancada da industrialização. Para isso seriam fundamentais a cooperação internacional e o auxílio do capital estrangeiro.

O debate sobre o rural e o papel destinado à educação para o desenvolvimento dessas áreas consideradas atrasadas é extenso na produção acadêmica sobre o tema. Martins (1986); Mendonça (1997); Linhares e Silva (1999); Pinho (2008); González Pérez e López (2009) são apenas alguns dos autores que abordam o Rural e a educação dessas áreas sobre diferentes perspectivas e momentos históricos. Julgo, porém, que as décadas de 1940 e 1950 foram definidoras de uma nova preocupação acerca da educação rural, e que estas estiveram em sintonia com as propostas modernizadoras da sociedade como um todo. Também dialogavam estreitamente com o contexto internacional de redefinição das relações entre Brasil e Estados Unidos no pós-Segunda Guerra Mundial. Segundo Amman,[3] citado por Fonseca (1985, p. 57), no ano de 1945 ocorreu a criação da Comissão Brasileiro-Americana de Educação das Populações Rurais (CBAR), que era formada por técnicos americanos e brasileiros responsáveis por levar a uma aproximação de ideias e métodos pedagógicos entre os dois países. Também nessa época foram estabelecidas as bases para a Campanha Nacional de Educação Rural (CNER), que entraria em vigor em 1952.

Paiva[4] diz que

> a CNER pretendia contribuir para acelerar o processo evolutivo do homem rural nele despertando o espírito comunitário, a ideia de valor humano e o sentido de suficiência e responsabilidade para que não se acentuassem as diferenças entre a cidade e o campo em detrimento do meio rural onde tenderiam a enraizar-se a estagnação das técnicas de trabalho, a disseminação de endemias, a consolidação do analfabetismo, a subalimentação e o incentivo às superstições e crendices. (FONSECA, 1985, p.57).

Após a Segunda Guerra Mundial, foram criados inúmeros organismos internacionais que visavam, entre outros objetivos, subsidiar os países do então denominado Terceiro Mundo com propostas de desenvolvimento econômico e social. Nesse sentido, a ONU/UNESCO, desde a fundação em 1945, promoveu conferências, missões e assistências técnicas a inúmeros países, com o intuito de se discutir a problemática educacional.

---

[3] AMMAN, Safira Bezerra. *Ideologia do desenvolvimento de comunidade no Brasil*. São Paulo: Cortez, 1980. p. 30.

[4] PAIVA, Vanilda Pereira. *Educação popular e educação de adultos*: contribuição à história da educação brasileira. São Paulo: Loyola, 1973. p. 197.

Para Xavier (1999, p. 87), os anos da década de 1950 foram de

> transição entre o tempo da barbárie e da destruição e a busca da plenitude do desenvolvimento econômico; dos programas internacionais de combate à pobreza e dos avanços tecnológicos que traziam glamour e conforto para as classes mais abastadas; do mundo ocidental; de expansão e adensamento das grandes cidades.

O contexto interno também teria influência no desenvolvimento da educação rural e do extensionismo no Estado. Na eleição para o Governo de Minas Gerais, ocorrida em janeiro de 1947, a União Democrática Nacional (UDN) saiu vitoriosa com o candidato Milton Soares Campos ao derrotar o candidato do partido situacionista (PSD), José Francisco Bias Fortes. Em março de 1947, Milton Campos tomou posse e buscou desde o início imprimir ao seu mandato ares de racionalidade técnica e administrativa, que segundo ele seriam fundamentais para o desenvolvimento em todos os níveis do Estado.

Em junho de 1947, Milton Campos anunciou as bases do Plano de Recuperação Econômica em sua primeira mensagem à Assembleia Legislativa (MONTEIRO, 1994, p. 136). O jornal *Minas Gerais* de três de julho de 1947, que tratou de reunião do Governador Milton Campos com seus secretários e auxiliares para estudar *O Plano de Recuperação Econômica*, aponta que no Capítulo I da Exposição Preliminar do Plano são apresentados os seguintes temas: "Desenvolvimento do ensino profissional e técnico – Ensino Agrário Ambulante e a Missão de Assistência Médica e *Censitária* (*sic*)". Nessa mesma fonte destaca que

> Executar-se-á o plano, por etapas, e, quanto ao ensino agrícola, será feito de modo a que as várias escolas possam garantir-se o abastecimento com a própria produção. Ainda neste capítulo desenvolver-se-á o ensino agrário ambulante, em uso no Estado, há dezoito anos, e que será agora acrescido de missões médicas e sanitárias (MINAS GERAIS, jul. 1947, p. 9,).

Tais medidas se baseavam, portanto, nos métodos implementados e desenvolvidos na chamada Semana do Fazendeiro, que desde 1929 era realizada pela Escola Superior de Agricultura e Veterinária (ESAV), em Viçosa. Em 1948, esta deu origem à Universidade Rural de Minas Gerais (UREMG), instituição que juntamente com a Escola Superior de Agricultura de Lavras (ESAL), forneceram o maior número de profissionais que foram contratados pela ACAR-MG.

No Plano de Recuperação Econômica não há nenhuma citação ou qualquer menção à criação de uma instituição responsável pelo Serviço de Extensão Rural no Estado. Entretanto, a concretização do Convênio entre a AIA e o Governo de Minas Gerais, que representou a criação da ACAR-MG, estava em sintonia com as propostas modernizadoras para a economia mineira preconizadas pelo *Plano de Recuperação Econômica.*

O item 6 da Cláusula Segunda desse Convênio diz que a ACAR-MG

> dirigirá sua atenção [...] para a vida social da população rural de com acordo com a seguintes bases:
> 1º – Melhoria das condições físicas, especialmente as relativas à saúde, saneamento e moradia.
> 2º – Educação da população rural, com atenção especial à instrução agrícola, às indústrias domésticas, à alimentação, à alfabetização e ao desenvolvimento de espírito associativo.
> 3º – Promover os serviços sociais da comunidade rural, tais como a assistência à mãe, à criança, assistência médica, bem estar infantil e meios de diversão.

Foi em torno da ACAR-MG que a Extensão Rural no Estado se institucionalizou. Grosso modo, a Extensão Rural conjugava a assistência técnica com a promoção de crédito rural aos pequenos e médios proprietários rurais. As ações eram conduzidas pelos técnicos contratados pela ACAR-MG (engenheiros agrônomos, economistas domésticas, veterinários, zootecnistas, técnicos agrícolas etc.). A partir de 1949, escritórios da ACAR-MG foram instalados em municípios mineiros com o objetivo de levar às áreas rurais técnicas de produção e de organização da vida no lar e na fazenda, consideradas modernizadoras para essas regiões. No fim daquele ano, a ACAR-MG possuía o Escritório Central com sede em Belo Horizonte e quatro Escritórios Locais nos municípios de Pedro Leopoldo, Santa Luzia, Curvelo e Ubá. No primeiro semestre do ano seguinte foram mais três Escritórios Locais: Varginha, Alvinópolis e Lagoa da Prata, além de sete subescritórios. Segundo o discurso oficial, a contratação, o treinamento e a atuação de um corpo de profissionais munidos de conhecimentos científicos, mais a vontade de "ajudar o homem do campo a ajudar a si mesmo",[5]

[5] Lema da extensão rural repetido em vários documentos e publicações oficiais da ACAR-MG. Para muitos, a própria definição daquilo que muitos extensionistas encaravam como a missão de vida.

com a concessão de empréstimos financeiros aos pequenos e médios proprietários rurais, seriam condições imprescindíveis para quebrar as barreiras que atravancavam o processo de modernização da produção agrícola mineira.

Ao abordar o discurso e a tentativa de introdução de práticas consideradas racionais e baseados em modelos de administração científica da produção industrial no Brasil a partir da década de 1920, Weinstein (2000) remonta as definições de Taylorismo e Fordismo e afirma que o termo racionalização

> deve ser entendido como abrangendo uma grande variedade de estratégias para a reorganização do trabalho e mesmo da vida cotidiana, de acordo com princípios que seus defensores consideram 'científicos'. O que havia de comum a todas essas estratégias era a recusa aos métodos empíricos baseados na prática e na tradição, em favor de métodos desenvolvidos por especialistas, a partir de princípios científicos (WEINSTEIN, 2000, p. 22-23).

Mesmo não tratando da formação destinada ao meio rural, e sim, daquela destinada aos trabalhadores fabris, que redundou em iniciativas como a fundação do Serviço Nacional de Aprendizagem Industrial (SENAI) e no Serviço Social da Indústria (SESI), na década de 1940, Weinstein (2000) apresenta um conjunto de discursos e iniciativas de racionalização da produção que teve, em industriais, engenheiros, sanitaristas e educadores, grande impulso a partir da década de 1920 em São Paulo e que tiveram ecos no restante do País por diferentes formas.

Na ACAR-MG, por exemplo, o corpo técnico contratado e treinado na mentalidade extensionista foi expoente de um tipo de mentalidade dita científica e neutra, pois baseada na técnica. Em depoimentos de extensionistas que tivemos acesso, observa-se que o modo de vida dos pequenos e médios proprietários rurais foi, por muitos deles, considerado algo menor, pois marcado por tradicionalismos, superstições e crendices que deveriam ser superadas. Muitas vezes as experiências de vida dos rurícolas foram desqualificadas. Suplantar o atraso dessas áreas seria condição necessária e fundamental, segundo o discurso oficial extensionista, para a constituição de um meio rural dito moderno onde reinaria a técnica e a eficiência produtiva.

Um exemplo do exposto anteriormente é a entrevista fornecida pelo engenheiro agrônomo José Alfredo Amaral de Paula em 1981:

> Havia em Machado, um agricultor que morava no alto de uma serra, numa propriedade enorme, talvez com uns 100 ha. Era um imigrante italiano que

> se ilhou no alto dessa serra. O tempo passou e ele ficou para trás. Esse homem acreditava que matar formiga era pecado. Quando chegamos a essa propriedade, as formigas eram tantas que buscavam alimento dentro da cozinha. Trabalhamos com o proprietário, de três a quatro meses, tentando convencê-lo, sem nenhum resultado. A propriedade era um verdadeiro criadouro de saúvas e elas diminuíam a sua produção de milho. Para convencer esse homem e acabar com as formigas, só houve um meio: usar a influência do padre. Ensinamos ao padre aplicar formicida para matar as formigas e o levamos conosco para a propriedade, para ensinar a esse agricultor que ele podia fazer isso sem medo, que não era pecado (LIMA; SILVA, 1984, p. 6).

Também com esse mesmo raciocínio, encontramos a citação da fala do engenheiro agrônomo Arnaldo Gazzinelli sobre como introduzir hábitos higiênicos junto ao homem rural:

> Estava um técnico numa casa e uma criança foi pegar água no filtro para beber, quando a mãe disse: "menino você sabe que essa água aí é do doutor? Por que você está pegando dessa água?" (LIMA; SILVA, 1984, p. 8).

O agrônomo extensionista, por meio da extensão dos seus conhecimentos especializados e das técnicas científicas formuladas nas zonas urbanas e ditas capazes de mudar as concepções de mundo do homem do meio rural, levaria, nessa concepção, à superação de todos os problemas observáveis nesse espaço social. O extensionista ao buscar substituir os conhecimentos empíricos do meio rural pelas técnicas e conhecimentos desenvolvidos junto aos especialistas, geralmente ligados às Universidades, estaria por negar a experiência de ser e viver dos jovens e adultos, homens e mulheres do interior do País – e, no caso específico dessa pesquisa, do interior das Minas Gerais. Cabe citar que Paulo Freire (1977), na sua obra *Extensão ou comunicação*, analisou a origem do termo Extensão e o seu significado prático. Para este autor a proposta extensionista era equivocada, pois suplantava as técnicas de produção e a própria cultura dos homens rurais por algo exógeno a eles. Para Freire (1977, p. 36),

> o conhecimento não se estende do que se julga sabedor até aqueles que se julga não saberem; o conhecimento se constitui nas relações homem-mundo, relações de transformação, e se aperfeiçoa na problematização crítica dessas relações.

Na mesma linha de raciocínio, Teixeira (1995, p. 85) diz o seguinte:

> Os criadores da ACAR não reconheceram a cultura, o simbolismo e o imaginário social dos pequenos produtores rurais, pois interpretavam as representações coletivas, partindo do princípio e da necessidade de destruir o velho e o tradicional e afirmavam que a fala dos agentes sociais, o ritmo, o modo de trabalhar e prover-se não era moderno e muito menos contemporâneo.

OS CLUBES 4-S EM MINAS GERAIS

Foi em torno dessa lógica que em 1952 o engenheiro agrônomo Geraldo Luiz Ribeiro, juntamente com a funcionária da ACAR-MG Iracema Alves Garcia, e com a professora rural Nila Silva de Paula, fundou o primeiro Clube 4-S (*Saber, Sentir, Saúde, Servir*) do Brasil no dia 15 de julho daquele ano na comunidade de Igrejinha, no distrito de Tabuleiro, no município mineiro de Rio Pomba.

> A professora modesta, líder local, aceitando a tarefa sugerida pelos extensionistas da ACAR em Rio Pomba, Geraldo Luiz Ribeiro e Iracema Alves Garcia, agremiou seus alunos da Escola Rural Coronel Cláudio Gomes. Plantaram uma árvore no pátio da escola da Igrejinha. E todos se dispuseram a aprender e usar as melhores práticas de trabalho no campo e no lar, acalentando a esperança de abrir horizontes novos para suas vidas e para a comunidade de que eram parte (REVISTA EXTENSÃO RURAL, p. 4, 1974).

Essa data, a partir de 1960, foi considerada como a do Dia Nacional dos Clubes 4-S. Geralmente o dia 15 de julho servia como referência e naquela data reuniam-se jovens quatroessistas, líderes, extensionistas rurais, membros da sociedade civil em inúmeros eventos que buscavam destacar os resultados alcançados com o trabalho que visava à modernização das práticas agrícolas a partir da formação dos jovens rurais.

Na documentação oficial consultada, percebe-se a construção de uma memória na qual os jovens rurais seriam um canal de comunicação entre o saber científico-urbano e os saberes cotidianos dos adultos. Os jovens foram tomados como mais propícios às inovações e desta forma seriam responsáveis por difundi-las aos adultos.

Esperava-se que, assim, o tradicionalismo e práticas consideradas arcaicas de produção e comportamento fossem superadas por valores racionais.

Os Clubes 4-S se constituíam, com algumas variações em termos de idade, de jovens entre 10 e 21 anos, filhos de pequenos e médios proprietários rurais, atendidos pela ACAR-MG. Os extensionistas da ACAR-MG eram treinados para o trabalho com os Clubes, pois se acreditava na força difusionista dos jovens. O processo de formação dos técnicos não se restringia às universidades onde haviam feito os cursos de origem, como Engenharia Agronômica, Veterinária ou Economia Doméstica. A formação se estendia para a ACAR-MG em vários momentos como o denominado Curso Pré-Serviço e depois em estágios nos escritórios locais e regionais. Além disso, pode-se afirmar que a formação do técnico extensionista prosseguia, não se encerrando nesse contato inicial com o modelo de Extensão.

Os Clubes 4-S se basearam no modelo norte-americano dos chamados *Clubs Four-H* (*Head, Heart, Hands, Health*). Em Minas Gerais e no Brasil, o símbolo adotado foi o dos 4-S (Saber, Sentir, Saúde, Servir). Os quatroessistas, denominação como os sócios dos clubes foram chamados, tinham um emblema que era um trevo verde de quatro folhas com a letra S em cada uma, referindo-se aos significados citados anteriormente. Sempre nas reuniões, todos os envolvidos faziam o juramento à Bandeira do Brasil, no qual todos repetiam: "Bandeira do Brasil eu te prometo trabalhar com meus companheiros pelo desenvolvimento rural e por uma Pátria mais adiantada" (CNC 4-S, 1967) e logo em seguida faziam o juramento à bandeira 4-S, no qual pronunciavam:

> Bandeira 4-S eu te prometo a inteligência para melhor **SABER**, o coração para melhor **SENTIR** e a **SAÚDE** para melhor **SERVIR** ao Deus, à minha Pátria, à minha família, à minha comunidade e ao meu Clube 4-S (CNC 4-S, 1967, grifos do autor).

Os técnicos da ACAR, desde o início das suas atividades, emitiam relatórios prestando conta aos seus superiores dos trabalhos prestados. Os dados colhidos eram compilados e transformados nos Relatórios Anuais de Atividades. Esses relatórios, além de serem referências para planejamentos de futuros trabalhos, também eram uma forma de legitimar o trabalho da Extensão Rural junto aos órgãos financiadores, ao próprio Governo de Minas e também às autoridades municipais das áreas atendidas.

O atendimento dos técnicos extensionistas procurava atingir a família do proprietário rural em conjunto. A melhora da produtividade era vista como inseparável das necessidades culturais e sociais do homem rural. Os extensionistas atuavam visando atingir a todos e introduzir no meio rural, além de técnicas de produção e novos produtos para a propriedade, um novo estilo de vida.

A equipe extensionista em contato direto com o homem do campo era formada por um Supervisor Agrícola, geralmente engenheiro agrônomo, e por uma Supervisora Doméstica, geralmente moça formada no Curso Superior de Ciências Domésticas, criado em 1948 junto à UREMG para em parte suprir a demanda por esse tipo de profissional.[6]

Mesmo sendo visto o trabalho extensionista como integrado, a atuação prática, ou seja, o contato direto com o homem do campo ocorria de forma separada. O Supervisor Agrícola ficava responsável por orientar o homem na lida com os animais e/ou plantações. Após ouvir o proprietário e conhecer a propriedade, principalmente nos seus principais problemas,[7] propunha soluções. Estas geralmente passavam pela introdução de técnicas de produção e também de produtos como adubos, sementes, vacinas, inseticidas, máquinas e implementos agrícolas. A Supervisora Doméstica atuava próxima à dona de casa e seus filhos pequenos. Procurava, dentre outros objetivos, introduzir técnicas de conservação de frutas e legumes, melhorias na cozinha e no lar, noções de vestuário e higiene. Para que essas inovações fossem possíveis, a novidade na ACAR foi a introdução do chamado Crédito Rural Supervisionado. Extensionistas e homem do campo formulavam um plano de financiamento e de aplicação dos recursos obtidos junto aos bancos financiadores.

[6] Apesar da Escola Superior em Ciências Domésticas ter sido criada em 1948, ela só foi instalada em agosto de 1952. Nesse período as Supervisoras Domésticas da ACAR receberam treinamento de especialistas norte-americanas da Universidade de Purdue, do Estado de Indiana nos EUA, tanto na UREMG como em estágios em Escritórios Locais da ACAR.

[7] Essa relação de proximidade entre extensionista e proprietário rural foi marcada muitas vezes por contradições não previstas nos manuais que instruíam os técnicos sobre o trabalho no campo. É possível encontrar em relatos muitas vezes um misto de desconfiança ou até mesmo de situações que extrapolavam o próprio objetivo da atuação técnica. Desconfiança, por exemplo, que os "doutores" da cidade estavam ali no campo para tomar a terra dos homens rurais. Como também havia a possibilidade de se estabelecer uma relação tão estreita marcada por vínculos de amizade e lealdade que fugia os propósitos iniciais da Extensão Rural. Consultar o acervo de entrevistas realizadas em 1998 com os ex-extensionistas da ACAR.

Desde 1952 os jovens rurais passaram a gozar de enorme prestígio para o extensionismo como forma de se chegar aos adultos. Em vários documentos produzidos pela ACAR-MG, constam referências ao trabalho com os jovens rurais.

No 5º Relatório Anual da ACAR, há uma demonstração clara dessa valorização:

> Um setor importante do trabalho da ACAR é dedicado à educação da juventude rural, pela facilidade com que esta aceita ideias novas. Além disso, a mudança de hábitos de vida, dificílimo de ser conseguida em adultos, só poderá apresentar resultados palpáveis pela educação da criança e do jovem. Baseada nesse princípio, organizou a ACAR, em 1953, trinta e um Clubes 4-S.
>
> [...]
>
> Os Clubes 4-S têm por finalidade desenvolver a habilidade e a personalidade das crianças do meio rural, crianças essas geralmente esquecidas no isolamento e na rotina da vida de fazenda, incutindo em suas mentes receptivas o senso de responsabilidade e o interesse pelos problemas e possibilidades da vida rural (ACAR, 1953, p. 9).

Para que fosse logrado sucesso nesse intento, os jovens deveriam ser cuidados de tal maneira que neles fossem despertadas a sua potência transformadora do meio rural, como era apregoada pelos defensores do extensionismo no Estado. O trecho também se refere às habilidades naturais. Entretanto, parte do pressuposto de que os jovens possuíam habilidades que precisavam ser mais bem trabalhadas para que se chegasse à modernização da agricultura. Mas quem levaria a esse desenvolvimento das habilidades? Ora, somente alguém que, de fora, fosse capaz de enxergar essa potência, ou seja, o agente extensionista.

Nos Clubes 4-S, os meninos, com o auxílio dos extensionistas da ACAR e dos líderes locais, desenvolviam projetos relacionados à introdução de técnicas agrícolas, como uso de sementeiras, plantio de milho híbrido e soja, horticultura, entre outros. Também desenvolviam técnicas para a criação e desenvolvimento de aves, cabras, gado leiteiro e suíno. Já para as meninas dos Clubes 4-S, os ensinamentos iam no sentido de valorizar as funções que eram tidas como eminentemente femininas pela sociedade da época. Em projetos de economia doméstica, por exemplo, as meninas recebiam instruções referentes à administração e melhoramento do lar, alimentação, vestuário, higiene e melhoramento da saúde. Em inúmeros documentos são repetidos que para a jovem quatroessista todos esses procedimentos buscavam desenvolver as habilidades para que fossem melhor dona de casa, esposa e mãe. A modernização preconizada, nesse sentido, era da técnica para que efetivassem da melhor forma aquilo que era visto como natural e destino a ser cumprido pelos meninos e meninas residentes no meio rural.

Cada clube tinha sua dinâmica própria. Entretanto, é possível perceber que o número de sócios girava em torno de 15 a 20 integrantes. Tinham uma Diretoria eleita que era composta por Presidente, Vice-Presidente, Secretário e Tesoureiro. Em documento de 1961, produzido pelo Centro de Ensino de Extensão da UREMG, afirma que especialmente o tesoureiro deveria saber ler e escrever (UREMG, 1961, p. 8). Por sinal, a formação do jovem rural em torno dos Clubes não se dava na escola formal. Pelo contrário, a educação defendida pelos extensionistas da ACAR junto aos jovens rurais passava eminentemente pelo ensinamento de técnicas ditas modernas de Agricultura e de Economia Doméstica, e estas aconteciam para além dos muros das escolas. A dinâmica desses Clubes era marcada por reuniões, desenvolvimento dos projetos individuais ou coletivos, participação em festas religiosas, em diversas campanhas como contra a verminose, contra a febre aftosa, pelo filtro-d'água, pela fossa séptica e outros. Também organizavam piqueniques, jogos recreativos, excursões, palestras, teatro etc. Além disso, foram realizados encontros municipais, regionais, estaduais e nacionais de Clubes 4-S, nos quais aconteciam concursos de produtividade, exposições, convenções e congressos.

O crescimento do trabalho com os jovens rurais foi paralelo às várias ações que visavam difundir, legitimar e, ao mesmo tempo, capitanear recursos e investimentos para o trabalho dos Clubes. Em 1959 foi criado o Comitê Estadual de Clubes 4-S de Minas Gerais, formado por empresários e agricultores dispostos a contribuírem com o desenvolvimento do trabalho com os jovens quatroessistas por meio da concessão de financiamentos para concursos de produtividade e efetivação de bolsas de estudos para os sócios dos Clubes. O volume II do livro *Juventude rural das Américas*, editado pela Ford Motor Company em 1962, destacava tal fato:

> No decorrer de 1960, 17 campanhias (*sic*) haviam concordado em participar do programa. Uma das atividades principais do Comitê, no seu primeiro ano de atividades foi patrocinar cursos de curta duração para o treinamento de líderes voluntários (FORD MOTOR COMPANY, 1962, p. 90).

O prefácio desta mesma edição foi assinado por Henry Ford II, que expõe em tom de exaltação o trabalho com a Juventude Rural no continente americano

> Durante os últimos dois anos, moços e moças da América Latina vêm trabalhando em clubes organizados com o fim de melhorar a agricultura e propiciar um melhor padrão de vida para eles e seus países; os esforços desses jovens têm despertado a admiração de todos os que se interessam por um amanhã mais feliz. Organizações comerciais, associações cívicas, fundações, entidades de auxílio e os governos, têm prestado uma grande assistência ao movimento das associações da juventude rural. O número de membros tem aumentado, a liderança tem-se fortalecido e o aumento da ajuda financeira expandiu o campo de ação e o objetivo dos programas dos Clubes (FORD MOTOR COMPANY, 1962, p. 3).

Em 1960 foi instituído o Crédito Rural Juvenil pela Caixa Econômica do Estado de Minas Gerais, experiência pioneira no País. Tal sistema destinava crédito para que os jovens desenvolvessem seus projetos. Buscava também desenvolver o senso de responsabilidade com a administração de recursos, uma vez que todos os procedimentos para concessão de empréstimos com um adulto eram efetuados também para com os sócios quatroessistas. Em 1961, a empresa Sementes Agroceres instituiu o Concurso de Produtividade para o Projeto Individual Milho. Em 1964 foi fundado o Comitê Nacional de Clubes 4-S (CNC 4-S) que congregavam várias firmas e entidades, inclusive internacionais, que contribuíam com recursos financeiros que eram destinados a patrocinar com atividades envolvendo os jovens integrantes dos Clubes 4-S. Entre elas havia a Agência para o Desenvolvimento Internacional (USAID/ Brasil); Associação Internacional Americana (AIA); Coca-Cola Indústria e Comércio Ltda.; Escritório Técnico de Agricultura Brasil-Estados Unidos (ETA); Esso Brasileira de Petróleo S/A; Ford Willys do Brasil S/A; Fundo Norte-Americano para Assistência Social (FNAS); Indústria de Pneumáticos Firestone S/A; Massey Ferguson do Brasil S/A; Produtos Alimentícios Fleischmann Royal Ltda.; Singer Sewing Machine Company (O RURALISTA, p. 8).

CONSIDERAÇÕES FINAIS

A introdução de maquinário, de produtos relacionados à agricultura e à pecuária, as novas técnicas de produtividade, ensinamentos na área de economia doméstica, bem como o desenvolvimento de valores sociais para os quatroessistas, foram algumas das áreas nas quais foi possível perceber a atuação dos precursores do extensionismo rural no modelo seguido pela ACAR-MG no Estado. O extensionismo rural e, dentro dele, a constituição dos clubes de jovens rurais constituem parte de um longo processo que, mesmo sem citações explícitas, dialogam com um movimento mais amplo que a partir da década de 1920 buscou incutir nos trabalhadores o controle das pulsões, visando ao aumento da produtividade, tomando como modelo a fábrica e o meio urbano. A modernização tentada pelo extensionismo rural restringiu-se ao domínio da técnica. Também estava relacionado a uma ampla rede de interesses que envolvia governos estaduais e municipais, agentes extensionistas, comunidades rurais, entidades e empresas organizadas em torno dos comitês incentivadores, como o CEC 4-S de Minas Gerais e o CNC 4-S, entre outros. Para se obter o êxito nas práticas modernizadoras do meio rural, segundo os envolvidos, bastaria, portanto, seguir o lema dos clubes, ou seja, "progredir sempre". As práticas extensionistas nos Clubes 4-S indicam que tenham provocado novas sensibilidades no campo. Tais aspectos estão sendo dimensionados na pesquisa para a elaboração da dissertação de Mestrado.

FONTES

ASSOCIAÇÃO DE CRÉDITO E ASSISTÊNCIA RURAL (ACAR). *5º Relatório da ACAR*. Belo Horizonte, 1953.

CAMPOS, Milton. *Compromisso democrático*. 2. ed. Belo Horizonte: Imprensa Oficial, 2000.

COMITÊ NACIONAL DE CLUBES 4-S – CNC 4-S. *Plano Nacional de prêmios e reconhecimentos para Clubes 4-S*. Rio de Janeiro: ABCAR, 1967. (Contracapa).

FORD MOTOR COMPANY. *Juventude Rural nas Américas*. São Paulo: Ford Motor do Brasil S.A., 1962. v. 2.

MINAS GERAIS, jul. 1947.

O RURALISTA. Belo Horizonte, ano VIII, n. 136, dez. 1970.

REVISTA EXTENSÃO RURAL. Rio de Janeiro, Associação Brasileira de Crédito e Assistência Rural - ABCAR, ano IX, n. 98, abr./jun. 1974.

UNIVERSIDADE RURAL DO ESTADO DE MINAS GERAIS. *Clubes 4-S*. Viçosa, 1961. Mimeografado.

REFERÊNCIAS

CARDOSO, Miriam Limoeiro. *Ideologia do desenvolvimento*: Brasil JK-JQ. Rio de Janeiro: Paz e Terra, 1978.

DULCI, Otávio Soares. *Política e recuperação econômica em Minas Gerais*. Belo Horizonte: Ed. UFMG, 1999.

FONSECA, Maria Teresa Lousa da. *A extensão rural no Brasil, um projeto educativo para o capital*. São Paulo: Loyola, 1985 (Coleção Educação Popular; n. 3).

FREIRE, Paulo. *Extensão ou comunicação*? Rio de Janeiro: Paz e Terra, 1977.

GOMES, Leonardo Ribeiro. Campo e cidade: um estudo sobre os jovens rurais dos Clubes 4-S a partir do Centro de Documentação da EMATER-MG. In: SEMINÁRIO NACIONAL DO CENTRO DE MEMÓRIA DA UNICAMP - CMU, 7. Campinas, SP, 13-15 fev. 2012.

GOMES, Leonardo Ribeiro. Fundo ACAR/EMATER-MG: possibilidades e desafios. In: CONGRESSO DE PESQUISA E ENSINO DE HISTÓRIA DA EDUCAÇÃO EM MINAS GERAIS, 6. Viçosa, MG, 16-18 ago. 2011.

GONZÁLEZ PÉREZ, Tereza; LÓPEZ, Oresta. *Educación Rural in Ibero América*: experiencia histórica y construcción de sentido. Madrid: Anroart Ediciones, 2009.

LINHARES, Maria Yedda; SILVA, Francisco Carlos da. *Terra prometida*: uma história da questão agrária no Brasil. Rio de Janeiro: Campus, 1999.

SILVA, Maria do Carmo, LIMA, Antônio Luiz de. *O serviço de Extensão Rural em Minas Gerais (Retrospectiva)*. Viçosa: Imprensa Universitária da Universidade Federal de Viçosa - UFV, 1984.

MARTINS, José de Souza (Org.). *Introdução crítica à sociologia rural*. São Paulo: HUCITEC, 1986.

MENDONÇA, Sônia Regina de. *O ruralismo brasileiro*. São Paulo: HUCITEC, 1997.

MONTEIRO, Norma de Góis (Coord.). *Dicionário biográfico de Minas Gerais*. Período Republicano 1889-1991. Belo Horizonte: ALEMG, 1994. v. 1.

PINHO, Larissa Assis. A pesquisa sobre educação rural em Congressos de História da Educação (2000-2007). In: CONGRESSO BRASILEIRO DE HISTÓRIA DA EDUCAÇÃO, 5., 2008, Aracaju (SE). *Anais*... Aracaju/ SE: Sociedade Brasileira de História da Educação, 2008. 13 p.

PINHO, Larissa Assis. Civilizar o campo: educação e saúde nos cursos de aperfeiçoamento para professores rurais – Fazenda do Rosário (Minas Gerais, 1947-1956). In: FONSECA, Thaís Nívea Lima e; VEIGA, Cynthia Greive (Org.). *História da educação*: temas e problemas. Belo Horizonte: Mazza Edições, 2011.

TEIXEIRA, Tânia Cristina. A saga extensionista da ACAR e EMATER-MG e a construção do imaginário da modernidade no campo mineiro (1948-1990). Dissertação (Mestrado em Ciência Política) – DCP/UFMG, Belo Horizonte, 1995.

WEINSTEIN, Barbara. *(Re) Formação da classe trabalhadora no Brasil (1920-1964)*. São Paulo: Cortez: CDAPH – IFAN – Universidade São Francisco, 2000.

XAVIER, Libânia Nacif. Educação, raça e cultura em tempos de desenvolvimentismo. In: MAGALDI, Ana Maria; ALVES, Cláudia; GONDRA, José G. (Org.). *Educação no Brasil*: história, cultura e política. Bragança Paulista: EDUSF, 2003.

XAVIER, Libânia Nacif. *O Brasil como laboratório*: educação e ciências sociais no Projeto do Centro Brasileiro de Pesquisas Educacionais – CBPE/INEP/MEC (1950-1960). Bragança Paulista: Edusf, 1999.

A Corografia e a Geografia nos manuais escolares do século XIX

Eduardo José Pereira Maia

Este artigo pretende retomar uma reflexão sobre a constituição da Geografia escolar. Tratarei aqui do período de transição entre o que foi convencionado como "Geografia clássica" e a Geografia moderna. Apresentarei inicialmente um panorama acerca dos manuais didáticos de Geografia utilizados nas escolas brasileiras a partir de 1817, publicados no Brasil ou no exterior. É importante esclarecer, no entanto, que em muitos manuais dos oitocentos constam, em suas apresentações, inscrições de adoção para o uso nos Liceus das províncias e no Colégio Pedro II ou, ainda, que os tais manuais foram compostos para uso das escolas e da juventude brasileira. É muito provável que essas informações se traduzissem em real utilização dos manuais didáticos nos referidos estabelecimentos de ensino, entretanto, as recomendações encontradas nas fontes[1] sobre o uso desses manuais se restringiram a uns poucos.

Em seguida, analisarei mais detidamente dois compêndios de Geografia que foram utilizados no Colégio Imperial Pedro II e indicados para os Liceus e colégios das províncias do Império. Neste texto, por exemplo, serão apresentados dois livros que constam das listas de indicação escolares do século XIX:[2] um deles adotado no

[1] Relatórios e regimentos escolares.

[2] Fonte: SP -1199 – MG 69 e IP. 1-3 cx. 3, pac. 44. Fundo de Instrução Publica – APM.

Liceu Mineiro, e o outro no externato de Uberaba. Trata-se do *Compendio elementar de geographia geral e especial do Brasil*, de Thomaz Pompêo de Souza Brasil, editado pela primeira vez em 1856 e com aprovação do Instituto Histórico e Geográfico Brasileiro (IHGB), em sessão do dia 1º de julho de 1853,[3] e do *Curso methodico de geographia physica, politica e astronomica*,[4] do Dr. Joaquim Maria de Lacerda, editado em 1880, com sua segunda edição em 1881.

Para fins deste artigo, utilizei as edições de 1864 do *Compêndio elementar de geographia*, do Senador Pompêo, e a de 1884 do *Curso methodico de geographia*, do Dr. Lacerda ao ter em vista que os documentos datados de 1867 e 1887, sugeriam a adoção da última edição desses manuais. . Na análise, procurei distingui-los de outros manuais do século XIX e destacá-los pelas nomenclaturas, temas e conteúdos que identifiquei para a época como constituintes da disciplina escolar Geografia. A minha primeira reflexão será sobre a distinção entre a Corografia e a Geografia, presentes nos compêndios e manuais didáticos e, a partir de então, buscarei identificar como a Geografia se constitui como uma disciplina escolar moderna.

OS MANUAIS DE GEOGRAFIA E COROGRAFIA DO SÉCULO XIX

A partir de 1831, a Geografia, juntamente com a História, começa a fazer parte efetiva das matérias a serem ensinadas nas províncias e na corte: uma exigência nos exames de acesso às academias jurídicas do Império (HAIDAR, 2008) e, em 1837, no decreto de criação do Colégio Pedro II de 02 de dezembro, ela surge como "princípios de geographia", tendo sido incluída na parte de estudos modernos.

Já a Corografia, expressão título da obra de Aires de Casal: *Corografia brasílica ou relação histórico-geográfica do Reino do Brasil*, de 1817, aparecerá em um manual escolar em 1833 e outro em 1854,[5] porém só terá conotação de matéria escolar em 1855, segundo o regulamento aprovado pelo Decreto Imperial nº 1.556. A partir desse período, passam a existir duas matérias: Geografia e Corografia, que compõem

---

[3] Fonte: *Revista do Instituto Histórico e Geográfico Brasileiro*, t. III – Terceira parte.

[4] Em 1870 foi publicado na França Elementos de geographia fisica, política e astronomica.

[5] *Corografia paraense ou descripção física, histórica, e politica da Provincia do Gram-Pará*, de Ignacio Accioli de Cerqueira e Silva. Editado na Bahia; e *Chorographia do Brazil*, de João Feliz Pereira. Editado em Lisboa pela Imprensa de Lucas Evangelista.

os conhecimentos sobre as paisagens dos lugares, a superfície da Terra, a descrição física e humana geral e, em especial, das províncias, e, ainda, a sua história. Desde então, a presença da Geografia nos programas escolares do Colégio Pedro II[6] e nos Liceus foi constante. Em Minas Gerais, por exemplo, mantiveram cem por cento de regularidade até o final do Império.[7]

Não há dúvidas quanto à importância do conhecimento geográfico e da Geografia enquanto disciplina escolar durante o século XIX, não somente pela presença no currículo escolar, mas, sobretudo, pelo grande número de manuais escolares publicados nesse período.

No levantamento preliminar das fontes, encontrei em torno de 138 referências, das quais foram analisadas 122, entre livros de Geographia, Chorographia, atlas e dicionários que contêm indicações de uso escolar ou que foram utilizados reconhecidamente para esse fim. As fontes revelaram inúmeras indicações de que os manuais teriam sido empregados para o ensino de Geografia em escolas primárias e secundárias ou que exibiam a informação "de uso escolar". Entre os títulos aparecem as denominações: compêndio, lições, ensaio, tratado, epítome, noções, curso, princípios, resumo, rudimentos, pontos, elementos, esboço, Corografia e Geografia. Esses manuais foram escritos por pelo menos 61 autores, o que significa que alguns deles escreveram dois ou mais títulos. Entre os autores que publicaram mais de três livros estão Joaquim Maria de Lacerda, com sete diferentes títulos; Sebastião Paraná e Alfredo Moreira Pinto,[8] com quatro publicações; Thomaz Pompêo de Souza Brasil e Manuel Pereira de Moraes Pinheiro, com três livros cada.

Oitenta e cinco por cento dos manuais didáticos de Geografia do século XIX foram publicados entre 1850 e 1899, sendo 48% nos anos de 1850 a 1880, e 52% entre 1881 e 1899. A maior ocorrência temática, com 44 títulos, foi de Geographia do Brasil ou do Império Brasileiro, com 43%, e as publicações de caráter regional, referentes à Geografia ou Corografia das províncias, contam com 25 manuais, o equivalente a 28%.

---

[6] Fontes: decretos e regulamentos do Colégio Pedro II. Disponível em: <http://www.histedbr.fae.unicamp.br/navegando/fontes_escritas_imperio.html>. Acesso em: 10 maio 2012; e *Memória histórica do Colégio Pedro Segundo, 1837-1937*, de Escragnolle Doria. INEP: Brasília, 1997.

[7] Fonte: Fundo de Instrução Pública e Livro das Leis Mineiras: Arquivo Público Mineiro-APM.

[8] Esses três autores tiveram suas publicações reeditadas até as décadas de 1930 e 1940 do século XX.

O Gráfico 1 mostra a distribuição destes e de outros títulos dos manuais escolares de Geografia do século XIX:

Gráfico 1. Títulos dos manuais

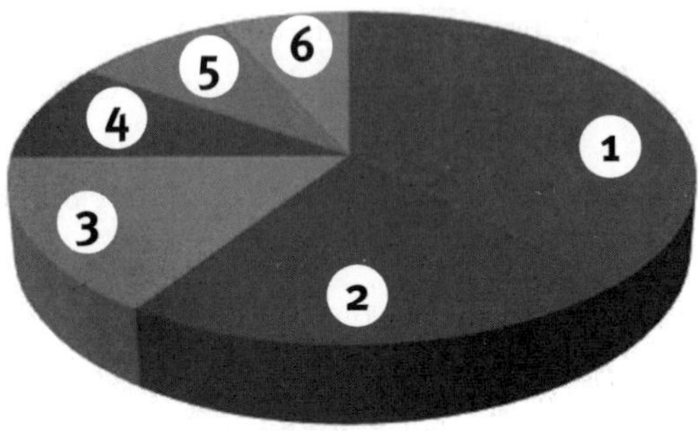

Fonte: Elaborado pelo autor.

Esse panorama serve para nos oferecer uma ideia inicial de como a Geografia era conhecida ou apresentada nas escolas secundárias, primárias e normais durante o século XIX. É indispensável, entretanto, destacar que a presença da Corografia tinha o objetivo de descrever o Brasil e as províncias, tanto no que tange aos aspectos físicos e humanos quanto à cronologia e à história, e era composta, portanto, por saberes ditos históricos e geográficos. A narrativa cronológica permitia trazer o estatuto jurídico à ideia de Brasil e de território nacional.

Resta saber, no entanto, quais os conteúdos ou saberes que encontraremos nessa farta publicação de textos didáticos e manuais escolares. E saber se o lugar de destaque da Geografia se justifica pelo próprio objeto de investigação desse saber, o território e qual a necessidade primária desta matéria em conhecer os lugares do Império brasileiro, das províncias e em definir qual o limite territorial da nação.

Alfredo Moreira Pinto (1895), em seu manual escolar,[9] assinala que "Chorographia é a descripção de um paiz ou de um estado" e trata de temas históricos e geográficos. Na parte introdutória, o autor inicia o parágrafo da seguinte maneira:

---

[9] Existem edições de 1883, 1887 e 1888. Para este artigo consultei a 5ª edição, de 1895.

> [...] notícia história – descoberta a parte septemtrional da America do Sul por Chistovão Colombo, que n'ella tocou em sua terceira viagem era questão de tempo a descoberta de todo o continente. Como quer que seja, foi o Brasil descoberto pelos hespanhoes em princípios de 1550 e a 22 de abril do mesmo anno, pelo portuguez Pedro Alvarez Cabral (PINTO, 1895, p.2).

Ao referir-se ao Brasil, Alfredo Pinto principia com a descrição cronológica sobre o país. Nessa abordagem histórica diacrônica que se estende até 1821 não consta na introdução de sua narrativa a descrição dos aspectos que poderíamos chamar de geográficos. No entanto, na parte referente às províncias, ocorre exatamente o inverso: no capítulo que trata de Minas Gerais, a referência é direta e imediata ao território. Além de iniciar o capítulo com um mapa, começa por descrever os limites, localização e superfície, mencionando brevemente a constituição da capitania e continuando com a descrição física: solo, relevo, clima, rios e cidades (localização, limites, relevo...).

Em *Noções Preliminares de Corographia da Provincia do Ceará*, de 1888, José Pompeu de A. Cavalcanti destaca:

> Por Chorographia entende-se a descripção de uma parte limitada da terra, como um Estado, uma provincia, etc.
> A chorographia se divide em physica e politica. Chorographia physuca trata das divisões naturaes do territorio, que descreve, da sua configuração, da accidentação da superfície, das suas producções, dos phenomenos meteorológicos, que se dão na atmosphera, do clima [...]
> A chorographia politica estuda a sua classificação como Estado ou província, a suas divisões legaes ou convencionaes, a sua população, as condições moraes de seus habitantes, costumes, língua, religião, agricultura, industria, comercio, riqueza, vias de communicação, instituições, legislação, historia [...]
> Na chorographia physica ha a estudar a parte solida e a parte liquida da região, de que se occupa (CAVALCANTI, 1888, p. VII).

No trecho de Cavalcanti, encontra-se uma explicação bem detalhada do que ele compreendia como Corografia. Nota-se, que ao considerar como descrição, ele estende a concepção aos aspectos físicos e políticos. O que ele propõe é a descrição dos fenômenos ou eventos geográficos e, neste sentido, lhe cai bem a definição grega de Khorográphos (1587) e que descreve a Geografia de um lugar.

Segundo o dicionário de Bluteau e Silva (1789, p. 332, 658), Corografia quer dizer "descripção particular de algum reino, ou região", e a Geografia, "descripção das terras e mares, seus rumos, distancias, confrontações, situação, &c. § Diz-se geografia politica, a que dá razão as divisões dos estados, formas de governo [...]". À primeira vista, na definição apresentada no dicionário, parece não haver muita diferença entre as duas, entretanto podemos observar que a Corografia trata de uma descrição particular, uma descrição pormenorizada de uma região ou lugar, no caso as províncias. Já o dicionário de Antônio de Moraes Silva, de 1890, nos fornece a seguinte definição (do Gr. Chóra, paiz, e graphós eu descrevo): descrição, representação de alguma região de um país, de uma grande porção de território (SILVA, 1890).

Para Besse (2006, p. 22), trata-se de "um inventário minucioso das realidades próximas [...]". Ainda, para este autor, a Corografia é uma arte de atenção aos detalhes e uma arte do inventário. É certo que na primeira metade no século XIX no Brasil a Corografia constitui uma parte significativa das publicações sobre as províncias e o Império. De fato, as fontes revelam que a maior parte dos manuais didáticos sobre as províncias tinham em seu título o nome Corografia. Pelo menos oito títulos foram publicados como Corografia do Brasil, incluindo uma obra do Dr. Joaquim Maria de Lacerda, de 1887, intitulada *Chorographia do Brazil.*[10]

Em *Resumo de chorographia do Brazil* (1887), o editor adverte ao leitor que "a presente obra é extraída do Curso methodico de geographia do Dr. Lacerda". Essa advertência indica que a Corografia fazia parte da Geografia ou podia ser considerada uma etapa da construção do conhecimento geográfico. Uma curiosa informação da nota pode reforçar essa afirmativa:

> O Resumo de Chorographia do Brazil, póde ser de grande proveito não só aos estudantes de preparatórios e ***candidatos a empregos públicos***, como tambem a todos os que desejarem conhecer este bello e bem fadado paiz. (p. VI, *grifos meus*).

[10] *Resumo de chorographia do Brasil.* Pelo Dr. Joaquim Maria de Lacerda. Revisto, aumentado e posto de acordo com os pontos do programa para os exames geraes de preparatórios, por Luiz Leopoldo Fernandes Pinheiro.

No século XIX, alguns empregos públicos exigiam as "matérias de princípios geraes de geographia e historia do Brasil".[11] Vimos que a sugestão do editor se refere à Geografia em um manual de Corografia, mas como não havia exigência para esta matéria em concursos públicos, reforça-se a tese de que a Corografia poderia ser considerada como uma etapa ou parte do conhecimento geográfico e da Geografia. Além disso, vimos também que há uma possibilidade de que os manuais didáticos tenham sido utilizados fora do ambiente escolar, satisfazendo a curiosidade daqueles letrados interessados em conhecer o Brasil.[12]

Em uma reflexão mais atenta e com o auxilio da literatura especializada, foi possível identificar que não havia inicialmente diferença no método entre as duas definições, mas no objeto. A Corografia trata da descrição da paisagem (*Landschaft*) enquanto a Geografia trata da descrição da superfície da Terra e compreende as grandes massas, ou grandes conjuntos como os continentes, países, mares, populações, raças, limites territoriais. A Geografia, portanto, aborda não só as regiões em particular como todo o globo. Assim foi compreendida, no início do século XIX, pelo menos antes dos trabalhos de Karl Ritter e Alexander Von Humboldt. Ritter transformou a Corografia em estudos comparados da paisagem (MOREIRA, 2008) e Humboldt foi responsável por trazer a explicação das diferenças de forma organizada e sistemática. Em o Cosmos – *Essai d'une description physique du monde*,[13] irá apresentar os argumentos para a compreensão das leis da natureza e do princípio de unidade que se revela na vida universal da natureza.

A partir desta perspectiva, pode-se compreender a Corografia como um estágio da Geografia, e isso não quer dizer que se esteja tornando-a menor. No entanto, pode-se afirmar com nível de segurança razoável que tanto a Geografia quanto a Corografia do início do século XIX atendiam aos seus próprios propósitos: a Geografia dedicando-se aos assuntos gerais, e a Corografia ocupando-se exclusivamente da descrição do Império e, mais particularmente, das províncias, inclusive quanto à introdução histórica. Notamos, portanto, que o relato histórico dos manuais de Corografia e até

[11] Vide concurso para amanuense da Thesouraria da Fazenda no anúncio do *Diario de Minas*, n. 35, datado de quarta-feira, 11 de julho de 1866.

[12] A partir de 1881, David Augusto Corazzi publicou os primeiros volumes da biblioteca do povo e das escolas – entre os títulos publicados temos: *Geographia geral*, de 1881, e *Chorographia do Brazil*, de 1882.

[13] Tradução do original alemão: *Kosmos, Entwurf einer physischen Weltbeschreibung*. Stuttgart/Tübingen: Cotta, 1845-62.

mesmo os de Geografia eram mais concisos quando comparados aos manuais dos textos didáticos para o ensino de História.[14]

Ao considerar a Corografia do século XIX como um estágio, e as descrições da paisagem e os estudos da Geografia regional como seu principal objeto-elemento, estamos assumindo que as contribuições corográficas nos trabalhos de Geografia foram imprescindíveis, porém não pela mudança em seu método descritivo, mas, sobretudo, pela sua permanência. Essa reflexão nos ajuda a compreender a construção do conhecimento geográfico e geográfico escolar na longa duração (BRAUDEL, 1990), no sentido de que não há rupturas que justifiquem a existência de outra ciência.

Por não haver um sistema articulado de conhecimento em torno da Corografia, ela é a própria descrição presente nas crônicas e nos relatos de viagens ou extraído dos manuais de História. Mesmo quando ela se torna disciplina, em 1855, não se formou, a exemplo de outras matérias escolares, um grupo socialmente reconhecido que discutia sobre as questões corográficas. E o simples fato da existência de um manual didático destinado ao seu ensino não foi uma condição para institucionalizá-la.

Neste sentido, os manuais de Geografia exerciam um papel preponderante e diferia das *Corographias* que tinham como objetivo fazer apenas uma descrição orientada pelas paisagens ou fatos históricos. Os compêndios de Geografia traziam em seus conteúdos as definições necessárias à compreensão da ciência; as noções correntes sobre determinados estudos específicos, no caso da cosmografia e astronomia; as classificações de grupos sociais e de nações e as dimensões físicas e políticas do território.

Se o papel da História era enaltecer o passado, tendo por base a construção de uma herança civilizatória, a herança da Geografia está nas crônicas, nos relatos de viajantes e na Corografia, a Geografia no século XIX foi enaltecer o presente. Nesse sentido, para a História, a urbanização e industrialização obrigam os autores a definirem uma periodização, para compreender as transformações recentes. Para a Geografia, ao contrário, a própria modernização e seus efeitos facultam o conteúdo para o seu ensino, não havendo necessidade de diferença entre o moderno e o contemporâneo.

De fato, o que nos interessa, e que talvez seja mais importante para este estudo, é identificar quais são os sinais da existência da Geografia moderna nos manuais didáticos ou o que se entendia sobre Geografia moderna.

---

[14] A comparação foi realizada com os livros *História geral do Brasil*, de Francisco Adolfo de Varnhagen, e *Capítulo de história colonial*, de João Capistrano de Abreu.

A GEOGRAFIA NOS MANUAIS

Os manuais didáticos integram dois discursos distintos e complementares. Um referente ao seu próprio texto, o conteúdo da própria matéria escolar, e outro o discurso pedagógico, que é constituído por notas explicativas, questionários, resumos, exercícios propostos, que indicam quais e como os conhecimentos deveriam ser apreendidos pelos alunos.

No caso das notas de rodapé, que formam uma parte importante nas duas obras, os autores esclarecem que têm como objetivo aclarar algumas dificuldades do texto que contém notícias preciosas que não podem ser excluídas, pois, sem estas, não seria possível aos alunos aprenderem. Lacerda, particularmente, inclui também uma explicação sobre o uso dos tipos. Ele utiliza o tipo maior paras as coisas necessárias, indispensável, e o que o estudante de Geografia deve saber, e faz uso do menor para as coisas que considera menos importantes aos escolares, mas que são dirigidas aos estudiosos que desejam adquirir um conhecimento mais perfeito da Geografia e das ciências auxiliares.

Quanto ao conteúdo dos manuais, a distribuição é feita da seguinte forma: o Dr. Lacerda divide o *Curso Methodico* em três grandes partes. A *geographia* geral oferece uma descrição física e política de cada uma das cinco partes do mundo. Na descrição física vêm declarados os limites, a posição, a superfície, o aspecto geral, o clima, as produções, os países, os mares, os golfos, os estreitos, as ilhas, as montanhas, os lagos, os rios etc., de cada parte do mundo. A descrição política refere-se à importância da população, raças, línguas, religiões e formas de governo. A *geographia* particular trata de cada país em especial, expondo a sua História geográfica, a sua posição, limites, superfície, população, raças, línguas, religião, governo, divisão administrativa, aspecto geral, clima, produções, indústria, comércio, vias de comunicação, instrução pública, cidades principais, possessões. A Geografia do Brasil é tratada de maneira mais difusa e circunstanciadamente do que a de qualquer outro país. A *cosmographia*, a qual o autor deu particular atenção, aparece enriquecida com grande número do que ele mesmo chama "curiosidades e interessantes problemas".[15]

[15] Entre as curiosidades, podemos citar o Calendário e, quanto aos problemas, o autor enumera 26 com sugestão de solução, todos a respeito do tema cosmografia.

O *Compendio elementar*, do Senador Pompêo, também é divido em três partes: a primeira contém 18 capítulos. Primeiramente ele trata das noções gerais, que é a "sciencia Geographia" e suas "sciencias aceessorias": Cosmographia, Astronomia, Geologia, Mathematica, Topographia e Ethonografia. A segunda parte, chamada de descritiva, é dividida em cinco grandes seções abrangendo as cinco grandes partes do mundo. Cada seção é subdivida em Geografia geral e particular. A Geografia geral tem dois capítulos, um que descreve a parte política e outro que descreve a física. Em cada uma das seções a sequência é sempre a mesma: Europa, Ásia, África, América e Oceania. A terceira parte é a maior do manual, cujo título é *Imperio do Brasil e America Meridional*, estando distribuída em vinte e nove capítulos exclusivamente dedicados ao Brasil.

Nota-se que a preocupação dos autores, pelo menos o que estava expresso em suas obras, é a transformação do Brasil em uma nação civilizada e garantir por meio do território uma unidade que permitisse ao país não ser somente uma nação, mas a mais influente do mundo.

> Daí-me a carta de um paiz, sua configuração, seu clima, suas águas, seus ventos e toda sua geographia physica; informai-me de suas producções naturais, de sua flora, de sua zoologia, etc., e eu me comprometto a dizer-vos a priori qual será o homem deste paiz, e que lugar gozará na historia (COUSIN, *apud* POMPÊO, 1864).

> [...] o estudo da Geografia vai tomando um desenvolvimento immenso em todos os paizes civilizados, que a consideram com razão um dos conhecimentos mais importantes e essenciais para prosperidade e força de uma nação, julgamos que também no Brazil, que se ufana de será primeira nação em todos os sentidos da America do Sul e uma das mais civilizadas do globo, este estudo deveria tomar maior incremento e não contentar-se com pequenos compêndios [...] (LACERDA, 1884).

Esses dois trechos da parte introdutória dos respectivos manuais destacam a intenção que está por vir, pois havia uma preocupação real com os conteúdos tratados e as finalidades propostas.

Os autores, além de copiarem os antigos manuais e manterem o caráter descritivo das obras, introduziram novas reflexões e novos métodos aos seus trabalhos. Na introdução do *Curso Methodico*, o Dr. Lacerda enfatiza a importância das noções preliminares quando destaca que é "absolutamente indispensável para a intelligencia da Geographia, a saber: algumas definições geométricas, ligeiras noções de Cosmographia, definições dos termos relativos à Geographia, principais producções do globo, e classificação dos homens quanto ás raças, religiões, estado de civilisação e fórmas de governo" (LACERDA, 1884, p. 5).

O mesmo acontece no *Compendio elementar de geographia.* O Senador Pompêo, ao fazer citações e dar créditos às pesquisas realizadas por Humboldt e Leqoc,[16] referidas nas páginas 56 e 61, mostra conhecimento sobre outros temas e autores dos quais teve acesso às publicações de estudos realizados no exterior. Essa é uma constatação que não nos leva a aceitar com facilidade a ideia de que os manuais didáticos de Geografia do século XIX fossem simples cópias das produções europeias. O mesmo se pode dizer com relação ao uso de dados estatísticos e do resultado das expedições científicas realizadas durante o Império.

Embora os trabalhos de Humboldt tenham contribuído sobremaneira para redefinirem o papel da Geografia no século XIX, reconhecemos que nem sempre esses trabalhos foram apropriados pelos autores dos compêndios escolares, no Brasil e mesmo no exterior. Muitos textos para fins didáticos ainda conservavam a forma de descrição da paisagem sem critérios comparativos e sem organização sistemática, ou seja, a Corografia. Em razão disso, autores como Isler (1973), Pereira (1989), Rocha (1994), Maia (2003) tinham em conta que os manuais de Geografia escolar do século XIX eram uma mera reprodução dos europeus, principalmente dos franceses. Aliás, uma concepção compartilhada por autores de outras áreas (HAIDAR, 2008; BITTENCOURT, 2008). Todavia, devo destacar que essa forma de produção de manual didático descritivo oferece muitas possibilidades de reflexão, não estamos dizendo que não houvesse cópias e transcrições de textos considerados clássicos e desconhecidos do público leigo, mas que isso não significa exatamente um problema. Na verdade, no século XIX eram comuns as traduções, reproduções e transcrições, as quais foram objeto de estudo de Neves e Ferreira (2010). Com uma legislação incipiente e nenhuma fiscalização, as cópias, em muitas áreas, acabavam sendo um serviço útil, ou seja, a disponibilização de textos para um público que não tinha acesso às produções originais.

[16] O francês Henri Lecoq é autor de *Éléments de géologie et d'hidrographie.*

Na análise dos compêndios, verifiquei a similaridade com os programas de ensino das reformas educacionais de 1854 e 1880, as definições dos autores acerca da Geografia e como essa ciência era considerada fundamental para o desenvolvimento da nação.

Na quarta edição de *Compendio elementar* (1864), o autor informa aos leitores:

> Para a revisão desta edição, recorremos aos mais modernos tratados da Geografhia, revistas, annuaes estatísticos para os paizes europeus; e para o Brasil, além das memórias, e escriptos publicados pelo Instituto[17] [...] (BRASIL, 1864)

Se os cursos de Geografia do ensino secundário eram uma passagem para o ensino superior, o mesmo não se pode dizer dos manuais didáticos. O *Curso methodico* do Dr. Lacerda, por exemplo, na sua 9ª edição de 1910, tinha a seguinte inscrição: "curso superior". Embora tivesse sido produzido para as escolas brasileiras, o manual foi utilizado nos cursos superiores. Uma vez que, já em 1880, havia lançado os *Elementos de geografia physica, politica e astronomica*, destinado às classes da instrução secundária, e *Geografia da infância*, destinado às escolas primárias, também de 1880. Ao que parece, a edição de 1910 foi a continuação de uma série que compunha textos para o ensino de Geografia da escola primária ao nível superior.

Nas obras tanto do Dr. Lacerda quanto do Senador Pompêo, constam os saberes geográficos e a informação de que foram produzidos para serem ensinados nas escolas de ensino secundário, a partir dos programas curriculares para o Pedro II e os Liceus das Províncias. Entretanto, temos clareza, assim como Bittencourt (2008), que os livros, sobretudo do século XIX, eram produzidos concomitantemente aos programas e aos conteúdos das disciplinas. Principalmente o compêndio do Senador Pompêo, homem influente do Império: foi Padre; Lente do Liceu Cearense e do Colégio Pedro II; membro do IHGB e Senador do Império. Esse fato parece bem comum durante o século XIX, pois outro exemplo dessa coincidência pode ser encontrado no artigo de Maria Adailza Martins de Albuquerque, de 2008, quando analisou o manual didático de Manoel Pereira de Moraes Pinheiro.

---

[17] Referência ao Instituto Histórico e Geográfico Brasileiro (IHGB).

Encontra-se presente nos manuais as finalidades (CHERVEL, 1990) da Geografia escolar na segunda metade do século XIX, propostas por aqueles que foram, além de escritores e professores, legisladores e editores. As obras, portanto, são impregnadas de ideais de civilidade e modernidade. Podem ser consideradas como uma primeira iniciativa de produção nacional de manuais de Geografia, não só pelo anúncio feito pelos autores na introdução de cada uma delas, mas também por serem as únicas referências encontradas sobre o estudo da Geografia escolar, contrariando a antiga tese de que os manuais didáticos eram traduções do Baccalauret. Isso também pode ser comprovado na análise das provas e exames dos alunos e licenciamento dos professores durante o Império. Esses exames indicam quase que em sua totalidade conhecimentos específicos sobre o território brasileiro, e nem todas as informações constavam nos clássicos manuais de Geografia universal.

REFERÊNCIAS

ALBUQUERQUE, Maria Adailza Martins de. Autoria de livro didático de geografia em Pernambuco no século XIX: uma relação entre a legislação e a elaboração. *Terra Livre*, Associação dos Geógrafos Brasileiros, Dourados/MS, ano 24, v. 2, n. 31, p. 163-171, jul./dez. 2008.

BESSE, Jean-Marc. *Ver a Terra*: seis ensaios sobre a paisagem e a geografia. São Paulo: Perspectiva, 2006.

BITTENCOURT, Circe. *Livro didático e saber escolar 1810-1910*. Belo Horizonte: Autêntica, 2008.

BRAUDEL, Fernand. *História e ciências sociais*. Lisboa: Editorial Presença, 1990.

CASAL, Manuel Aires de. *Corografia brasilica*. Belo Horizonte: Ed. Itatiaia; São Paulo: Ed. Universidade de São Paulo, 1976.

CAVALCANTI, José Pompeu de A. *Chorographia da Provincia do Ceará*. Rio de Janeiro: Imprensa Nacional, 1888.

CHERVEL, André. História das disciplinas escolares: reflexões sobre um campo de pesquisa. *Revista Teoria & Educação*, n. 2, 1990.

DICCIONARIO da língua portugueza composto pelo Padre D. Rafael Bluteau, reformado e accrescentado por Antônio de Morais Silva. Tomo I. Lisboa, na officina de Simão Thaddeo Ferreira. Ano M.D.CC.LXXXIX. Com licença da Real Meza da comissão geral, sobre exame, e censura dos livros.

DICCIONARIO da língua portugueza. Por Antonio de Moraes Silva (natural do Rio de Janeiro). 8. ed. rev. e melhorada. Ed. empreza litteraria Fluminense de A. A. Silva Lobo, 1890. v. I – A-E.

EL FAR, Alessandra. Ao gosto do povo: as edições baratíssimas de finais do século XIX. In: BRAGANÇA, Anibal; ABREU, Márcia (Org.). *Impressos no Brasil*: dois séculos de livros brasileiros. São Paulo: Unesp, 2010.

HAIDAR, Maria de Lourdes Mariotto. *O ensino secundário no Brasil Império*. 2. ed. São Paulo: Edusp, 2008.

ISLER, Bernardo. *A geografia e os estudos sociais*. Tese (Doutorado) – FFCL, Presidente Prudente, 1973.

KURY, Lorelai (Org.). *Comissão Científica do Império: 1859-1861*. Rio de Janeiro: Andrea Jakobsson editora, 2010.

LACERDA, Dr. Joaquim Maria de. *Curso Methodico de Geographia – Physica, Politica e Astronomica*. Composto para uso das escolas brazileiras. 2. ed. Rio de Janeiro: Casa do Editor, 1884.

LACERDA, Dr. Joaquim Maria de. *Resumo de Chorographia do Brazil*. Brazil. Rio de Janeiro: B. L. Garnier, 1887.

MAIA, Eduardo José Pereira. A negação de um debate no currículo de Geografia do Ensino Básico. In: ENCONTRO NACIONAL DE PRÁTICA DE ENSINO DE GEOGRAFIA, 7., Vitória, 2003. Novos Desafios na Formação do Professor de Geografia, 2003. v. único, p. 654-665.

MOREIRA, Ruy. *O pensamento geográfico brasileiro*: as matrizes clássicas originárias. São Paulo: Contexto, 2008.

NEVES, Lúcia Maria Bastos P.; FERREIRA, Tania Maria Bessone da C. Privilégios ou direitos? A questão autoral entre intelectuais e homens de Estado no Brasil do século XIX. In: BRAGANÇA, Aníbal; ABREU, Márcia. *Impressos no Brasil*: dois séculos de livros brasileiros. São Paulo: UNESP, 2010.

PEREIRA, Raquel Maria Fontes do Amaral. *Da geografia que se ensina à gênese da geografia moderna*. 3. ed. Florianópolis: Ed. UFSC, 1999.

PINTO, Alfredo Moreira. *Chorographia do Brasil*: curso superior. Rio de Janeiro; São Paulo: Livraria Classica de Alves & Cia, 1895.

ROCHA, Genylton Odilon Rêgo da. *A trajetória da geografia no currículo escolar brasileiro*. Dissertação (Mestrado) - PUC, São Paulo, 1994.

SOUZA NETO, Manoel Fernandes de *et al*. O Compendio Elementar de Geographia Geral e Especial do Brasil. In: GEOGRAFIA: disciplina escolar. *Terra Brasilis*: Revista de História do Pensamento Geográfico no Brasil, Rio de Janeiro, Sal da Terra, ano 1, n. 1, jan./jun. 2000.

THOMAZ, Pompêo de Souza. *Compendio elementar de Geographia geral e especial do Brasil*. 4. ed. Rio de Janeiro: Eduardo & Henrique Laemmert, 1864.

As famílias na escolarização batista em Minas Gerais, década de 1920

Taciana Brasil dos Santos

INTRODUÇÃO

A partir do final do século XIX chegava ao Brasil o protestantismo chamado de missão. Com o envio de missionários, homens e mulheres, diversas denominações protestantes norte-americanas realizaram trabalho proselitista neste país. Este trabalho, porém, ia além da disseminação de princípios religiosos, estendendo-se à americanização dos modos de vida do brasileiro, tanto na esfera pública quanto privada (MENDONÇA; VELASQUES FILHO, 2002).

De acordo com Vieira (1990), foram justamente os princípios relacionados à esfera pública e política que possibilitaram a inserção e estada dos protestantes no Brasil. Seus princípios capitalistas, progressistas, liberais e republicanos agradavam parte da elite dirigente do País, que permitiram a presença dos missionários e o desenvolvimento de seu trabalho – principalmente o educacional – como forma de trazer progresso, modernizar e civilizar o Brasil e os brasileiros.

Ribeiro (1973), porém, aponta para outra possibilidade de interpretação da inserção do protestantismo neste país. O autor defende que os brasileiros que se tornaram protestantes não foram obrigados a isso, mas o fizeram de livre vontade. A falta de comunicação entre a Santa Sé e a Igreja Católica brasileira, acentuada pelas políticas regalistas, bem como as divergências e conflitos doutrinários presentes no interior deste grupo teriam enfraquecido o catolicismo brasileiro. Após a mudança nas leis brasileiras, permitindo a entrada dos missionários e tolerando a presença de cristãos acatólicos – mesmo com essa tolerância significando a perda de diversos direitos civis –, muitos brasileiros optaram por abandonar sua religião de origem, tornando-se protestantes.

As explicações de Vieira (1990) e Ribeiro (1973), embora pareçam opostas, podem ser complementares, pois explicam como o protestantismo encontrou lugar no Brasil, tanto do ponto de vista político como do ponto de vista dos indivíduos que aceitaram mudar de religião. Para Medeiros (2010), as teorias indicam um ponto em comum: só foram possíveis devido ao progressivo enfraquecimento do catolicismo, tanto na esfera política quanto na religiosa.

Para disseminar seus princípios, os protestantes valeram-se do trabalho eclesiástico, mas também estenderam sua atuação para outras áreas. Nascimento (2007) descreve a ação dos presbiterianos nas áreas da educação e saúde; Mesquida (1994) descreve a atuação educacional dos metodistas; Adamovicz (2008) trata sobre a imprensa batista; Bastian (1994) descreve a atuação dos diversos grupos protestantes em várias áreas, inclusive sua relação com a política brasileira. Neste trabalho, pretendo discutir a respeito da atuação de um grupo protestante específico – a Igreja Batista; em um campo específico – a educação escolar.

De todos os grupos protestantes que se inseriram no Brasil, a igreja batista foi uma das que o fez mais tardiamente, apenas em 1881 foi enviado o primeiro casal de missionários para trabalhar especificamente com os brasileiros (PEREIRA, 1979). Os batistas eram um grupo minoritário nos Estados Unidos (AZEVEDO, 1996), e essa posição reflete-se diretamente na obra missionária realizada pela denominação no Brasil. Diferente dos presbiterianos descritos por Nascimento (2007) e Chamon (2005), ou dos metodistas de Mesquida (1994), não encontrei qualquer indício de apoio governamental brasileiro às instituições educativas batistas. Seus colégios, em grande parte, foram criados pela iniciativa de missionários que aqui se instalaram em parceria com brasileiros (MESQUITA, 1940). O recebimento de recursos da Junta de Richmond[1] para manutenção das instituições escolares era tardio, sendo necessário nos primeiros anos o financiamento da instituição mediante o pagamento de mensalidades pelos alunos, ou a contribuição de algum benfeitor (SILVA, 2004).

[1] Organização americana batista com atuação missionária em diversas partes do mundo. Foi a responsável pelo envio dos missionários batistas para o Brasil. Mais informações em Mead (1936) e Oliveira (2011).

A inserção da obra batista em Minas Gerais não se deu na fase inicial de implantação da denominação no Brasil. Os missionários preferiam as grandes cidades, como Rio de Janeiro, São Paulo, Salvador e Recife. O investimento realizado na região Nordeste foi mais acentuado, se comparado com as demais regiões brasileiras (HARRISON, 1987). Não encontrei, até o momento, qualquer indício da razão que tenha levado os batistas a postergarem a inserção de seu trabalho neste Estado. Os missionários que aqui se instalaram, em sua totalidade, vinham de outros trabalhos da denominação no Brasil, e boa parte deles possuía escolarização inferior à dos missionários enviados especificamente para trabalhar nos colégios carioca e pernambucano. Seu trabalho caracterizava-se pelas constantes tentativas de tornar autossustentáveis as igrejas que fundavam.[2] Estes fatores podem ser considerados indícios de que sua mudança para este Estado estava relacionada à busca por novos campos, em que pudessem realizar seu trabalho ministerial sem um controle tão rígido por parte da Junta de Richmond – ou talvez até mesmo de que esses homens e mulheres não eram considerados a figura ideal do missionário educador para a Junta, levando-os a buscar um campo considerado menos importante, mas onde pudessem trabalhar livremente.

A difusão da mensagem batista em Minas Gerais foi feita por diversos meios. Igrejas e pontos de pregação foram criados, mediante viagens realizadas pelos missionários – quase sempre se guiando pela malha ferroviária disponível. Um periódico foi criado para fazer com que os princípios da denominação e notícias relacionadas à obra missionária chegassem a todas as famílias de convertidos no Estado, mesmo quando não havia algum pastor ou missionário disponível para viajar até a cidade. E uma instituição escolar foi criada, em Belo Horizonte, para difundir os ideais da denominação para a nova geração.

Criada em 1918, a *Escola Baptista de Belo Horizonte* assemelhava-se a uma escola isolada, funcionando em uma classe única na Primeira Igreja Batista da capital. Em 1920 transformou-se em *Collegio Baptista Americano Mineiro* (CBAM). Em 1921, após a compra de seu prédio próprio com recursos enviados pela Junta de Richmond,

---

[2] O periódico da denominação no Estado, *O Baptista Mineiro*, retrata em diversos números o que era chamado pelos missionários de *A Grande Campanha Baptista*. Esta consistia em tornar as igrejas autossustentáveis mediante a prática do dízimo por seus fiéis. Em boa parte do Brasil, as igrejas batistas só se tornaram independentes financeiramente dos Estados Unidos na década de 1980 (O JORNAL Batista – Edição do Centenário, 1982).

o *Collegio* passou a funcionar com uma configuração apropriada para seu nome: classes seriadas que se estendiam do jardim de infância ao magistério para as moças ou seminário teológico para os rapazes, internato, e cursos diversificados, como, por exemplo, idiomas, música e artes (50 ANOS, 1968). Esta transformação tornou o CBAM uma instituição referência para os batistas mineiros, recebendo internos de diversas cidades do interior do Estado, além dos externos belo-horizontinos.

Neste artigo, pretendo demonstrar, por meio dos prospectos de propaganda da instituição e de algumas matérias do periódico denominacional, as representações construídas pelos missionários a respeito das famílias brasileiras, durante a década de 1920. Tomarei o conceito de representações advindo do campo historiográfico, conforme definido por Chartier (1990). Para o autor, este conceito refere-se à forma como as realidades sociais são percebidas e interpretadas, considerando que esta leitura nunca é dotada de neutralidade. Para que a interpretação de um grupo prevaleça, outra tem de ser menosprezada. Com essa prática, "a realidade é contraditoriamente construída pelos diferentes grupos" (p. 23). Esta construção possibilita a criação de identidades sociais, que "marcam de forma visível e perpetuada a existência do grupo, da classe ou da comunidade" (*idem*). Investigando a maneira como os missionários representavam as famílias nos materiais de divulgação da instituição escolar batista, podemos compreender sua visão dos brasileiros e também o que atraía e convencia os pais a ali matricularem seus filhos. O CBAM só se tornou atraente para essas famílias porque ia ao encontro das expectativas de uma parcela da sociedade da época para a escolarização de seus filhos. Buffa (2002, p. 26) afirma que "na história das instituições escolares aninha-se, de fato, a filosofia educacional da sociedade que as cria e mantém". Embora este trabalho trate de um colégio específico e de um grupo reduzido de famílias, é possível que sua história nos ajude a compreender as expectativas da sociedade da época acerca da escolarização de suas crianças.

O AMBIENTE DA EDUCAÇÃO

Para discorrer acerca do ambiente considerado adequado pelos batistas para a educação das crianças, recorrerei a um trecho de um discurso proferido pelo missionário americano A. B. Christie, na ocasião da reunião da *Convenção Baptista Mineira* de 1923. Este homem não era missionário em Minas Gerais, mas foi convidado a proferir uma palestra sobre educação na referida reunião, que tinha um caráter formativo para os pastores e missionários da denominação que atuavam neste Estado. Além dos ministros, estavam presentes na reunião uma elite eclesiástica, composta pelos membros escolhidos em eleição para representar suas igrejas na ocasião. Esta escolha muitas vezes estava diretamente relacionada com a ocupação do cargo de diácono por parte do membro, ou de sua disponibilidade financeira para arcar com os custos da viagem e estada. A importância do conteúdo deste discurso aos olhos da liderança batista era tamanha que sua transcrição foi publicada na primeira e segunda páginas de *O Baptista Mineiro* no mesmo mês em que a reunião ocorreu. A publicação deste discurso o tornava acessível a todas as famílias batistas mineiras, aumentando assim sua influência. Vejamos, portanto, um trecho deste texto:

> O fator principal na educação é o ambiente. Cada experiencia deixa uma impressão no educando. A impressão póde ser boa ou má. Os costumes, habitos e linguagem são geralmente determinados pelos paes e companheiros. É difficil para uma creança subir acima do seu ambiente. No ambiente o factor mais importante è a personalidade. [...]
> A educação baptista procura tirar a creança do mundo de mal, das influencias viciosas, para ter a oportunidade de formar seu caracter, rodeada pelas melhores influencias possíveis. Ella procura formar nos seus alunos um corpo são, um intelecto instruído, uma moral pura, preparando-os para exercerem uma influencia que ennobreça o trabalho manual, eleve a sociedade, purifique a politica, tornando o mundo um logar possivel para a mocidade viver e crescer sem tantos perigos e tentações (O BAPTISTA MINEIRO, p. 1-2, jan. 1923).

Christie demonstra certa preocupação com o ambiente em que o educando viveria, e os hábitos que ele ali poderia aprender. A importância da experiência na aprendizagem é uma característica fundamental da educação fröbeliana, adotada pelos colégios batistas nesse momento. Neste trecho, Christie ressalta que seria necessário tirar a criança do *mundo de mal*, para assim proporcionar as experiências consideradas adequadas para a formação da criança. Considerando que o CBAM funcionava prioritariamente em regime de internato, podemos pensar que a família brasileira era considerada um ambiente inadequado para a educação das novas gerações. Ali inserida, a criança jamais ultrapassaria os limites do brasileiro. Seria necessário inseri-la em um ambiente controlado pelos missionários americanos, onde ela aprenderia comportamentos civilizados, capazes de trazer o almejado progresso para a sociedade – que, de acordo com o discurso de Christie, se expressaria no trabalho, na moral e na política.

Embora o CBAM funcionasse em regime de internato, recebia também alunos externos – contanto que suas famílias residissem em Belo Horizonte. O horário de aulas, porém, se estendia durante todo o dia, fazendo com que os externos passassem mais tempo na instituição do que em suas próprias casas, em companhia de suas famílias, amigos e vizinhos. É notório que os prospectos de propaganda da instituição enfatizavam sempre a matrícula para alunos internos. É possível que isso se deva ao alcance desta literatura: uma família vizinha da instituição não necessitaria de propagandas por correspondência para conhecê-la, bastava uma visita. Mas não devemos desconsiderar que era interessante, para o CBAM, que houvesse o máximo possível de alunos internos, maximizando o êxito de sua função educadora. Retirando os alunos de seus lares e suas famílias, seria possível ensinar-lhes a conviver em um ambiente diferente do que estavam acostumados, inculcando-lhes novos princípios, novas atitudes, novas posturas e uma nova religião.

Considerar o ambiente familiar inadequado e a família incapacitada para a educação das crianças é uma tendência que aparece expressa em outros trabalhos sobre educação escolar em um recorte temporal próximo ao estudado. Esta tendência aparece tanto em instituições laicas quanto confessionais, tanto em internatos quanto em externatos.

Lage (2006) descreve as atividades de um colégio interno confessional feminino católico no interior mineiro, no período compreendido entre o final do século XIX e início do XX. A autora destaca o cuidado por parte da direção para que as meninas tivessem o mínimo de contato possível com suas famílias. Na concepção das freiras que dirigiam a instituição, ali as alunas poderiam receber uma educação completa, que as preparassem para ser boas esposas e mães na sociedade moderna. Junto a suas famílias e em seus lares, as meninas e jovens estariam sujeitas às distrações e entretenimentos do lar, inviabilizando a completude da educação moral.

Acerca das relações entre família e escola, Faria Filho (2000) discorre sobre como o assunto era tratado na Revista do Ensino entre 1925 e 1930. O autor afirma que neste periódico a ação da família é retratada como "uma ação complementar à da escola e a ela subordinada, porque se desconfia da competência da família para bem educar; na verdade, no mais das vezes, afirma-se que a família não consegue mais educar seus filhos" (p. 46). Os professores deveriam ser o modelo de vida social seguido pelos alunos, a fim de que estes se tornassem cidadãos dignos e úteis. Para que a família pudesse auxiliar a escola nesse projeto, tornava-se necessária a educação dos pais em conformidade com os objetivos propostos. O aluno serviria de intermediário nesse processo, levando até sua família o conhecimento adquirido na escola. Magaldi (2003, p. 17) afirma que, entre os escolanovistas, "foram muitos os intelectuais que se mobilizaram em ações educativas destinadas às famílias e defenderam a ação do Estado e da escola nessa mesma direção". O principal objetivo dessas ações seria capacitar a família a realizar um trabalho complementar em relação à escola.

Retornando ao objeto deste artigo, percebe-se, a partir das fontes consultadas, que o relacionamento entre o CBAM, as famílias e os alunos parece ser o de entrega quase total dos últimos aos cuidados e princípios da instituição. O diretor assumia o posto de principal veículo de comunicação nesse relacionamento. Ele se tornaria, para os alunos, uma representação da família ausente. Ele ainda seria uma representação das regras, anseios e exigências da escola, tanto aos olhos das famílias como dos alunos.

Na relação com os alunos, o diretor buscava estabelecer um relacionamento o mais familiar possível. O Prospecto de 1924 traz a seguinte afirmação: "A vida nestes internatos é muito familiar. Luctamos para desenvolver os nossos internos socialmente, exigindo que cada um cumpra seus deveres". Já o de 1927 afirma que "Relações familiares são mantidas com os alumnos da melhor forma possível. A disciplina é enérgica, porém paternal, com o intuito de desenvolver a ordem na vida educativa do alumno". Colaborava à manutenção de um ambiente familiar o fato de os diretores dos internatos masculino e feminino e suas famílias residirem no próprio internato. Assim, nos internatos, família e alunos se misturavam, uma vez que o Sr. e a Sra. Morgan, diretores do internato masculino, eram envolvidos no trabalho da Escola, e sua filha também era aluna da instituição. O mesmo também acontecia com a família Allen, cujos pais eram diretores do internato feminino.

O diretor deveria ser uma pessoa bem próxima dos alunos. Nos Prospectos de 1921, 1924 e 1927 encontramos o seguinte parágrafo: "O director em certas horas marcadas receberá, no seu gabinete, qualquer alumno que o procure para consultal-o sobre o estudo ou qualquer outro assumpto, pois é com o maximo prazer que elle serve aos seus alumnos de conselheiro e amigo" (s/p.).

Segundo memória do pastor Astrogildo Malheiros, aluno da Escola entre 1924 e 1928, a convivência muito familiar trazia, às vezes, dificuldades na disciplina: "Dado o convívio familiar, alguns alunos facilitando, de quando em vez abusavam da disciplina; e com isto traziam, às vezes, alguma reação da parte do Vice Diretor (Dr. Allen), que com sua capacidade e aptidão, soube sempre manter a ordem" (50 ANOS, p. 25).

A pessoa do diretor tornava-se um referencial e um exemplo para os alunos, na ausência da família. O Pastor Astrogildo, ao escrever sua memória, relata quanto às práticas esportivas que "Em todos os esportes e brincadeiras, o Diretor muito estimulava os alunos; identificando-se mesmo muitas vêzes com êles". Recaía sobre o diretor também a responsabilidade acerca do desempenho escolar dos alunos, conforme os Prospectos de 1924 e 1927: "Os membros do corpo docente, vendo que um estudante não está fazendo progresso nos estudos ou procedendo mal, deverão informar o director, que resolverá o caso".

Como se pode perceber nos parágrafos acima, os alunos matriculados no CBAM aprenderiam mais do que conteúdos escolares: eles seriam socializados para a convivência em uma família americana e batista. Por meio do exemplo do diretor e de sua esposa, os alunos e alunas aprenderiam a ser esposo e esposa, pai e mãe no futuro. Aprenderiam as formas de relacionamento e tratamento doméstico, a hierarquia familiar, a divisão de tarefas, a ludicidade no tratamento com os filhos, a responsabilidade no tocante à educação, a prática religiosa doméstica, a administração do tempo, os costumes alimentares,[3] e tudo o mais que envolve a vida privada e familiar.

Mais do que uma educação moral escolarizada, conforme descreve Lage (2006) em seu trabalho, os alunos do CBAM eram conformados ao modelo familiar difundido pela denominação mediante a convivência quotidiana e prática. E, da mesma maneira que descreve Faria Filho (2000), quando esses alunos retornassem a suas famílias, teriam a oportunidade de educar seus pais de acordo com os princípios aprendidos no internato. Assim como os escolanovistas defendiam a formação da família pelo Estado e pela escola (MAGALDI, 2003), a denominação investia na formação das famílias batistas por meio de outras estratégias educativas, tais como as práticas eclesiásticas, a música e a difusão do periódico *O Baptista Mineiro*. Com a influência dos alunos e das estratégias citadas acima, os batistas esperavam operar a transformação social tão almejada, a partir do presente e em direção ao futuro.

[3] Embora os prospectos do CBAM nada descrevam acerca da alimentação recebida pelos internos, é provável que fosse a mesma recebida pelo diretor e família, já que residiam no mesmo domicílio. Além disso, essa prática seria coerente com a americanização dos modos de vida, conforme acontecia na instituição. Tomando exemplo de outra instituição em recorte temporal próximo, alunos internos e direção receberem a mesma alimentação é apontado como uma das vantagens da matrícula no *Collegio Dom Viçoso*, em uma de suas publicidades (*Jornal de Minas*, 11 jul. 1918). Por outro lado, encontramos em OBM (set. 1921) um apelo para contribuições à instituição em forma de *arroz e feijão* – alimentos tipicamente brasileiros. Assim, é possível que os americanos tenham se acostumado com os alimentos brasileiros, mas as práticas relacionadas à refeição – horários, rituais, etc. – tenham sido impostas aos alunos do CBAM.

A INCAPACIDADE DAS FAMÍLIAS BRASILEIRAS

Por intermédio das representações construídas nos prospectos, percebe-se a desconfiança por parte da direção do CBAM em relação às famílias dos alunos. Matricular um filho na instituição significava submeter a criança e a família à autoridade e disciplina representadas na pessoa do diretor. Mesmo nos momentos de folga dos alunos, a autoridade do diretor é representada em paridade com a autoridade familiar, conforme podemos ver no exemplo abaixo:

> Os alumnos internos poderão sahir aos sabbados, desde que sejam acompanhados por seus paes ou pessoas por elles encarregadas, mediante o consentimento expresso do director. O número de vezes, porém, de sahidas será limitado a uma vez por mez, podendo o alumno gozar maior numero de vezes de sahidas, desde que tenha bom procedimento e medias optimas. Também receberão visitas autorizadas pelos paes durante o período de recreio. (1927)

Não bastava o consentimento familiar, era necessário também o consentimento do diretor. O rendimento escolar também manifesta esse princípio. O CBAM se comunicava com a família a esse respeito por meio de boletins: enviava-se o rendimento do aluno à família, que deveria manifestar ao diretor sua ciência acerca da situação escolar da criança:

> Boletins mensaes são enviados aos paes mostrando as notas nas matérias, a applicação, comportamento e freqüência do alumno. Taes boletins devem ser assignados pelos Paes e devolvidos ao director da instituição. Assim, os Paes podem desde logo apreciar o estimulo que advem de tal systema. (1924)

Em determinadas situações, o Colégio representava-se como maior interessado no bem do aluno, fazendo com que até mesmo os pais lhe devessem explicações: "A ausência terá de ser justificada perante o director, mediante uma explicação escripta pelos paes. É de summa importância que os paes não sanccionem desculpas, a não ser que sejam bem justificada" (1924). Nesse caso, a Escola representa-se como guardiã do direito e dever dos alunos de aprender, ao passo que representa a família como passível de criar situações para que a criança não usufrua de sua condição de aprendizado.

Embora estas práticas diminuam – ou até mesmo anulem – a autoridade da família sobre seus filhos, não podemos esquecer que se situam em um contexto escolar em que a família é comumente representada como inabilitada para oferecer uma educação de qualidade e promover a utilidade social de seus filhos no futuro. Além do mais, tratava-se de uma instituição escolar americana e confessional – três características que lhe "conferiam autoridade". Por ser escolar e seriada, poderia oferecer a educação considerada adequada às crianças da modernidade republicana. Por ser americana, tinha condições de oferecer uma transformação de vida a seus alunos. Os pais que ali matriculavam seus filhos certamente tinham a esperança de transformá-los em cidadãos conformes ao modelo em que o Brasil, à época, se espelhava (WARDE, 2000). Assim, não importava às famílias a perda de parte de sua autoridade: importava a elas que, no futuro, seus filhos pudessem ser contemplados pelos demais brasileiros como um espelho de civilidade e progresso.

Por ser confessional, o CBAM oferecia às famílias batistas uma educação com princípios considerados pelo grupo como divinos. O próprio liberalismo e democracia, ensinados na instituição como princípios civis, vestem-se teologicamente na prática da denominação (TAYLOR, 1941; BEZERRA, 1960). Assim, cada elemento da educação secular seria interpretado, pelos membros do grupo, com um viés religioso. Não podemos esquecer-nos da possibilidade de que muitas famílias batistas mineiras enxergassem a mudança de religião por que passaram não como uma experiência relacionada ao contato com o numinoso (OTTO, 1985), mas como uma transformação de seu modo de vida seguindo o modelo do missionário, americano e civilizado. É provável que algumas famílias tenham enviado seus filhos para aprender os modos americanizados por meio da convivência no internato, acreditando assim torná-los, além de bons cidadãos, verdadeiros servos de Deus.

CONTRIBUIÇÃO FINANCEIRA

Por maior que fosse representada a autoridade e a capacidade da Escola, em um aspecto ela era representada como dependente do apoio das famílias para conseguir levar adiante seus propósitos: o financiamento. Podemos observar, a partir de uma matéria de *O Batista Mineiro*, publicada em setembro de 1921, o seguinte apelo às famílias batistas: "Tambem é para desejar que os irmãos enviem para o collegio generos de primeira necessidade, como arroz, feijão, etc., afim de diminuir as nossas despezas" (p. 2). E ainda:

> Nos Estados Unidos, durante a guerra, todos os cidadãos, millionarios e pobres resolveram reduzir a ração diaria para servir os que lutavam com a fome em outros paizes. Este é um exemplo de um povo guiado pelos idéaes christãos que devemos imitar, um pouco de economia, com menos apêgo ás moedas, poderemos levar a instrucção a muitas crianças e resgatar do erro e da infelicidade presente e eterna almas pelas quaes Jesus morreu, dando-nos o exemplo supremo de abnegação. Irmãos, verdadeiramente somos christãos só de nome, se não temos o elevado espirito de sacrificio pelas causas nobres.
>
> A educação baptista em Minas está requerendo a nossa completa consagração.
>
> Que iremos fazer? (p. 3)

A contribuição financeira pessoal para propósitos previamente determinados é apontada, no texto, como um exemplo americano que deveria ser seguido pelos brasileiros. É interessante a comparação realizada: enquanto os americanos auxiliaram os que lutaram contra a falta de alimento, os brasileiros deveriam auxiliar aqueles que lutavam contra a falta de conhecimento, possibilitando, mediante suas doações, o aumento do número de matrículas no CBAM. Da mesma maneira que não é possível que alguém sobreviva sem se alimentar, a falta da instrução considerada adequada poderia levar as crianças a uma vida que não era considerada digna, e à condenação eterna de sua alma, castigo máximo para o grupo. Isso poderia ser evitado se o brasileiro – claramente representado como esbanjador e apegado ao dinheiro – abrisse mão de suas moedas para contribuir à manutenção do CBAM, possibilitando seu funcionamento e até mesmo a abertura de novas vagas por meio de bolsa de estudos.[4]

Também cabe observarmos a representação que é feita do povo de ambos os países envolvidos neste trecho: enquanto os americanos tinham um problema sério – a guerra – e nem por isso deixaram de contribuir financeiramente, o brasileiro tinha por principal problema a sua própria conduta, sua inabilidade em administrar seu próprio dinheiro. Para que o brasileiro resolvesse seus problemas, seria necessário tão somente imitar o americano.

[4] As contribuições enviadas pelos fiéis batistas possibilitaram a criação do que era chamado de *Fundo Auxiliador*. Esta organização tinha o objetivo de conceder bolsas de estudo a alunos cujas famílias não tinham condições de mantê-los na instituição (50 ANOS, 1968).

Outro aspecto que gostaria de ressaltar nesse trecho diz respeito aos aspectos propriamente religiosos e místicos nele contidos. Recorro, para isso, ao conceito de numinoso, conforme definido por Rudolf Otto (1985). Para o autor, o contato místico com o sagrado – numinoso – produz no homem a percepção de sua pequenez, chamada pelo autor de "sentimento do estado de criatura" (p. 17), em comparação à "majestas" (p. 29), sentimento de preponderância absoluta do numinoso sobre todas as coisas, de seu poderio.

O numinoso também produz no homem um estado de terror místico, que se constitui no pânico perante seus aspectos de bondade e terribilidade. Esta experiência, de acordo com o autor, leva o homem a experimentar uma energia à qual "se referem as expressões simbólicas de vida, de paixão, de sensibilidade, de vontade, de força, de movimento, de excitação, de actividade, de impulso" (p. 34). A experiência com o numinoso leva o homem à atitude, e não simplesmente a uma paralização aterrorizada.

Entre o protestantismo de missão brasileiro, usualmente os Estados Unidos são representados como portadores da manifestação do *majestas* perante os brasileiros. Essa representação faz parte da concepção de destino manifesto (MESQUIDA, 1994; KARNAL, 1996) assumida pelos americanos. No trecho analisado, a *majestas* é representada pelos *idéaes christãos*, que de acordo com o autor guiam os Estados Unidos em suas práticas. Assim, a abnegação, representada no texto pela postura dos norte-americanos e pela morte de Jesus em favor das almas, seria uma manifestação da *majestas* do numinoso. Esta manifestação levaria os brasileiros a perceber sua pequenez, representada por seus parcos recursos financeiros – *moedas*; e também na sua forma ignóbil de administrá-los.

Perante estas manifestações do numinoso, o brasileiro teria a oportunidade de contemplar e se aterrorizar com toda a bondade manifesta na *majestas* – sobretudo no tocante à morte vicária de Jesus e sua função na doutrina protestante da graça. Mas se aterrorizaria também com a possibilidade da infelicidade eterna, faceta de terribilidade do poder absoluto, que alcançaria aqueles que não recebessem uma educação considerada adequada. Então, toda a energia produzida no indivíduo que vivenciou este contato com o numinoso seria direcionada para a *completa consagração*, o envolvimento com aquilo que era requerido – nesse caso, a doação financeira em prol da escolarização batista. Deixar de colaborar poderia ser interpretado como a ausência de contato com a manifestação do numinoso, ou seja, a ausência do elemento místico na adoção da religião. Aqueles que estivessem nessa situação, de acordo com o texto, poderiam ser considerados *christãos só de nome*.

Podemos assim perceber que a manutenção financeira do CBAM era considerada uma responsabilidade das famílias batistas, independente de terem ou não filhos ali matriculados. O que lhes levaria a contribuir seria a sua necessidade de assemelhar-se cada vez mais com os americanos, e também a sua experiência mística religiosa (ou a necessidade de declarar publicamente ter tido uma). Dessa maneira, todos os batistas eram considerados responsáveis por ajudar a manter um dos principais meios de difusão de sua doutrina em Minas Gerais.

CONSIDERAÇÕES FINAIS

Como ponderado nos itens anteriores, o CBAM foi criado em um contexto em que os Estados Unidos e os americanos eram considerados um modelo a ser imitado pelo Brasil e pelos brasileiros. Assim sendo, a construção de representações negativas acerca de nosso povo e de nossas famílias ajudava a torná-lo uma instituição ainda mais atraente aos olhos das famílias que procuravam a ascensão social de seus filhos por meio da escolarização. As escolas protestantes, que de acordo com Hilsdorf (2007) eram consideradas modernas por excelência, propunham uma educação liberal, que buscava o desenvolvimento das habilidades do indivíduo.

Ainda que enviar os filhos para o CBAM significasse perder parte significativa da autoridade sobre eles, e do controle sobre sua educação, havia famílias que acreditavam ser essa uma opção adequada, tendo em vista que seus filhos se tornariam adultos civilizados.

Por outro lado, não podemos ignorar o aspecto religioso da instituição. Enviar o filho para estudar em uma instituição confessional implica que ele receba formação religiosa. Muitas famílias podem ter considerado o ambiente em que viviam inapropriado para a educação de seus filhos devido às constantes intervenções de outros grupos religiosos, seja pelo tradicional sincretismo brasileiro, ou seja, pelas discriminações e sanções sociais constantemente sofridas pelos protestantes no Brasil durante a Primeira República, conforme descritas por Oliveira (1999). Também é provável que algumas famílias tenham enviado seus filhos para ali estudar justamente para que, no futuro, se tornassem o espelho do ideal americano representado nos casais missionários: os rapazes se tornando pastores, as moças se tornando professoras.

Por fim, é necessário considerarmos o senso de responsabilidade desenvolvido nos membros brasileiros da denominação acerca da manutenção financeira do CBAM. Embora não tenha contado com um rico benfeitor brasileiro, como foi o caso da instituição escolar batista baiana, todos os membros e igrejas eram considerados responsáveis pela instituição.

A educação dos pequenos brasileiros era apontada como uma causa de interesse coletivo, e não apenas familiar ou individual. Por intermédio de argumentos sociais ou religiosos – ambos fortemente americanizadores –, os fiéis eram conclamados a contribuir com um dos mais importantes meios de difusão da mensagem da denominação no Estado. E assim permitiam que alunos cujas famílias jamais teriam condições de enviá-los para lá recebessem bolsas de estudo, e tivessem acesso à possibilidade de ascensão social por meio da educação escolar civilizadora e americanista.

Talvez essa visão do CBAM como uma instituição de interesse e responsabilidade coletiva tenha colaborado para o destino da instituição, que se tornou uma referência no trabalho educacional batista para todo o Brasil (O Jornal Batista – Edição do Centenário, 1982) e atualmente conta com quase 95 anos de trabalho ininterrupto.

REFERÊNCIAS

Fontes impressas e mimeografadas

50 ANOS: 1918-1968. Belo Horizonte, 1968. (CMCBM)

COLLEGIO D. VIÇOSO. *Jornal de Minas*, Belo Horizonte, ano I, n. 8, p. 3, 11 jul. 1918. (APM)

O BAPTISTA Mineiro. 1920 a 1928. (CMCBM)

O JORNAL Batista – Edição do Centenário. 15 out. 1982. (CMCBM)

PROSPECTO. Belo Horizonte: Collegio Baptista Americano Mineiro, 1921, 1924 e 1927. (CMCBM)

Livros, artigos e teses

ADAMOVICZ, Anna Lúcia Collyer. *Imprensa protestante na Primeira República*: evangelismo, informação e produção cultural. O Jornal Batista (1901-1922). Tese (Doutorado) – USP, São Paulo, 2008.

AZEVEDO, Israel Belo de. *A celebração do indivíduo*: a formação do pensamento batista brasileiro. Piracicaba: Ed. UNIMEP; São Paulo: Exodus, 1996.

BASTIAN, Jean-Pierre. *Protestantismos y modernidade latinoamericana*: historia de unas minorias religiosas activas em América Latina. México, D.F.: Fondo de Cultura Económica, 1994.

BEZERRA, Benilton C. *Interpretação panorâmica dos batistas*. Rio de Janeiro: Casa Publicadora Baptista, 1960. (Escrito em Recife).

CHAMON, Carla Simone. *Maria Guilhermina Loureiro de Andrade*: a trajetória profissional de uma educadora (1896/1913). Tese (Doutorado) – UFMG, Belo Horizonte, 2005.

CHARTIER, Roger. *A história cultural*: entre práticas e representações. Rio de Janeiro: Bertrand Brasil, 1990.

FARIA FILHO, Luciano Mendes de. Para entender a relação escola-família: uma contribuição da história da educação. *São Paulo em Perspectiva*, São Paulo, v. 14, n. 2, p. 44-50, abr./jun. 2000.

HARRISON, Helen Bagby. *Os Bagby do Brasil*: uma contribuição para o estudo dos primórdios batistas em terras brasileiras. Rio de Janeiro: Junta de Educação Religiosa e Publicações, 1987.

HILSDORF, Maria Lucia Spedo. *História da educação brasileira*: leituras. São Paulo: Thomson Learning, 2007.

KARNAL, Leonardo. *Estados Unidos*: da colônia à independência. 3. ed. São Paulo: Contexto, 1996.

LAGE, Ana Cristina Pereira. Escolas confessionais femininas na segunda metade do século XIX e início do XX: um estudo acerca do Colégio Nossa Senhora de Sion em Campanha (MG). In: LOMBARDI, José Claudinei; SAVIANI, Dermeval; NASCIMENTO, Maria Isabel Moura do (Org.). *Navegando pela história da educação*. Campinas: HISTEDBR, 2006. CD-ROM. Disponível em: <http://www.histedbr.fae.unicamp.br/navegando/artigos_pdf/Ana_Cristina_P_Lage_Artigo.pdf>. Acesso em: 05 jul. 2012.

MAGALDI, Ana Maria Bandeira de Mello. A quem cabe educar? Notas sobre as relações entre a esfera pública e a privada nos debates educacionais dos anos de 1920-1930. *Revista Brasileira de História da Educação*, Campinas, Autores Associados, n. 5, p. 213-231, jan./jun. 2003.

MEAD, Frank S. *The Baptists*. Nashville, Tennessee: Broadman Press, 1936.

MEDEIROS, Pedro Henrique Cavalcante de. A inserção do protestantismo no Brasil no século XIX: uma breve análise de duas teorias. In: AMARAL, Clínio *et al*. (Org.). *Representações poder e práticas discursivas*. Rio de Janeiro: UFRJ, 2010. CD-ROM.

MENDONÇA, Antônio Gouvêa; VELASQUES FILHO, Prócoro. *Introdução ao protestantismo no Brasil*. 2. ed. São Paulo: Loyola, 2002.

MESQUIDA, Peri. *Hegemonia norte-americana e educação protestante no Brasil*: um estudo de caso. Juiz de Fora: EDUFJF; São Bernardo do Campo: Editeo, 1994.

MESQUITA, Antônio Neves de. *História dos batistas do Brasil*: 1907 até 1935. Rio de Janeiro: Casa Publicadora Batista, 1940.

NASCIMENTO, Ester Fraga Vilas-Bôas Carvalho do. *Educar, curar, salvar*: uma ilha de civilização no Brasil tropical. Maceió: EDUFAL, 2007.

OLIVEIRA, Zaqueu Moreira de. *Perseguidos, mas não desamparados*: 90 anos de perseguição religiosa contra os batistas brasileiros (1880-1970). Rio de Janeiro: Juerp, 1999.

OLIVEIRA, Zaqueu Moreira de. *Um povo chamado batista*: história e princípios. Recife: Kairós, 2011.

OTTO, Rudolf. *O sagrado*: um estudo do elemento não-racional na idéia do divino e a sua relação com o racional. São Bernardo do Campo: Imprensa Metodista, 1985.

PEREIRA, José dos Reis. *Breve história dos batistas*. 2. ed. Rio de Janeiro: Junta de Educação Religiosa e Publicações, 1979.

RIBEIRO, Boanerges. *Protestantismo no Brasil monárquico, 1822-1888*: aspectos culturais de aceitação do protestantismo no Brasil. São Paulo: Pioneira, 1980.

TAYLOR, William Carey. *Manual das Igrejas*. Rio de Janeiro: Casa Publicadora Batista, 1941.

VIEIRA, David Gueiros. Liberalismo, masonería y protestantismo em Brasil, siglo XIX. In: BASTIAN, Jean-Pierre (Org.). *Protestantes, liberales y francmasones*: sociedades de ideas y modernidad en América Latina, siglo XIX. México, D.F.: Cehila, 1990. p. 39-66.

WARDE, Mirian Jorge. Americanismo e educação: um ensaio no espelho. *São Paulo em Perspectiva*, v. 14, n. 2, p. 37-43, 2000.

Sobre os autores

ADRIANA DUARTE LEON – Pedagoga e Mestre em Educação. Doutoranda do Programa de Pós-Graduação em Educação da Faculdade de Educação da Universidade Federal de Minas Gerais (FaE/UFMG). Pesquisadora do Grupo de Estudos e Pesquisas em História da Educação (GEPHE) da FaE/UFMG.
E-mail: <adriana.adrileon@gmail.com>.

CAROLINA MOSTARO NEVES DA SILVA – Mestre em Educação pela FaE/UFMG na linha de pesquisa História da Educação. Doutoranda em Educação da Universidade de São Paulo (USP), na área História da Educação e Historiografia; Bolsista do CNPq.
E-mail: carolmostaro@yahoo.com.br

CLEIDE MARIA MACIEL DE MELO – Mestre em Educação pela Puc/Minas; doutora em Educação pela UFMG; integrante do grupo de pesquisa HISTORIAR, coordenado pelo prof. dr. Luciano Mendes de Faria Filho da Faculdade de Educação da Universidade Federal de Minas Gerais/FAE-UFMG.
E-mail: cleidemaciel@uol.com.br

EDUARDO JOSÉ PEREIRA MAIA – Professor assistente do Departamento de Geografia da Universidade Federal de Viçosa (UFV). Doutorando do Programa de Pós-Graduação em Educação da FaE/UFMG.
E-mail: <eduardomaia@ufv.br>.

ELAINE APARECIDA TEIXEIRA PEREIRA – Pedagoga pela Universidade Federal de Santa Catarina (UFSC) e mestre pelo Programa de Pós-Graduação em Educação da mesma instituição, na linha de pesquisa Sociologia e História da Educação. Integrante do Grupo de Pesquisa Ensino e Formação de Educadores em Santa Catarina (GPEFESC), do CED/UFSC.
E-mail: <elaine.tp@gmail.com>.

ILKA MIGLIO DE MESQUITA – Professora da Universidade Tiradentes - UNIT, em Aracaju-SE, com atuação no Programa de Pós Graduação em Educação. Doutora em Ensino de História pela UNICAMP. Realizou estágio de pós-doutorado na UFMG/FaE.
E-mail: ilkamiglio@gmail.com

IONE RIBEIRO VALLE – Doutora em Ciências da Educação pela Université René Descartes (Paris V), Sorbonne. Pós-doutorado pela École des Hautes Études en Sciences Sociales – Paris. Professora associada do Centro de Ciências da Educação da Universidade Federal de Santa Catarina (UFSC), atuando no Programa de Pós-Graduação em Educação na linha de pesquisa Sociologia e História da Educação. Bolsista de Produtividade em Pesquisa (CNPq).
E-mails: <Ione.valle@ufsc.br> / <ione.valle@pq.cnpq.br>.

JULIANA CESÁRIO HAMDAN – Doutora em História da educação pela Universidade Federal de Minas Gerais - UFMG). Professora adjunta da Universidade Federal de Ouro Preto (UFOP).
E-mail: <julianach@globo.com>.

LEONARDO RIBEIRO GOMES – Licenciado e Bacharel em História pela Universidade Federal de Minas Gerais (UFMG). Professor da Educação Básica na Rede Particular de Belo Horizonte e na Pública de Contagem. Mestrando do Programa de Pós-Graduação em Educação da FaE/UFMG, na linha de pesquisa História da Educação.
E-mail: leorigomes@hotmail.com

LUÍSA MARQUES DE PAULA – Graduanda em História pela Universidade Federal de Minas Gerais. Desde 2010 é orientanda na iniciação científica pelo prof. Dr. Luciano Mendes de Faria Filho e participa do projeto Moderno, Modernidade, Modernização: a educação nos projetos de Brasil – séc. XIX e XX.
E-mail: luisadepaulam@yahoo.com.br

MARCUS AURELIO TABORDA DE OLIVEIRA – Professor da Faculdade de Educação da UFMG. Coordenador do GEPHE - Centro de Estudos e Pesquisas em História da Educação (2014-2016). Pesquisador em produtividade do CNPq e do Programa Pesquisador Mineiro da FAPEMIG.
E-mail: marcustaborda@pq.cnpq.br

MARIA DAS DORES DAROS – Professora Titular do Centro de Ciências da Educação da UFSC com atuação no Programa de Pós-Graduação em Educação. Doutora em Filosofia e História da Educação pela Faculdade de Educação da USP. Realizou estágio de pós-doutorado na Universidade de Coimbra.
E-mail: mdores@ced.ufsc.br

MARILEIDE LOPES DOS SANTOS – Pedagoga e Mestre em Educação pela Universidade Federal de Minas Gerais (UFMG). Doutoranda do Programa de Pós Graduação em Educação da FaE/UFMG. Professora da Rede Municipal de Educação de Belo Horizonte. Integrante do Centro de Pesquisas em História da Educação (GEPHE), da FaE/UFMG, e do grupo Historiar – Ensino, Pesquisa e Extensão em História da Educação - FaE/UFMG.
E-mail: marileidels@yahoo.com.br

NELMA MARÇAL LACERDA FONSECA – Pedagoga e Analista Educacional da Secretaria de Estado de Educação de Minas Gerais. Coordenou o trabalho no Museu. Elaborou e desenvolveu o Programa de História Oral da Educação Mineira. Responsável pela criação do Banco de Depoimentos Orais do Museu da Escola.
E-mail: nelmarcal@yahoo.com.br

RITA CRISTINA LIMA LAGES – Doutoranda do Programa de Pós-Graduação em Educação da FaE/UFMG. Pesquisadora do Grupo de Estudos e Pesquisas em História da Educação (GEPHE) da FaE/UFMG.
E-mail: <ritallages@yahoo.com.br>.

ROSANA AREAL DE CARVALHO – Doutora em Ciências Humanas pela Universidade de São Paulo (USP). Professora adjunta na Universidade Federal de Ouro Preto (UFOP). Desenvolve pesquisas com ênfase em história das instituições escolares, sujeitos e intelectuais. Coordena o Grupo de Pesquisa em História da Educação da UFOP.
E-mail: rosanaarealdecarvalho@gmail.com

TACIANA BRASIL DOS SANTOS – Pedagoga pela Universidade Federal de Minas Gerais (UFMG). Bacharel em Teologia e Especialista em Ciências da Religião pela Faculdade Unida de Vitória. Mestranda do Programa de Pós-Graduação em Educação da FaE/UFMG, na linha de pesquisa História da Educação. Bolsista CAPES/REUNI.
E-mail: tacinabrasil@yahoo.com.br

A Coleção **Pensar a Educação Pensar o Brasil** é fruto de uma parceria entre a *Mazza Edições* e o *Projeto Pensar a Educação, Pensar o Brasil – 1822/2022*. Este Projeto, desenvolvido em parceria por docentes e discentes da Pontifícia Universidade Católica de Minas Gerais, da Universidade Federal de Ouro Preto e da Universidade Federal de Minas Gerais, envolve ações de ensino, pesquisa e extensão que buscam refletir sobre o lugar da educação no âmbito dos projetos de Brasil delineados ao longo de nossa história. Fazem parte do Projeto um *Programa de Rádio*, levado ao ar toda semana na *Rádio UFMG Educativa*, *Seminários Anuais* sobre temas relevantes para a educação Brasileira e a presente *Coleção*.

Integram a Coleção cinco séries: *Série Seminário*, *Série Estudos Históricos*, *Série Clássicos da Educação Brasileira*, *Série Diálogos* e *Série Ensaios*.

A **Série Seminários** publica os textos apresentados nos Seminários Anuais do Projeto, dos quais participam os mais importantes pesquisadores em educação do País. A **Série Estudos Históricos** publica trabalhos de história da educação e de áreas afins que contribuam para alargar o entendimento sobre o lugar da educação no âmbito dos projetos de Brasil delineados ao longo de nossa história. A **Série Clássicos da Educação Brasileira** traz resenhas introdutórias das principais obras sobre educação brasileira publicadas pelos principais pesquisadores em educação do País. A **Série Diálogos** publica textos que buscam fortalecer o intercâmbio entre o professorado da educação básica e os(as) pesquisadores(as) das diversas áreas da educação. A **Série Ensaios** publica interpretações da relação entre a educação e as grandes questões que marcaram e marcam a história da sociedade brasileira nos últimos 200 anos.

O objetivo da Mazza Edições e do *Projeto Pensar a Educação Pensar o Brasil – 1822/2022* é que a Coleção contribua para a discussão da educação brasileira e, por meio desta, da constituição da própria sociedade brasileira.

Este livro foi composto em Minion Pro Cond e impresso
em papel Offset 75 g/m² (miolo) e Cartão 250 g/m² (capa),
no mês de junho de dois mil e quatorze.